PETER J. HASSON

OS MANIPULADORES

A GUERRA DO FACEBOOK, GOOGLE, TWITTER E
DAS BIG TECHS CONTRA A DIREITA

PETER J. HASSON

OS MANIPULADORES

A GUERRA DO FACEBOOK, GOOGLE, TWITTER E
DAS BIG TECHS CONTRA A DIREITA

Traduzido por
Fernando Silva

São Paulo | 2021

TÍTULO ORIGINAL: *The Manipulators: Facebook, Google, Twitter, and Big Tech's War on Conservatives*

Copyright © 2020 – Peter J. Hasson

Os direitos desta edição pertencem à LVM Editora, sediada na
Rua Leopoldo Couto de Magalhães Júnior, 1098, Cj. 46
04.542-001 • São Paulo, SP, Brasil
Telefax: 55 (11) 3704-3782
contato@lvmeditora.com.br

GERENTE EDITORIAL | Giovanna Zago
EDITOR-CHEFE | Pedro Henrique Alves
TRADUTOR(A) | Fernando Silva
COPIDESQUE | Renan Meirelles
REVISÃO ORTOGRÁFICA E GRAMATICAL | Mariana Diniz Lion
PREPARAÇÃO DOS ORIGINAIS | Pedro Henrique Alves & Mariana Diniz Lion
PRODUÇÃO EDITORIAL | Pedro Henrique Alves
PROJETO GRÁFICO | Mariangela Ghizellini
DIAGRAMAÇÃO | Rogério Salgado / Spress
IMPRESSÃO | Lis Gráfica

Impresso no Brasil, 2021

Dados Internacionais de Catalogação na Publicação (CIP)
Angélica Ilacqua CRB-8/7057

P478J	J Hasson, Peter, 1962-
	  Os Manipuladores: A Guerra do Facebook,Google,Twitter e das Big Techs Contra a Direita/ Peter J Hasson ; tradução de Fernando Silva. — 1 ed. — São Paulo: LVM Editora, 2021.
	  248 p.
	
	  ISBN 978-65-86029-50-5
	  Título original: The Manipulators:Facebook,Google,Twitter,and Big Tech's War
	
	  1. Ciências sociais I. Título II. Hasson. Silva Fernando
	
	  CDD 300

Índices para catálogo sistemático:
1. Ciências sociais 300

Reservados todos os direitos desta obra.

Proibida a reprodução integral desta edição por qualquer meio ou forma, seja eletrônica ou mecânica, foto-cópia, gravação ou qualquer outro meio sem a permissão expressa do editor. A reprodução parcial é permiti-da, desde que citada a fonte.

Esta editora se empenhou em contatar os responsáveis pelos direitos autorais de todas as imagens e de outros materiais utilizados neste livro. Se porventura for constatada a omissão involuntária na identificação de algum deles, dispomo-nos a efetuar, futuramente, as devidas correções.

Olá, estimado leitor. Como sendo assumidamente um liberal, são poucas as coisas que me afetam tanto e despertam tão vividamente os meus escudos retóricos quanto a possibilidade de censura a ideias... sejam elas quais forem. A liberdade de expressão é um daqueles valores que não somente são caros à democracia moderna, como talvez seja O próprio sustentáculo dessa cara e frágil forma de organizar a sociedade.

Em *Os Manipuladores*, o jornalista texano Peter J. Hasson, se afastando de quaisquer floreios e retóricas conspiracionistas, desnuda com fatos uma situação que deveria – no mínimo – nos fazer parar para refletir sobre o problema do crescente número de conservadores e liberais banidos das redes sociais por causa das suas opiniões. Ora, se realmente as opiniões liberais-conservadoras estiverem sendo sistematicamente caladas por homens que detêm as armas dos algoritmos, isso devia ser encarado de frente, e não ignorado ou afastado dos debates públicos. Hasson parece ter mais do que evidências, parece ter reais provas causais de que as tendências ideológicas das *Big Tech's*, e de seus funcionários, estão empenhadas em censurar as opiniões conservadoras e liberais. E isso vai muito além de um alarmismo ou de casos pontuais, é um real problema que está sendo revelado na alma do Ocidente contemporâneo.

Se existe em curso um boicote generalizado, articulado e sabido às ideias contrárias ao espectro esquerdo da régua política, então é a própria democracia que está em risco. Esse é o debate proposto e impressionantemente bem exposto por Peter J. Hasson. Não diria apenas que vale a pena ler o livro deste mês, diria antes para que os senhores comecem-no agora mesmo.

Ludovico,
25 de agosto de 2021.

Para meus pais, Seamus e Mary Hasson

SUMÁRIO

Capítulo 1 | *Establishment* vs. Liberdade de Expressão   15

Capítulo 2 | Manipulado   29
    O que dizem os números   36
    A censura que você vê; e a censura que você não vê   38

Capítulo 3 | Facebook   43
    Os esquerdistas do Facebook   47
    Facebook vs. Kavanaugh.   50
    Clickbait.   53
    Feed *de notícias do Facebook*   57
    Franklin Graham   64
    "Homens não podem ser mulheres"   65
    #BuildThatWall *[#ConstruaAqueleMuro]*   65
    Um rabino entra em um trem com antissemitas   65
    Propaganda eleitoral do Facebook.   67
    Facebook apostando em inteligência artificial   69
    Supremo Tribunal de fala do Facebook   69

Capítulo 4 | Uma nação sob Google   73
    Censura: uma decisão de RP.   103

Capítulo 5 | A farsa da liberdade de expressão no Twitter   107

Os esquerdistas do Twitter 112

A mudança 115

Twitter aplica shadowban *em usuários conservadores* 117

A ofensiva charmosa do Twitter 118

Cuccinelli dá um aviso 119

Acadêmicos de esquerda do Twitter 120

Pressão interna no Twitter por mais censura 121

Kathleen McKinley 130

Jesse Kelly 131

"Aprendam a programar" 132

Dana Loesch 133

Meghan McCain 134

Os jornalistas do Twitter 136

O que vira trend, *o que não vira, por quê?* 140

Capítulo 6 | Expurgando os pró-vida 141

Os radicais 144

As mulheres que não serão silenciadas 149

Big Tech's *vs. Susan B. Anthony* 153

O aconchego das Big Tech's com o lobby do aborto 156

Capítulo 7 | Policiamento do discurso 159

O SPLC 163

O verificador de fatos factualmente prejudicado 170

Media Matters 175

O momento Alex Jones 178

Steven Crowder 182

Eles virão atrás de Ben Shapiro 183

Mude os termos 184

É sobre poder 186

Capítulo 8 | A narrativa............................... 189

Fake News *sobre* Fake News............................ 195

Capítulo 9 | O que vem a seguir 207

As Big Tech's não vão lhe salvar 220

Estados Unidos da América 224

Capítulo 10 | O que fazer 233

Faça doer 234

Agradecimentos 237

Índice Remissivo e Onomástico 241

OS MANIPULADORES

A GUERRA DO FACEBOOK, GOOGLE, TWITTER E DAS BIG TECHS CONTRA A DIREITA

CAPÍTULO 1

Capítulo 1
Establishment vs. Liberdade de Expressão

Em junho de 1998, Matt Drudge[1] anunciou, em um discurso ao *National Press Club*:

> Entramos em uma era, vibrando com o estrondo de pequenas vozes. Todo cidadão pode ser um repórter, pode confrontar os poderes constituídos. A diferença entre a *internet*, televisão e rádio, revistas, jornais, é a comunicação bidirecional. A *internet* dá tanta voz a um *geek* de computador de treze anos de idade (como eu já fui), quanto a um CEO, ou a um presidente da Câmara. Todos nós nos tornamos iguais. E você ficaria surpreso com o que um cara comum sabe[2].

Menos de cinco meses antes, Drudge havia posto o mundo político e da mídia em turbulência, sozinho. Seu site, o *Drudge Report*, não apenas divulgou a história do caso do presidente Bill Clinton com uma estagiária da Casa Branca, Monica Lewinsky, como também revelou que a revista *Newsweek* estava mantendo a história em segredo. Drudge desferiu, de uma só vez, um golpe devastador, tanto no *establishment* político quanto no *establishment* midiático. Esse era o poder

---

[1] Matthew Nathan Drudge, comentarista político americano, editor e criador do Drudge Report, uma plataforma que agrega *links* de reportagens de outros site jornalísticos. Sua fama nos EUA vem principalmente em sua atuação de analista político em várias rádios e canais televisivos. (N. E.)

[2] DRUDGE, Matt. Speech to the National Press Club on media and the Internet. American Rethoric, Washington D.C.: [S. l.], 2 jun. 1998. Disponível em: https://www.americanrhetoric.com/speeches/mattdrugdenationalpressclub.htm. Acesso em: 2 ago. 2021.

da *internet*, refletiu Drudge, em junho: um homem e um *laptop* podiam expor fatos que pessoas importantes queriam manter ignorados.

Seis anos antes de o Facebook ser fundado, sete anos antes do Google lançar o YouTube, e oito anos antes do Twitter existir, Drudge havia previsto o efeito dessas plataformas, tanto no conhecimento público, quanto na indústria de mídia.

> Há algum tempo, apenas as redações tinham acesso ao quadro completo dos eventos do dia. Agora, porém, qualquer cidadão pode ter. Conseguimos ver os tipos de cortes feitos, por todos os tipos de razões: camadas infinitas de editores, com inúmeras ideologias, mudando pedaços aqui e ali, então, quando o jornal chega à sua porta, não tem nenhum significado. Agora, com um *modem*, qualquer pessoa pode seguir o mundo, e reportá-lo – sem intermediários, sem *Big Brother*. Isso muda tudo, acredito.

Em 13 de outubro de 2016, dezoito anos após os comentários de Drudge, o acadêmico jurídico Jeffrey Rosen fez um discurso, na Harvard Kennedy School of Government, alertando, de forma presciente, sobre a "questão de liberdade de expressão mais urgente de nosso tempo". Essa questão, disse Rosen, é como

> proteger os valores da Primeira Emenda em uma época em que [...] jovens advogados do Google, do Facebook e do Twitter têm mais poder sobre quem pode falar [...] [e] ser ouvido, do que qualquer rei, ou presidente, ou juiz da Suprema Corte.

Google, Facebook e Twitter estão enfrentando, alertou Rosen, "uma pressão pública crescente, aqui nos Estados Unidos e em todo o mundo, para favorecer valores como dignidade e segurança, ao invés de liberdade, e liberdade de expressão" em suas plataformas[3]. Como resultado, o grande desafio seria "garantir o florescimento *online* da tradição americana de liberdade de expressão – tão

---

[3] ROSEN, Jefrrey. The Deciders: The future of free speech in a digital world: 2016 Richard S. Salant Lecture on freedom of the press. [S. l.: s. n.], 21 out. 2016. Disponível em: https://shorensteincenter.org/jeffrey-rosen-future-of-free-speech-in-a-digital-world/. Acesso em: 2 ago. 2021.

necessária para a sobrevivência da democracia americana – ao invés de sua atrofia".

A "grande preocupação" de Rosen, disse ele à sua plateia, era

> não estar confiante de que o público priorizará a Primeira Emenda, e os valores constitucionais – como transparência, regularidade processual, e liberdade de expressão – sobre a dignidade e civilidade. Em faculdades nos EUA, e em plataformas digitais em todo o mundo, a pressão pública clama na direção oposta, em favor da dignidade, ao invés da liberdade de pensamento, e de opinião.

Seu discurso focou em uma previsão ameaçadora do futuro:

> À medida em que as pressões públicas sobre as empresas aumentam, elas podem, cada vez mais, tentar abdicar inteiramente de seu papel como decisores, de forma a evitar serem criticadas por tomarem decisões impopulares. Posso imaginar um futuro em que Google, Twitter e Facebook deleguem suas decisões de conteúdo ao governo, aos usuários, ou mesmo a referendos populares, com o objetivo de evitarem críticas e responsabilização pelo exercício do julgamento humano. O resultado seria uma supressão muito maior do discurso e menor deliberação democrática do que existe agora, tornando a era dos decisores uma breve era brilhante, um oásis de Péricles, antes do governo da turba, com um ditador.

A visão pessimista de Rosen não demorou muito para se tornar realidade.

A eleição de Donald Trump, em 2016, causou um choque no *establishment* progressista de política e mídia. De repente, ele percebeu que havia perdido o controle da conversa nacional. Em pânico, recorreu às *Big Tech's* para censurar e suprimir o debate aberto na *Internet*, a fim de controlá-lo e alinhá-lo com o consenso progressista da mídia, do Partido Democrata e da educação pública – há muito tempo hostil ao pensamento e discurso "politicamente incorreto".

Caso tenham sucesso, serão más notícias para as pessoas que acreditam na liberdade e na diversidade de opinião, pois a grande mídia, o Partido Democrata e o sistema educacional estão entre as instituições mais intelectualmente intolerantes da vida americana. Até mesmo o *Washington Post* reconheceu que a intolerância da esquerda está aumentando nos *campi* universitários dos EUA, com dados mostrando estudantes universitários cada vez mais intolerantes a discursos polêmicos, nos últimos cinquenta anos[4].

Apesar do americano médio ser mais propenso a ser um autodenominado conservador, do que um auto descrito progressista, na academia, os professores de esquerda superam os professores conservadores, na proporção de mais de cinco para um[5]. Dez vezes mais professores são democratas registrados, do que republicanos registrados[6]. Professores de escolas públicas, muitos dos quais se formaram em escolas predominantemente de esquerda, também estão, predominantemente, na esquerda política e social[7].

A diversidade de pontos de vista não é maior na mídia: quase todos os programas de notícias de TV a cabo se inclinam para a esquerda. (Na verdade, a *Fox News* está no topo das classificações de notícias de TV a cabo, precisamente por ser a única grande rede que fala ao lado direito do corredor). Segundo um estudo de 2014, a porcentagem de jornalistas de grande mídia que eram republicanos registrados caiu de 18% a 7%, entre 2002 e 2013[8]. Outros estudos confirmam que o jornalista médio tem muito mais probabilidade de ser de esquerda do que o americano médio[9].

----

[4] RAMPELL, Catherine. Liberal intolerance is on the rise on America's college campuses. *The Washington Post*, [S. l.], p. 1-3, 11 fev. 2016. Disponível em: https://www.washingtonpost.com/opinions/liberal-but-not-tolerant-on-the-nations- college-campuses/2016/02/11/0f79e8e8-d-101-11e5-88cd-753e80cd29ad_story.html?noredirect=on&utm_term=.cc80c8bfa429. Acesso em: 2 ago. 2021.

[5] INGRAHAM, Christopher. The dramatic shift among college professors that's hurting students' education. *The Washington Post*, [S. l.], p. 1-3, 11 jan. 2016. Disponível em: https://www.washingtonpost.com/news/wonk/wp/2016/01/11/the-dramatic-shift-among-college-professors-thats-hurting-students-education/?noredirect=on&utm_term=.93a840dd674a. Acesso em: 2 ago. 2021.

[6] RICHARDSON, Bradford. Democratic professors outnumber Republicans 10 to 1: Study. *The Washington Times*, [S. l.], p. 1-4, 26 abr. 2018. Disponível em: https://www.washingtontimes.com/news/2018/apr/26/democratic-professors-outnumber-republicans-10-to-/. Acesso em: 2 ago. 2021.

[7] IZUMI, Lance. Why are teachers mostly liberal?. Pacific Research Institute, [S. l.], p. 1-3, 3 abr. 2019. Disponível em: https://www.pacificresearch.org/why-are-teachers-mostly-liberal/. Acesso em: 2 ago. 2021.

[8] GOLD, Hadas. Survey: 7 percent of reporters identify as Republican. *Político*, [S. l.], p. 1-2, 6 maio 2014. Disponível em: https://www.politico.com/blogs/media/2014/05/survey-7-percen-t-of-reporters-identify-as-republican-188053. Acesso em: 2 ago. 2021.

[9] WEMPLE, Eric. Dear mainstream media, why so liberal?. *The Washington Post*, [S. l.], p. 1-3, 27

CAPÍTULO 1 | ESTABLISHMENT VS. LIBERDADE DE EXPRESSÃO

O domínio da esquerda sobre a educação e a mídia tem sérias consequências para a vida dos americanos comuns. Dessa maneira, ideias como "masculinidade tóxica", "privilégio branco" e "pronomes preferidos"[10] vazam para o discurso dominante: elas germinam nos escritórios de acadêmicos de extrema esquerda, migram para as redações de notícias e editoriais do *New York Times*, reverberam nas mentes dos políticos democratas e, em seguida, são estampados no currículo obrigatório de sua escola secundária local. Claro, nem todo jornalista ou professor de escola pública é esquerdista, contudo, os dados deixam claro: a maioria é, especialmente nos escalões superiores de suas profissões. Os poderosos desses setores estão todos na mesma equipe ideológica. Fazem parte do mesmo *establishment* progressista que, durante décadas, tem impulsionado o discurso nacional dos Estados Unidos.

O advento de *sites* de busca na *Internet*, como o Google, *sites* de hospedagem de vídeo, como o YouTube, e plataformas de mídia social, como Facebook e Twitter, produziu novas maneiras de contornar o monopólio de informação da esquerda. Estes sites capacitaram os cidadãos a relatar eventos, expressar opiniões e alcançar públicos amplos, em uma escala tradicionalmente reservada a âncoras de notícias de redes televisivas, repórteres de mídia impressa e intelectuais proeminentes.

A mídia social representa uma ameaça real à monocultura política, imposta por instituições de elite. Na ausência de uma tendência editorial, a mídia social é democracia pura. Por isso foi nela, mais do que em qualquer outro meio, que os conservadores ganharam sua posição mais forte e, precisamente por isso, que a esquerda progressista sente a necessidade de censurar o discurso virtual com tanta urgência.

A comentarista da *CNN*, Kirsten Powers, uma progressista assumida, confessou que, visto pelas "lentes estreitas e intolerantes" das pessoas da "esquerda radical":

---

jan. 2017. Disponível em: https://www.washingtonpost.com/blogs/erik-wemple/wp/2017/01/27/dear-mainstream-media-why-so-liberal/?noredirect=on&utm_term=.6fa6aa24ba23. Acesso em: 2 ago. 2021.

[10] Trata-se da dita "liberdade individual" para que cada indivíduo escolha com qual tipo de pronome deseja ser mencionado. Se assemelha muito a outro debate corrente, nos EUA e no Brasil, referente aos "pronomes neutros". (N. E.)

discordância é violência. Ofendê-los se assemelha a uma agressão física. Eles estão tão isolados do mercado de ideias que, quando confrontados com uma visão da qual não gostam, sentem-se justificados em fazer o possível para silenciar esse discurso[11].

Por isso, há um impulso em muitos *campi* universitários – dominados pela esquerda radical – para tornar as "micro agressões" reportáveis ao departamento de polícia do *campus*. É também a premissa pela qual agitadores de esquerda tentam fechar as franquias da Chick-fil-A, pois o proprietário da empresa apoia o casamento tradicional. Assim, você consegue que o prefeito de Nova York, Bill de Blasio, boicote a Chick-fil-A depois dela abrir uma franquia geradora de empregos em sua cidade[12].

No coração ideológico da esquerda hoje está a teoria da interseccionalidade, segundo a qual a maioria dos resultados do mundo é determinada por sistemas interligados de opressão. As mulheres brancas são vítimas, mas menos do que os homens negros, que são menos marginalizados do que as mulheres negras, que têm mais privilégios do que as mulheres transexuais negras, e assim por diante. Quanto mais quesitos você marcar, identificando-o como membro de um grupo marginalizado, mais oprimido você será. E, quanto mais oprimido você for, mais deferência suas opiniões devem receber. Indivíduos mais "interseccionais" têm mais direito à fala comparados àqueles que pontuam mais baixo na escala de interseccionalidade.

Se seu objetivo fosse criar o oposto de uma filosofia de autoajuda, você chegaria à interseccionalidade. A maneira de mudar sua vida para melhor não é trabalhar duro, praticar bons hábitos e tomar boas decisões – a maneira de mudar sua vida é derrubar os sistemas de opressão que o estão prendendo, e a maneira de ganhar autoridade moral entre seus pares é alcançar um nível mais alto de vitimização. Como todas as opressões estão interligadas, a maneira de resolver uma questão é atacar nosso sistema capitalista, racista e misógino, não importando quão limitada seja a sua inquietação. Depois de derrubar o sistema, sua vida pode

---

[11] POWERS, Kirsten. *The Silencing: How the Left Is Killing Free Speech*. Washington D.C.: Regnery Publishing, 2015, p. 70.

[12] SULLIVAN, Andrew. Is intersectionality a religion?. *New York Magazine*, [S. l.], 10 mar. 2017, Intelligencer, p. 1-6. Disponível em: https://nymag.com/intelligencer/2017/03/is-intersectionality-a-religion.html. Acesso em: 2 ago. 2021.

CAPÍTULO 1 | ESTABLISHMENT VS. LIBERDADE DE EXPRESSÃO

melhorar. Como observa Andrew Sullivan, da *New York Magazine*, a interseccionalidade tem um elemento quase religioso, que exige silenciar os hereges:

> Ele postula uma ortodoxia clássica, através da qual toda a experiência humana é explicada e através da qual todo o discurso deve ser filtrado. Sua versão do pecado original é o poder de alguns grupos de identidade sobre outros. Para superar esse pecado, você precisa primeiro confessar, ou seja, "examinar seu privilégio" e, subsequentemente, viver sua vida e organizar seus pensamentos de maneira a manter esse pecado sob controle. O pecado penetra tão fundo em sua psique, especialmente se você for branco, homem ou hétero, que uma conversão profunda é necessária.
>
> Como o puritanismo antes conhecido na Nova Inglaterra, a interseccionalidade controla a linguagem e os próprios termos do discurso. Ela impõe boas maneiras. Ela tem uma ideia de virtude − e está obcecada em defendê-la. Os santos são os mais oprimidos que, no entanto, resistem. Os pecadores são classificados em várias categorias ascendentes de danação demográfica, como algo saído de Dante. Falta a essa religião somente uma coisa, é claro: a salvação. A vida é simplesmente um drama, um entrelaçado de opressão, poder e resistência, terminando apenas na morte. É Marx, sem a libertação total final.
>
> Funciona como uma religião em outra dimensão crítica: se acontecer de você ver o mundo de uma maneira diferente, caso você seja um progressista ou libertário, ou mesmo, pasme, um conservador − caso você acredite na universidade como um lugar onde qualquer ideia, por mais repugnante que seja, possa ser debatida e refutada, você não está apenas errado, você é imoral. Se você acha que argumentos e ideias podem ter uma vida independente da "supremacia branca", você é cúmplice do mal. E você não é apenas cúmplice, sua heresia é uma ameaça direta aos outros, e, portanto, precisa ser extinta. Você não pode argumentar com heresia. Você precisa bani-la. Vai contaminar as almas dos outros, ferindo-os irreparavelmente[13].

Sullivan é uma das poucas vozes na grande imprensa dispostas a chamar a atenção para a tóxica cultura de turba da extrema esquerda, e sua influência

---

[13] BRETT, Jennifer. New York mayor Bill de Blasio calls for Chick-fil-A boycott. *The Atlanta Journal-Constitution*, [S. l.], p. 1-2, 6 maio 2016. Disponível em: https://www.ajc.com/blog/buzz/new--york-mayor-bill-blasio-calls-for-chick-fil-boycott/KbXzNqHpJUoKsCWgNRgkTK/. Acesso em: 2 ago. 2021.

crescente. Por exemplo, Kevin D. Williamson, da *National Review*, mal durou duas semanas trabalhando no *The Atlantic*, antes que as turbas de esquerda provocassem a sua demissão por suas opiniões sobre o aborto. Os detratores de esquerda de Williamson argumentaram que sua mera presença no escritório poderia deixar suas colegas mulheres inseguras[14]. No *campus*, as coisas estão ainda piores. Em todo o país, os administradores de *campus* criaram linhas diretas de "denúncias de preconceito", para os alunos denunciarem seus colegas de classe ao perceberem crimes-de-pensamento, ao mesmo tempo em que acadêmicos de esquerda admitem discriminar candidatos conservadores a Ph.D[15]. Quando oradores conservadores não são rotineiramente desestimulados a falar em *campi* universitários, multidões de estudantes de esquerda têm, repetidamente, usado violência ou intimidação para tentar silenciá-los[16]. Em um incidente famoso em 2017, alunos do Middlebury College atacaram o autor Charles Murray e uma professora da escola, uma mulher progressista que tentou ajudar Murray a escapar da multidão[17].

Como nos *campi* universitários, o mesmo ocorre na vida pública quando é dominada pela extrema esquerda. Por exemplo, eu relatei a história de como um candidato à Câmara Municipal de Seattle, reformista independente e em campanha contra "ideólogos" que dominavam a política da cidade, se sentiu forçado a abandonar sua candidatura depois que ativistas de esquerda ameaçarem sua esposa e filhos. Como ele disse em um comunicado:

> Eles fizeram ataques vis e racistas contra minha esposa, tentaram fazê-la ser demitida da Microsoft e ameaçaram violência sexual. Eles até postaram mensa-

---

[14] FEINBERG, Ashley. Leak: The Atlantic had a meeting about Kevin Williamson. It was a liberal self-reckoning. HuffPost, [S. l.], p. 1-30, 3 maio 2018. Disponível em: https://www.huffingtonpost.com/entry/leak-the-atlantic-had-a-meeting-about-kevin-williamson-it-was-a-liberal--self-reckoning_us_5ac7a3abe4b0337ad1e7b4df. Acesso em: 2 ago. 2021.

[15] LU, Rachel. Why Conservatives don't become professors. *National Review*, [S. l.], p. 1-6, 2 jun. 2016. Disponível em: https://www.nationalreview.com/2016/06/conservative-professors-academia-liberal-nicholas-kristof/. Acesso em: 2 ago. 2021.

[16] KURTZ, Stanley. Year of the Shout-Down: it was worse than you think. National Review, [S. l.], p. 1-9, 31 maio 2017. Disponível em: https://www.nationalreview.com/corner/year-shout--down-worse-you-think-campus-free-speech/. Acesso em: 2 ago. 2021.

[17] BEINART, Peter. A violent attack on free speech at Middlebury. *The Atlantic*, [S. l.], p. 1-6, 6 mar. 2017. Disponível em: https://www.theatlantic.com/politics/archive/2017/03/middlebury--free-speech-violence/518667. Acesso em: 2 ago. 2021.

CAPÍTULO 1 | ESTABLISHMENT VS. LIBERDADE DE EXPRESSÃO

gens odiosas na página da escola do meu filho de oito anos, no Facebook. Eu sei que, conforme a corrida avança, os ativistas aumentarão sua máquina de ódio, e esses ataques se intensificarão significativamente[18].

Quando apoiadores de Trump foram atacados por manifestantes violentos, durante a campanha presidencial de 2016, a esquerda tratou como uma questão em aberto, se eram os manifestantes ou a retórica incendiária de Trump que estavam errados[19]. Claro, quando você acredita que o discurso contrário ao seu ponto de vista é uma forma de violência, você pode justificar a violência real, ou a censura, como uma questão de autodefesa.

Entretanto, a liberdade de expressão parecia ter na *internet* um santuário. Muitos comentaristas políticos populares, tanto no YouTube quanto no Facebook, tinham algo em comum: oposição ao politicamente correto e à censura de esquerda produzida por ele. Quando um vídeo do professor Jordan Peterson, protestando contra os códigos de fala de "gênero" obrigatórios, viralizou, ele se tornou uma sensação no Facebook, no YouTube e no Twitter. Christina Hoff Sommers, uma respeitada estudiosa, feminista e *left-lib*, obteve milhões de visualizações por seus vídeos criticando argumentos de esquerda, sobre tópicos como a suposta diferença salarial entre homens e mulheres, e a "masculinidade tóxica", apontando também para a cultura feminista de "guerra contra os meninos" nas escolas da América[20]. Ben Shapiro fez dos vídeos virais da *internet* seu cartão de visita, direcionando-os especialmente aos espectadores de idade universitária em busca de argumentos alternativos bem pensados para o que ouviam de professores, políticos progressistas e comentaristas da mídia. Seu sucesso levou à criação do site popular *Daily Wire*, que combina comentários de notícias *online* tradicionais com *podcasts* de Shapiro e outros.

---

[18] HASSON, Peter. Seattle City Council candidate drops out of race, citing harassment of his wife. Daily Caller, [S. l.], p. 1-4, 14 nov. 2018. Disponível em: https://dailycaller.com/2018/11/14/seattle-council-chris-rufo-wife-harrassment/. Acesso em: 2 ago. 2021.

[19] ANTLE III, W. James. Violence against Trump supporters: who is to blame?. *The National Interest*, [S. l.], p. 1-4, 3 jun. 2016. Disponível em: https://nationalinterest.org/feature/violence-agains-t-trump-supporters-who-blame-16464. Acesso em: 2 ago. 2021.

[20] WAR on Boys. [S. l.: s. n.], 2014. 1 vídeo (6 min). Publicado pelo canal PragerU. Disponível em: https://www.youtube.com/watch?v=OFpYj0E-yb4. Acesso em: 2 ago. 2021.

OS MANIPULADORES

Extremistas de esquerda por vezes impediram Peterson, Shapiro e Sommers de falar em *campi* universitários, entretanto, não foram capazes de impedi-los de falar *online* (pelo menos ainda não). Nem poderiam impedir a explosão de meios de comunicação *online* de centro-direita, como *Breitbart*, *Daily Caller*, *Townhall*, e muitos outros, que preencheram uma lacuna no mercado de mídia.

***

A esquerda ativista demorou a perceber a extensão do sucesso *online* da direita. A maioria dos progressistas bajulou o presidente Obama pelo uso do Twitter e do Facebook, presumindo que seu domínio da grande mídia se estenderia à mídia *online*, e dessa forma concentraram-se em tentar silenciar e desacreditar a *Fox News*. Então, aconteceu a eleição de 2016.

A mídia social é um grande motivo para explicar como o *candidato* Donald Trump se tornou *presidente* Donald Trump, como reconheceram o presidente e Brad Parscale, seu chefe de campanha de 2020 e 2016. "Eu entendi, desde o início, que o Facebook seria a ferramenta para Donald Trump vencer", disse ele, em uma entrevista ao *60 Minutes*, em outubro de 2017. "O Twitter é a forma como ele conversava com as pessoas. O Facebook seria como ele ganhou"[21]. Acrescentou: "Acho que Donald Trump venceu [sozinho], mas acredito que o Facebook tenha sido o método − foi a rodovia [...] por onde seu carro seguiu adiante".

Hillary Clinton obteve 96% dos endossos de jornais, mas perdeu a eleição[22]. Se o resultado tivesse sido deixado nas mãos dos editores da redação e âncoras de TV a cabo, Clinton teria vencido de forma esmagadora. Entretanto, não cabia a eles, e ela não ganhou por causa da mídia social, que ajudou o candidato Donald Trump a transmitir sua mensagem − de nacionalismo econômico, fiscalização da imigração, defesa nacional mais forte, política

---

[21] STAHL, Lesley. Facebook "embeds," Russia and the Trump campaign's secret weapon. CBS News, [S. l.], p. 1-8, 10 jun. 2018. Disponível em: https://www.cbsnews.com/news/facebook-embeds-russia-and-the-trump-campaigns-secret-weapon-60-minutes/. Acesso em: 2 ago. 2021.

[22] WILSON, Reid. Final newspaper endorsement count: Clinton 57, Trump 2. *The Hill*, [S. l.], p. 1-2, 6 nov. 2016. Disponível em: https://thehill.com/blogs/ballot-box/presidential-races/304606-final-newspaper-endorsement-count-clinton-57-trump-2. Acesso em: 2 ago. 2021.

CAPÍTULO 1 | ESTABLISHMENT VS. LIBERDADE DE EXPRESSÃO

externa colocando a América em primeiro lugar, nomeação de juízes fiéis a uma interpretação da Contituição em seu sentido original, apoio a políticas pró-vida e conservadorismo social – e alcançar eleitores insatisfeitos com a grande mídia, que preferiu rejeitar todas as suas políticas como simplesmente estúpidas e racistas.

Quando Trump ganhou a eleição, os democratas ficaram furiosos, pois presumiram que ganhariam a Casa Branca em uma vitória esmagadora. Os jornalistas ficaram chocados porque nenhum conhecido *deles* tinha votado em Trump. E o Vale do Silício ficou horrorizado, com muitos funcionários de tecnologia se sentindo culpados, perguntando-se se deveriam ter feito mais para deter Trump nas plataformas controladas por eles. Mais importante: os esquerdistas, tanto dentro quanto fora do Vale do Silício, perderam a pouca paciência que tinham com o discurso conservador. Eles racionalizaram sua intolerância, rotulando Trump e os quase sessenta e três milhões de americanos que votaram nele, como fascistas, marionetes dos russos ou supremacistas brancos. Uma resposta honesta do *establishment* liberal[23] de esquerda, à eleição de 2016, teria sido perceber que os conservadores têm sucesso *online* por fornecerem um ponto de vista alternativo, que muitos americanos querem ouvir e é, em grande parte, excluído da grande mídia. Esta poderia ter feito algo para corrigir esse desequilíbrio, estreitando sua lacuna de confiança com metade do país. Ao invés disso, declararam guerra a Trump e a seus apoiadores. A grande mídia progressista tornou-se um braço de propaganda do Comitê Nacional Democrata e a multi-

---

[23] Cabe notar que os termos ideológicos nos EUA são levemente diferentes dos que usamos no Brasil. Para nós, liberais são aqueles indivíduos que defendem o livre mercado e a não-interferência do Estado em assuntos morais e religiosos. A dita "confusão" de termos acontece pois, historicamente, liberais à direita e à esquerda descendem de um mesmo movimento de emancipação política contra o absolutismo; problemática complexa que não cabe desenvolvermos aqui nesta nota. Podemos afirmar, entretanto, que os liberais no sentido *brasileiro* são aqueles de herança liberal-conservadora, à direita no espectro político ideológico. Nos *Estados Unidos*, por sua via, politicamente dizendo, *Liberals* tem o mesmo sentido de "progressistas" para nós. Isto é: os ditos "liberais" americanos assumem uma postura à esquerda na régua ideológica. No entanto, ainda que seja assim na maioria dos casos, o termo *"liberals"* não deve vir abarcado por uma interpretação automática, cabendo antes uma análise de contexto para uma reta acepção interpretativa.
Por isso, para uma correta compreensão conceitual das nomenclaturas ideológicas, em vários momentos da leitura desta obra se exigirá do leitor também uma reta interpretação contextual destes termos a fim de assimilar, de forma adequada, a qual espectro ideológico o autor se refere em cada contexto. (N. E.)

dão esquerdista se voltou para os gigantes das *Big Tech's* – e do Grande Governo – e exigiu que silenciassem as vozes da direita.

A previsão de Jeffrey Rosen, de uma "turba com um ditador" acabando com a liberdade de expressão na *internet*, foi cumprida. As duas questões principais neste ponto são:

1) Até onde essa tendência perigosa irá?
2) O que pode ser feito para impedi-la?

CAPÍTULO 2

Capítulo 2

Manipulado

Para melhor ou pior, a mídia social é a nova praça pública: 68% dos adultos americanos usam o Facebook, 73% usam o YouTube, e um quarto usa o Twitter. Esses números, já elevados, são muito maiores para adultos com menos de cinquenta anos[24]. Dois terços dos adultos americanos e cerca de quatro em cada cinco adultos com menos de cinquenta anos usam a mídia social para consumir suas notícias[25]. O Facebook desempenha um papel tão importante na vida diária e nas interações sociais dos americanos que Mark Zuckerberg, seu CEO, sentiu-se confortável em compará-lo à religião, em um discurso de junho de 2017[26]. Três quartos dos usuários do Facebook estão no *site* todos os dias (não apenas aos domingos[27]), e usuários do Twitter têm uma influência desproporcional na mídia porque muitos jornalistas estão no Twitter.

---

[24] SMITH, Aaron; ANDERSON, Monica. Use of different platforms by demographic groups. Pew Research Center, 2018. 1 tabela. Disponível em: https://www.pewresearch.org/internet/2018/03/01/social-media-use-2018-appendix-a-detailed-table/. Acesso em: 3 ago. 2021.

[25] SHEARER, Elisa; GOTTFRIED, Jeffrey. New use across social media platforms in 2017. Pew Researcher Center, [S. l.], p. 1-6, 7 set. 2017. Disponível em: https://www.journalism.org/2017/09/07/news-use-across-social-media-platforms-2017/. Acesso em: 9 ago. 2021.

[26] SHINAL, John. Mark Zuckerberg: Facebook can play a role that churches and Little League once filled. CNBC, [S. l.], p. 1-3, 26 jun. 2016. Disponível em: https://www.cnbc.com/2017/06/26/mark-zuckerberg-compares-facebook-to-church-little-league.html. Acesso em: 3 ago. 2021.

[27] *Op. cit.*

A mídia social abrange tudo e aparenta estar sempre presente. Atletas profissionais transmitem vídeos do Snapchat para seus seguidores, de vestiários, antes dos jogos. O Instagram está cheio de "influenciadores" vendendo roupas. Encontrar parceiros românticos nas redes sociais ou em aplicativos móveis agora é comum. Candidatos presidenciais fazem tarefas domésticas e vão ao dentista, ao vivo no Instagram. Senadores norte-americanos atacam uns aos outros no Twitter – também a plataforma de mídia social preferida do ex-presidente dos Estados Unidos, Donald Trump, que a usa para tudo, desde a diplomacia internacional até para reclamar de seus inimigos políticos. É mortificante, risível e inspirador, tudo ao mesmo tempo.

O tamanho e a escala das empresas de mídias sociais explodiu, principalmente porque elas se apresentavam como plataformas abertas: telas em branco, para as pessoas usarem da maneira desejada. Google, Facebook e Twitter caracterizaram seus produtos como motores de melhoria social. "Pensamos no Twitter como a prefeitura global", disse o antigo CEO do Twitter, Dick Costolo. "Somos a ala da liberdade de expressão, do partido da liberdade de expressão"[28]. Costolo foi o presidente-executivo do Twitter, de 2010 a 2015, e o predecessor imediato do atual CEO, Jack Dorsey. O gerente geral do Twitter no Reino Unido, Andy Yang, também o descreveu como a "ala da liberdade de expressão, do partido da liberdade de expressão", em março de 2012[29]. O Google se tornou uma empresa multibilionária ao oferecer um portal de informações, gratuitas e irrestritas, a qualquer pessoa com acesso à *internet*. Notoriamente, seu lema original era "Não seja mau". Um memorando interno do Facebook, de junho de 2016, afirmou: "acreditamos em conectar as pessoas tão profundamente, que qualquer coisa que nos permita conectar mais pessoas, com mais frequência, seja de fato bom"[30]. Conforme veremos, esse não é mais o caso no Facebook.

---

[28] SYDELL, Laura. On its 7th birthday, is Twitter still the 'free speech party'?. NPR, [S. l.], p. 1-5, 21 mar. 2013. Disponível em: https://www.npr.org/sections/alltechconsidered/2013/03/21/174858681/on-its-7th-birthday-is-twitter-still-the-free-speech-party. Acesso em: 3 ago. 2021.

[29] HALLIDAY, Josh. Twitter's Tony Wang: 'We are the free speech wing of the free speech party'. *The Guardian*, [S. l.], p. 1-3, 22 mar. 2012. Disponível em: https://www.theguardian.com/media/2012/mar/22/twitter-tony-wang-free-speech. Acesso em: 3 ago. 2021.

[30] COHEN, Noam. The truth about Facebook's fake quest to connect the world. *Wired*, [S. l.], p. 1-5, 3 dez. 2018. Disponível em: https://www.wired.com/story/facebook-mark-zuckerberg-fake-quest-to-connect-the-world/. Acesso em: 3 ago. 2021.

CAPÍTULO 2 | MANIPULADO

Os americanos deram a essas três grandes empresas de tecnologia (e outras) um enorme poder para selecionar as informações que lemos, compartilhamos e discutimos com nossos vizinhos e amigos. Ficamos tão acostumados com o papel desempenhado por eles em nossas vidas que nem mesmo percebemos as *Big Tech's* peneirando as informações disponíveis e estreitando – e priorizando – nossas escolhas. Embora o Facebook, o Google e o Twitter já tenham se anunciado como bastiões da democracia e da liberdade de expressão, agora eles estão se movendo abertamente em direção à censura direta e à manipulação da mídia. Eles próprios dizem isso.

Em março de 2018, o Google distribuiu um memorando interno, instruindo os funcionários sobre os benefícios da censura. No memorando, intitulado "O Bom Censor", o Google admitiu que, embora a *internet* tenha sido "fundada em princípios utópicos de liberdade de expressão", a liberdade de expressão não estava mais em voga[31]. O memorando explicava que "as empresas de tecnologia estão adaptando sua postura em relação à censura", em resposta direta à "ansiedade de usuários e governos". O memorando admitia que "as empresas de tecnologia mudaram, gradualmente, da liberdade de expressão não mediada para a censura e moderação", contudo, enquadrou essa mudança como um desenvolvimento positivo. Uma das principais maneiras usadas pelas empresas de tecnologia para "assumir o papel de moderador" é "aumentando significativamente o número de moderadores que empregam: no caso do YouTube, aumentando o número de pessoas em busca de conteúdo impróprio, para mais de dez mil", gabou-se o memorando[32]. A censura era em parte necessária, argumentou, devido ao "mau comportamento" dos usuários, o que exigia que as empresas de tecnologia os supervisionassem. Entretanto, a parte mais alarmante da missiva interna era que ela falava com aprovação de governos estrangeiros, que censuravam o discurso *online*. O Google enquadrou a censura como governos

---

[31] GOOGLE. The Good Censor. Google, [S. l.], p. 1-85, mar. 2018. Disponível em: https://www.scribd.com/document/390521673/The-Good-Censor-GOOGLE-LEAK. Acesso em: 9 ago. 2021.
[32] *Ibid.*

tomando medidas para tornar os espaços *online* mais seguros, mais regulamentados, e mais semelhantes às suas leis *offline*. Protegido contra o discurso de ódio na rua? Agora, na *net*, você também está [...].

O Twitter abandonou, completa e publicamente, sua marca como a "ala da liberdade de expressão, do partido da liberdade de expressão". Jack Dorsey agora afirma que a tal "ala da liberdade de expressão" foi uma grande "piada". Sua empresa, que antes parecia devotada à liberdade de expressão de seus usuários, agora diz que prioriza fazer os usuários se sentirem protegidos da fala de outras pessoas[33].

O Facebook também está se reposicionando, abertamente, como um censor benevolente. Aqui está o que o CEO do Facebook, Mark Zuckerberg, disse aos comitês de Comércio e Judiciário do Senado, em abril de 2018:

> No geral, eu diria que estamos passando por uma mudança filosófica mais ampla, na forma como abordamos nossa responsabilidade como empresa. Durante os primeiros dez ou doze anos de empresa, vi nossa responsabilidade, principalmente, como a construção de ferramentas que, se pudéssemos colocar nas mãos das pessoas, as empoderariam a fazer coisas boas. Acho que agora aprendemos, com uma série de questões – não apenas privacidade de dados, mas também notícias falsas, e interferência estrangeira nas eleições – que precisamos assumir um papel mais proativo e uma visão mais ampla de nossa responsabilidade. Não é suficiente apenas construir ferramentas. Precisamos ter certeza de que serão usadas para o bem. E isso significa que agora precisamos ter uma visão mais ativa do policiamento do ecossistema e em observar e cuidar, e ter certeza de que todos os membros da nossa comunidade estejam usando essas ferramentas de uma forma boa e saudável[34].

---

[33] NEWCOMB, Alyssa. Twitter CEO Jack Dorsey on Alex Jones, election security and regrets. NBC News, [S. l.], p. 1-5, 15 ago. 2018. Disponível em: https://www.nbcnews.com/tech/tech-news/twitter-ceo-jack-dorsey-alex-jones-election-security-regrets-n900931. Acesso em: 3 ago. 2021.

[34] TRANSCRIPT of Mark Zuckerberg's Senate Hearing. *The Washington Post*, [S. l.], p. 1-5, 10 abr. 2018. Disponível em: https://www.washingtonpost.com/news/the-switch/wp/2018/04/10/transcript-of-mark-zuckerbergs-senate-hearing/?noredirect=on&utm_term=.a584ff40a471. Acesso em: 3 ago. 2021.

CAPÍTULO 2 | MANIPULADO

***

Três forças estão impulsionando a censura *online* das *Big Tech's*. Duas são externas e relacionadas: pressões de mercado e campanhas de remoção da plataforma por ativistas de esquerda e jornalistas. A terceira pressão é interna: o Vale do Silício é incrivelmente unilateral, politicamente falando.

As margens de lucro e as pressões do mercado são alavancas cruciais usadas pelos ideólogos de esquerda para puxar os gigantes da tecnologia e outras corporações em direção à censura. As empresas querem evitar polêmicas, e, na era das turbas de indignação, isso significa evitar ofender a esquerda, controladora da maioria das instituições culturais nos Estados Unidos. Essa é parte da razão pela qual grandes empresas estão adotando políticas de esquerda na publicidade, como a Gillette fez com seu anúncio sobre "masculinidade tóxica". Ativistas de esquerda amplificam essas pressões com campanhas difamatórias e boicotes, com o objetivo de abalar anunciantes e investidores, forçando as empresas de tecnologia a agir. Nenhuma empresa quer seu nome e "conteúdo racista" na mesma frase, independentemente de a acusação ser verdadeira. Se você convencer as agências de *marketing* corporativo de que anunciar no Facebook é arriscado, você pode ter certeza de que o Facebook tomará alguma medida para conter a polêmica, tranquilizando os investidores.

As pressões externas de ativistas de esquerda são agravadas pelas pressões internas dos funcionários das empresas, os quais querem as *Big Tech's* abraçando a censura contra opiniões não-progressistas como uma necessidade moral e política. As culturas internas de escritório no Facebook, Google e Twitter sempre foram predominantemente esquerdistas, entretanto, a eleição de Donald Trump como presidente tornou-as muito mais radicais. Eu disse a uma fonte do Vale do Silício que achava a cultura da tecnologia de hoje semelhante à cultura ativista de esquerda nos *campi* universitários. Ele respondeu: "Elas são exatamente as mesmas pessoas".

Suas opiniões políticas são certamente monocromáticas. Dos US$ 8,1 milhões que os trabalhadores da indústria de tecnologia doaram aos candidatos presidenciais, durante a campanha de 2016, 95% foram para Hillary Clinton. Especificamente entre as doações da área do Vale do Silício, *99% foram para Hillary Clinton*[35].

---

[35] CHIDEYA, Farai. Nearly all of Silicon Valley's Political dollars are going to Hillary Clinton.

Logo, talvez não seja surpreendente que Google, Facebook e Twitter tenham se tornado veículos para o ativismo de esquerda. As empresas incentivam os funcionários a trazerem seu "eu autêntico" para o trabalho. Um executivo do Vale do Silício me disse:

> Queremos que as pessoas o façam [...] trazer toda a sua perspectiva, e todos os seus valores, para o trabalho, no sentido positivo, isso significa me livrar de uma enorme distinção entre minha vida profissional e minha vida pessoal.

Para ativistas de esquerda no Vale do Silício, suas vidas profissional, pessoal, e política são uma só. Por isso que o Twitter lançou uma iniciativa de "interseccionalidade" para seus funcionários, e o Google doa milhões para causas de esquerda – para sinalizar sua lealdade à tribo e aplacar seus membros. Como o processo de um ex-funcionário do Google, James Damore, deixou claro, os conservadores precisam esconder suas opiniões e permanecer em silêncio ou enfrentar a retaliação do gigante da alta tecnologia, mas o apoio à ideologia violenta e extremista dos Antifa pode ser expresso livremente[36].

O QUE DIZEM OS NÚMEROS

Em 2017, a organização sem fins lucrativos Lincoln Network conduziu uma pesquisa com trabalhadores de tecnologia no Vale do Silício, incluindo funcionários do Google, Facebook, Apple, Amazon e Microsoft. As tendências políticas dos pesquisados eram mais diversificadas do que a da população geral do Vale do Silício: 29% eram progressistas, 24% eram libertários, 22% eram conservadores, e 16% eram moderados. Entretanto, eles concordaram em uma coisa: 75% dos progressistas, e 70% dos conservadores, caracterizaram seu local

---

FiveThirtyEight, [S. l.], p. 1-6, 25 out. 2016. Disponível em: https://fivethirtyeight.com/features/nearly-all-of-silicon-valleys-political-dollars-are-going-to-hillary-clinton/. Acesso em: 3 ago. 2021.

[36] STOLTZFOOS, Rachel. 19 insane tidbits from James Damore's lawsuit about Google's office environment. The Federalist, [S. l.], p. 1-7, 10 jan. 2018. Disponível em: https://thefederalist.com/2018/01/10/19-insane-tidbits-james-damores-lawsuit-googles-office-environment/. Acesso em: 3 ago. 2021.

CAPÍTULO 2 | MANIPULADO

de trabalho como "progressista", ou "muito progressista", e menos de 2% dos participantes da pesquisa consideraram seus locais de trabalho conservadores[37].

Mesmo alguns entrevistados progressistas achavam que a intolerância esquerdista tinha ido longe demais. Um trabalhador de tecnologia abertamente de esquerda disse: "Eu testemunhei repetidos chamados de gerentes e não gerentes para que as pessoas fossem demitidas por opiniões políticas expressadas". Outro funcionário progressista disse:

Há pessoas que procuram um motivo para se sentirem ofendidas, e qualquer tipo de discordância faria com que se perguntassem se eu sou um apoiador secreto de Trump. A ideia de "Eu concordo com você em 90%" não é suficiente.

Um autointitulado libertário disse:

Perdi vários colegas talentosos que renunciaram, ao invés de continuar, face a um ambiente cada vez mais extremista, intolerante e regressivo, aqui no Google. Aqui é assustador. Um verdadeiro *show* de horror. Cada dia pode ser o meu último.

Oitenta e nove por cento dos entrevistados, que se identificaram como "muito conservadores", disseram não se sentir confortáveis para expressar suas opiniões no trabalho. "O ponto de vista do Vale do Silício é pós-moderno e secular. Altamente progressista. É motivado a mudar o mundo, disfarçando-se de intelectualismo", disse um funcionário conservador de tecnologia.

Um libertário disse: "havia muitos grupos dedicados à política de identidade" em sua empresa, todos eles de esquerda.

Se você não faz parte da turma democrata [esquerda], você é um estranho. As conversas costumam ser politizadas, seja abertamente ou não. Toda a equipe executiva tem um determinado viés, e você não quer ser o estranho, por medo de ser condenado ao ostracismo. [...] Quem não se encaixasse no molde da em-

---

[37] NEW Lincoln Network Survey shows Conservatives feel uncomfortable in Silicon Valley workplaces. Bold, [S. l.], p. 1-5, 2 fev. 2018. Disponível em: https://bold.global/bold-staff/2018/02/02/new-lincoln-network-survey-shows-conservatives-feel-uncomfortable-silicon-valley-workplaces/. Acesso em: 3 ago. 2021.

presa não falava sobre suas opiniões políticas. A empresa era muito homogênea nesse sentido.

Um funcionário conservador disse:

> Há um apoio interno esmagador para candidatos, políticas e ideias de esquerda, e ele é expressado frequentemente. [...] Há entre zero e muito poucos funcionários seniores que ousem falar, ou representar, um ponto de vista alternativo (mais conservador) nos debates da empresa, ou nas decisões políticas.

Um funcionário libertário disse: "Nas vezes em que tive uma opinião diferente, fui retaliado, atormentado, verbalmente intimidado". Um conservador acrescentou: "Não é seguro ter qualquer discussão no Vale do Silício que não subscreva o seu tirânico pensamento de grupo. Acredito que eles já estejam tentando me tirar do setor".

Um funcionário libertário alegou que na Apple há "um expurgo coordenado de funcionários conservadores".

Outro libertário disse: "Existem certas coisas sobre as quais você *não pode* falar... sem um sério risco para sua carreira".

Esse pensamento de grupo afeta todas as ações das *Big Tech's*, cada decisão tomada, cada programa lançado. Como observou um antigo engenheiro do Google, apesar dos protestos da empresa de que seus algoritmos são programados para o interesse de todos, eles refletem as suposições e vieses, de seus criadores[38].

***

A CENSURA QUE VOCÊ VÊ; E A CENSURA QUE VOCÊ NÃO VÊ

A discussão sobre plataformas de tecnologia e viés político muitas vezes se centra, compreensivelmente, no que é ou não permitido no Google, YouTu-

---

[38] WACKER, Mike. Former Google Engineer: How Google discriminates against Conservatives. Daily Caller, [S. l.], p. 1-5, 19 ago. 2019. Disponível em: https://dailycaller.com/2019/08/19/wacker-google-discriminates/. Acesso em: 3 ago. 2021.

CAPÍTULO 2 | MANIPULADO

be, Facebook e Twitter. Entretanto, a outra metade da imagem é o que é e o que não é priorizado em uma plataforma.

Em termos gerais, as empresas de tecnologia censuram os usuários, e o conteúdo, de duas maneiras. A primeira, que chamaremos de "censura severa", é bastante direta: excluir conteúdo ou suspender usuários. O segundo método, que chamaremos de "censura branda", envolve empresas de tecnologia tornando o conteúdo mais difícil de ser encontrado. A censura severa é como derrubar um *outdoor* à beira da estrada. A censura branda é dificultar a visualização do *outdoor*, ao erguer outros à frente dele.

A censura branda por empresas de tecnologia pode ser tão eficaz quanto a censura severa. Segundo estudos, as pessoas raramente clicam além da primeira página de resultados do Google ou do YouTube. Há ainda menos cliques após a segunda, ou terceira página. Portanto, tirar um *link* da primeira página (ou da segunda, ou da terceira) do Google é quase o mesmo que removê-lo completamente dos resultados. O mesmo é verdade com seus *feeds* do Facebook e do Twitter: as empresas não precisam excluir conteúdo para garantir que você não o veja.

***

Desde 2016, todas as grandes empresas de tecnologia – incluindo Facebook, Google, YouTube e Twitter – têm se ocupado com a reformulação de algoritmos, *feeds* de notícias ou padrões de monetização, de maneira a beneficiar os progressistas e marginalizar os conservadores. As *Big Tech's* também fazem parceria com grupos de esquerda, como o Southern Poverty Law Center (SPLC), para "sinalizar" conteúdo supostamente problemático. O SPLC rotula falsamente os conservadores individuais como "extremistas" e as organizações conservadoras como "grupos de ódio" e, em seguida, promove políticas de conteúdo mais restritivas contra o alegado "discurso de ódio"[39]. Para lhe dar uma ideia dos padrões do SPLC, ele uma vez acusou o dr. Ben Carson de ser um "extremista", por ter declarado sua crença de que o casamento é entre um

---

[39] HASSON, Peter. Exclusive: Facebook, Amazon, Google and Twitter all work with left-wing SPLC. Daily Caller, [S.l.], p. 1-7, 6 jun. 2018. Disponível em: http://dailycaller.com/2018/06/06/splc-partner-google-facebook-amazon/. Acesso em: 3 ago. 2021.

homem e uma mulher[40]. Imerso em escândalos próprios[41], o SPLC foi ampla-mente desacreditado[42]. Entretanto, ainda trabalha em estreita colaboração com os engenheiros do Google, que projetam as ferramentas digitais e algoritmos para policiar o discurso de ódio no YouTube como parte do programa "Sinali-zadores de Confiança" do Google[43]. O Google manteve sua colaboração com o SPLC em segredo, escondido atrás de um acordo de confidencialidade, e o SPLC só admitiu a parceria depois que eu revelei a história[44]. Todas essas par-cerias estão ocorrendo enquanto o SPLC mantém, publicamente, pressão no Facebook, Google e Twitter, pedindo a eles mais ações para combater o "discur-so de ódio" em suas plataformas, o que invariavelmente significa dar ao SPLC mais poder em suas negociações privadas com as empresas.

O SPLC liderou cinco outros grupos de esquerda, na formação de uma coalizão chamada "Change the Terms" [Mudem os Termos], a qual pressiona todos os principais provedores de serviços de tecnologia a definir códigos de fala para reger o que dizem seus clientes, dentro *e fora* de suas plataformas. A coalizão exige que cada empresa concorde em implementar um conjunto específico de políticas, já elaborado pelos ativistas. Entre as mudanças necessárias: capacitar organizações terceirizadas (como, digamos, o SPLC) para sinalizar atores "odiosos". Os alvos dos ativistas não se limitam ao Facebook, Google e Twitter (embora essas empresas, certamente, estejam na lista), mas também incluem empresas de cartão de crédito e sites de financiamento coletivo. Uma vez que uma empresa ceda à pressão e concorde em adotar o contrato de esquerda, ela

---

[40] SPLC Statement on Dr. Ben Carson. Southern Poverty Law Center, [S. l.], p. 1-4, 11 fev. 2015. Disponível em: https://www.splcenter.org/sites/default/files/d6_legacy_files/downloads/pu-blication/splc_statement_carson_feb2015.pdf. Acesso em: 3 ago. 2021.

[41] LOWRY, Rich. The SPLC designates itself. *National Review*, [S. l.], p. 1-4, 19 mar. 2019. Dispo-nível em: https://www.nationalreview.com/2019/03/southern-poverty-law-center-weaponize-d-political-correctness/. Acesso em: 3 ago. 2021.

[42] THIESSEN, Marc. The Southern Poverty Law Center has lost all credibility. *The Washington Post*, [S. l.], p. 1-4, 21 jun. 2018. Disponível em: https://www.washingtonpost.com/opinions/the-sou-thern-poverty-law-center-has-lost-all-credibility/2018/06/21/22ab7d60-756d-11e8-9780-b1d-d6a09b549_story.html. Acesso em: 3 ago. 2021.

[43] HASSON, Peter. Exclusive: YouTube secretly using SPLC to police videos. Daily Caller, [S. l.], p. 1-6, 27 fev. 2018. Disponível em: http://dailycaller.com/2018/02/27/google-youtube-sou-thern-poverty-law-center-censorship/. Acesso em: 3 ago. 2021.

[44] HASSON, Peter. SPLC confirms they're helping police videos on YouTube. Daily Caller, [S. l.], p. 1-4, 1 mar. 2018. Disponível em: http://dailycaller.com/2018/03/01/splc-youtube-goo-gle-trusted-flaggers/. Acesso em: 3 ago. 2021.

CAPÍTULO 2 | MANIPULADO

essencialmente delega ao SPLC a decisão sobre quem pode ficar em sua plataforma, ou usar seus serviços, e quem deve sair. (Afinal, sob este acordo, é o SPLC quem define quem é "extremista"). Uma vez oficializado o contrato, os ativistas imediatamente mudam de marcha para identificar os usuários ou clientes que a empresa agora deve banir de sua plataforma. Como veremos, o plano dos esquerdistas de transformar plataformas de tecnologia em arma, assemelha-se ao sistema de "Pontuação de Crédito Social", adotado pelo governo chinês. Porém, ao invés de o governo monitorar seu comportamento privado e, como resultado, limitar seu acesso à sociedade, é um coletivo de grupos de interesse de esquerda, em parceria com corporações multinacionais. Os ativistas estão trabalhando para aproveitar o poder das *Big Tech's*, e do comércio, para implementar ideias semelhantes, em princípio, às praticadas pela China comunista, e não há lei capaz de impedi-los. Os direitos da Primeira Emenda não protegem você das limitações de expressão de organizações privadas. É uma estratégia tortuosa, e está funcionando.

O Media Matters é um grupo político de esquerda, dedicado a silenciar os pontos de vista conservadores na mídia. Durante grande parte de sua história, ele se concentrou em atacar a *Fox News*. Nos últimos anos, porém, também se concentrou em vozes conservadoras *online*. O Media Matters apresentou um memorando de quarenta e quatro páginas para doadores progressistas, em uma cúpula de janeiro de 2017, onde se gabava de seus planos de trabalhar com o Facebook e o Google para destruir os meios de comunicação não-liberais[45]. O memorando argumentou que alistar as *Big Tech's* na campanha da esquerda para destruir a mídia conservadora é essencial se os progressistas esperam derrotar Donald Trump em 2020[46]. O Media Matters prometeu realizar exatamente isso. "Alvos-chave da direita verão sua influência diminuída, como resultado do nosso trabalho", prometeu o grupo de esquerda. Os esquerdistas não precisam banir todos os conservadores das redes sociais, eles só precisam dominar as redes sociais da mesma forma que dominam a grande mídia. Eles con-

---

[45] MEDIA MATTER FOR AMERICA; AMERICAN BRIDGE; CREW; SHAREBLUE. Democracy Matters: Strategic plan for action. Scribd, [S. l.], p. 1-49, 21 jan. 2017. Disponível em: https://www.scribd.com/document/337535680/Full-David-Brock-Confidential-Memo--On-Fighting-Trump#from_embed. Acesso em: 9 ago. 2021.

[46] Como soa evidente, o livro foi lançado nos EUA antes da vitória de Biden nas recentes eleições americanas.

cordam com discussões, desde que ocorram dentro dos limites definidos por eles (como na *MSNBC*), e desde que ganhem as eleições importantes para eles (como a Casa Branca). Desde 8 de novembro de 2016, eles mudaram o cenário digital, em detrimento das vozes conservadoras. Em 3 de novembro de 2020, eles terão transformado (ou manipulado) a mídia social de maneiras que terão implicações de longo alcance para os Estados Unidos.

CAPÍTULO 3

Capítulo 3

Facebook

A influência do Facebook sobre a população americana é impressionante: sete em cada dez americanos usam o Facebook e três quartos desses usuários afirmam estar no Facebook todos os dias, concluiu um estudo do Pew Research Center, de 2019[47]. Um estudo da Pew, de setembro de 2018, descobriu que 43% dos americanos obtêm notícias principalmente através do Facebook, levando o instituto de pesquisa a concluir que o Facebook "ainda é, de longe, o *site* mais usado pelos americanos para obter notícias"[48].

O Facebook exerce um enorme poder sobre seus usuários, e não tem escrúpulos em exercê-lo. A gigante da tecnologia colaborou com acadêmicos de Cornell e da Universidade da Califórnia em San Francisco para conduzir experimentos sobre os efeitos de ajustes em seu algoritmo de *feed* de notícias nos estados emocionais dos usuários. O truque: o Facebook usou seus clientes como cobaias no experimento, sem o conhecimento deles[49]. No experimento, que envolveu incríveis 689 mil usuários, o Facebook manipulou os *feeds* de notícias

---

[47] PERRIN, Andrew; ANDERSON, Monica. Share of U.S. adults using social media, including Facebook, is mostly unchanged since 2018. Pew Researcher Center, [S. l.], p. 1-4, 10 abr. 2019. Disponível em: https://www.pewresearch.org/fact-tank/2019/04/10/share-of-u-s-adults-using-social-media-including-facebook-is-mostly-unchanged-since-2018/. Acesso em: 9 ago. 2021.

[48] SHEARER, Elisa; MATSA, Katerina Eva. New use across social media platforms 2018. Pew Researcher Center, [S. l.], p. 1-9, 10 set. 2018. Disponível em: https://www.journalism.org/2018/09/10/news-use-across-social-media-platforms-2018/. Acesso em: 9 ago. 2021.

[49] KRAMER, Adam D. I.; GUILLORY, Jamie E.; HANCOCK, Jeffrey T. Experimental evidence of massive-scale emotional contagion through social networks. PNAS, [S. l.], p. 1-8, 17 jun.

dos indivíduos, aumentando a parcela de material positivo apresentado a alguns usuários e aumentando a parcela de material negativo apresentado a outros. Os resultados do experimento revelaram que o Facebook pode influenciar as próprias postagens de um usuário individual, em uma direção positiva ou negativa, distorcendo as informações às quais o usuário foi exposto em seu *feed* de notícias[50]. Em outras palavras, o Facebook testou sua influência na sociedade, adulterando os estados emocionais de cidadãos privados, sem seu consentimento. E fez isso sem remorso.

Quando a má-fé do Facebook foi descoberta, a segunda pessoa no comando da empresa, Sheryl Sandberg, não se desculpou diante do escândalo[51]. "Isso fazia parte de uma pesquisa contínua, feita pelas empresas para testar diferentes produtos, e era isso; foi mal comunicado. E por essa comunicação pedimos desculpas. Nunca quisemos aborrecê-lo", disse ela ao *Wall Street Journal*[52]. Note: a declaração de Sandberg não foi um pedido de desculpas por tratar outros seres humanos – muitos dos quais, sem dúvida, usaram a plataforma para propósitos como compartilhar fotos de seus netos, ou se reconectar com colegas de escola – como cobaias em um laboratório. O único pedido de desculpas de Sandberg foi por não ter feito um trabalho melhor, ao vender a iniciativa ao público. A disposição do Facebook para manipular as emoções de seus usuários – e sua disposição de estudar a melhor maneira de fazer isso – é algo importante de se ter em mente, pois a empresa se compromete a manipular os Estados Unidos, visando evitar a polarização política. O Facebook tem uma história de exercer, discretamente, seu poder de influenciar opiniões políticas na América, sem o conhecimento de seus usuários. Por exemplo, quando o movimento Black Lives Matter ainda estava em seu está-

---

2014. Disponível em: https://www.pnas.org/content/111/24/8788.full. Acesso em: 3 ago. 2021.

[50] BOOTH, Robert. Facebook reveals news feed experiment to control emotions. *The Guardian*, [S. l.], p. 1-4, 30 jun. 2014. Disponível em: https://www.theguardian.com/technology/2014/jun/29/facebook-users-emotions-news-feeds. Acesso em: 3 ago. 2021.

[51] SULLIVAN, Gail. Sheryl Sandberg not sorry for Facebook mood manipulation study. *The Washington Post*, [S. l.], p. 1-4, 3 jul. 2014. Disponível em: https://www.washingtonpost.com/news/morning-mix/wp/2014/07/03/sheryl-sandberg-not-sorry-for-facebook-mood-manipulation-study/?noredirect=on&utm_term=.61c50fd5dd6f. Acesso em: 3 ago. 2021.

[52] KRISHNA, R. Jai. Sandberg: Facebook study was 'poorly communicated'. *The Wall Street Journal*, [S. l.], p. 1-4, 2 jul. 2014. Disponível em: https://www.wsj.com/articles/BL-DGB-36278. Acesso em: 3 ago. 2021.

CAPÍTULO 3 | FACEBOOK

gio inicial, os funcionários do Facebook que supervisionavam a seção de "tópicos de tendência" da empresa receberam uma ordem: coloquem Black Lives Matter nos *trending topics*[53]. Independentemente de sua opinião sobre o Black Lives Matter, o Facebook não estava reagindo ao seu público, mas o estava manipulando. A manipulação foi tornada pública apenas depois que ex-funcionários denunciaram a conduta do Facebook[54].

Segundo seus relatos, o episódio Black Lives Matter não foi um incidente isolado, e notícias e comentaristas conservadores foram sistematicamente minimizados[55]. Mais tarde, o Facebook abandonou sua função de *trending topics*, em favor de seu *NewsFeed* reformulado, o qual é mais fácil para a empresa manipular, sem conhecimento público.

OS ESQUERDISTAS DO FACEBOOK

O Facebook é uma organização institucionalmente de esquerda. As fontes descrevem um local de trabalho onde comunistas e marxistas são mais bem-vindos do que conservadores e republicanos. As operações e comunicações internas do Facebook são conduzidas em uma versão fechada do *site*, chamada Facebook Workplace. A plataforma interna é basicamente como o Facebook usado pelo público, contudo, sua visibilidade é limitada aos cerca de trinta mil funcionários que trabalham na empresa. Os funcionários do Facebook costumam interagir na plataforma interna com colegas de trabalho que não conhecem, ou nunca conheceram. Funcionários em desacordo com o dogma progressista são alvos frequentes na plataforma e sujeitos a ataques pessoais cruéis pela turba de esquerda, consequentemente, a maioria dos dissidentes fica quieta. Como escreveu o engenheiro sênior do Facebook, Brian Amerige, em um memorando interno, criticando a intolerância política dentro da empresa: "Afirmamos saudar todas as perspectivas, mas somos rápidos em atacar – muitas vezes em bandos – qualquer

---

[53] NUNEZ, Michael. Former Facebook workers: we routinely suppressed Conservative news. Gizmodo, [S. l.], p. 1-5, 9 maio 2016. Disponível em: https://gizmodo.com/former-facebook--workers-we-routinely-suppressed-conser-1775461006. Acesso em: 3 ago. 2021.

[54] *Ibid.*

[55] *Ibid.*

pessoa que apresente uma visão aparentemente oposta à ideologia de esquerda"[56].

Amerige lançou um grupo chamado *FB'ers* for Political Diversity [Facebookers pela Diversidade Política], dedicado ao debate aberto dentro da empresa. Entretanto, no Facebook, a diversidade política é o tipo errado de diversidade. Em fóruns internos, e nos conselhos, os funcionários exigiam saber por que o Facebook estava permitindo a ocorrência de "discursos de ódio" dentro da empresa. Amerige não é um republicano, ou conservador social. Ele se autodescreve como objetivista, mais próximo de um libertário, do que qualquer outra coisa. Contudo, no que dizia respeito à maioria dos funcionários do Facebook, Amerige era um intolerante, um racista, um sexista, um transfóbico, e uma litania de outras coisas horríveis. Amerige se demitiu do Facebook em outubro de 2018, explicando, em outro memorando que estava "esgotado do Facebook, de nossa estratégia e de nossa cultura". Aqui está um trecho:

> Estrategicamente, adotamos uma postura sobre como equilibrar o discurso ofensivo e odioso, com a liberdade de expressão. Aceitamos a inevitabilidade da regulamentação governamental. E nos recusamos a nos defender na imprensa. Nossa estratégia de política é o pragmatismo – não princípios claros, e implementáveis, de longo prazo – e nossa estratégia de RP é apaziguamento – não orgulho e autodefesa, moralmente conquistados.
>
> Culturalmente, é difícil ter conversas significativas sobre tudo isso, porque somos uma monocultura política, e essas são questões políticas. E, embora tenhamos feito algum progresso no FB'ers for Political Diversity (que está se aproximando de 750 membros agora), e embora eu tenha o prazer de dizer que a liderança sênior da empresa leva isso a sério (como espero que vocês vejam em breve), nós temos um longo caminho a percorrer.
>
> Para esse fim, embora permaneça apaixonado como sempre por nossa missão, e pelas quase sempre boas intenções de meus colegas, discordo muito fortemente de para onde estamos indo nessas questões, para ver o que acontece a

---

[56] CONGER, Kate. Dozens at Facebook unite to challenge its 'intolerant' liberal culture. *The New York Times*, [S. l.], p. 1-3, 28 ago. 2018. Disponível em: https://www.nytimes.com/2018/08/28/technology/inside-facebook-employees-political-bias.html. Acesso em: 3 ago. 2021.

CAPÍTULO 3 | FACEBOOK

seguir. Esses problemas pairam sobre minha cabeça todas as manhãs, e não quero gastar todo o meu tempo lutando por eles[57].

***

Os funcionários do Facebook apostaram totalmente na equipe Hillary durante as eleições gerais de 2016, até mesmo tentando excluir as postagens da campanha de Trump por suposto "discurso de ódio", até Zuckerberg rejeitar a ação[58]. Zuckerberg, ainda sofrendo com o escândalo dos *trending topics*, insistiu não ser papel do Facebook manipular as eleições, entretanto, esse argumento passou a ter menos peso com os funcionários de esquerda após a vitória surpresa de Trump, e Zuckerberg foi rápido em anunciar que o Facebook iria melhorar seu monitoramento de "*fake news*" no site.

Um funcionário do Facebook discordou da cultura anti-Trump, e colocou cartazes dizendo: "Apoiadores de Trump são bem-vindos aqui". Placas são bem-vindas no *campus* do Facebook, e são consideradas parte da cultura– porém, elas eram removidas quase tão rapidamente quanto ele conseguia postá-las. Os bate-papos internos da empresa se encheram de irritação com o incidente – não porque um colega estava sendo silenciado, mas porque esse colega ousou afirmar que os apoiadores de Trump poderiam ser bem-vindos no Facebook.

Riqueza e *status* no Vale do Silício não são suficientes para salvá-lo das turbas indignadas, que não poupam nenhum herege. O cofundador da Oculus VR, Palmer Luckey, cuja empresa o Facebook havia adquirido dois anos antes em um negócio de bilhões de dólares, viu-se encurralado depois de ter doado US$ 10 mil para um comitê de ação política oposto à candidatura de Clinton. Tanto nos fóruns internos quanto nos conselhos da empresa, os funcionários do Facebook exigiram que Luckey fosse demitido[59]. "Várias mulheres literalmente

---

[57] DURDEN, Tyler. Conservative Facebook employee who wrote memo on 'intolerant' liberal quits. ZeroHedge, [S. l.], 11 out. 2018. Disponível em: https://www.zerohedge.com/news/2018-10-11/conservative-facebook-employee-who-wrote-memo-intolerant-liberals-quits. Acesso em: 3 ago. 2021.

[58] NEWTON, Casey. Facebook employees argued Trump's posts should be banned as hate speech. The Verge, [S. l.], p. 1-3, 21 out. 2016. Disponível em: https://www.theverge.com/2016/10/21/13361908/facebook-employees-trump-ban-hate-speech. Acesso em: 3 ago. 2021.

[59] GRIND, Kirsten; HAGEY, Keach. Why did Facebook fire a top executive? Hint: it had something to do with Trump. *The Wall Street Journal*, [S. l.], p. 1-3, 11 nov. 2018. Disponível em: https://

choraram na minha frente, nos últimos dias", afirmou o diretor de engenharia Srinivas Narayanan, em uma postagem interna[60]. Depois, Luckey postou um pedido de desculpas, esclarecendo que votaria no candidato do Partido Libertário, Gary Johnson, ao invés de Trump, na eleição de 2016. O Facebook o demitiu em março de 2017, dois meses depois de Trump assumir o cargo. Zuckerberg mais tarde testemunhou, sob juramento, que a demissão de Luckey não estava relacionada à política – entretanto, o *Wall Street Journal* explodiu essa mentira em um artigo de novembro de 2018 intitulado: "Conflito Político Leva à Demissão de Alto Executivo do Facebook". Entre os detalhes que surgiram: o próprio Mark Zuckerberg havia redigido o pedido de desculpas, postado posteriormente por Luckey em seu próprio nome[61].

Os executivos do Facebook apoiaram publicamente Clinton durante sua campanha. Eles estavam entre seus maiores e mais entusiásticos apoiadores. O pecado de Luckey não foi expressar opiniões políticas, mas expressar as opiniões erradas. Ele desafiou as turbas de esquerda (ou pelo menos tentou), e pagou o preço.

FACEBOOK VS. KAVANAUGH

Assim como em qualquer outro lugar no Vale do Silício, a eleição de Trump foi um soco no estômago para os funcionários do Facebook, que contavam com Hillary Clinton rumo à vitória. A vice-presidente do Facebook, Julie Zhuo, ainda estava tão chateada na manhã após a eleição que ficou fisicamente doente. Mais tarde, ela começou a chorar. "Esta eleição significou tanto, para tantas pessoas. Pareceu como se os valores de tolerância, igualdade, respeito e competência tivessem perdido. Meu coração se parte por Hillary e por Obama", escreveu ela no Facebook, em resposta à eleição de Trump[62]. Zhuo prometeu "criar ferramentas melhores" no Facebook "para encorajar a compreensão

www.wsj.com/articles/why-did-facebook-fire-a-top-executive-hint-it-had-something-to-do-with-trump-1541965245. Acesso em: 3 ago. 2021.

[60] *Ibid.*

[61] *Ibid.*

[62] ZHUO, Julie. I woke up at 4am last night and threw up. I woke up this morning feeling groogy and leaden. I resisted checking Facebook for a few hours because I knew the posts would bring me to tears. [...]. Atherton, USA, 9 nov. 2016. Facebook: Julie Zhao. Disponível em: https://www.facebook.com/julie/posts/10102669131580713. Acesso em: 3 ago. 2021.

e a empatia entre pessoas de crenças diferentes". Os colegas de trabalho de Zhuo ficaram igualmente chocados. "Eu simplesmente não pensei que esse seria o resultado", refletiu posteriormente outra vice-presidente do Facebook, Carolyn Everson. Ela prometeu criar seus filhos como "cidadãos globais"[63].

Porém, se os funcionários do Facebook ficaram chocados com a vitória de Trump, eles estavam preparados para a guerra política, quando o presidente nomeou o juiz Brett Kavanaugh para ocupar a cadeira da Suprema Corte do juiz que se aposentava, Anthony Kennedy. E eles tiveram outro choque quando o vice-presidente do Facebook, Joel Kaplan, um raro republicano no Facebook e amigo de Kavanaugh, sentou-se atrás do juiz durante seu depoimento: uma demonstração silenciosa de apoio a seu amigo durante os momentos mais difíceis da vida dele. Kaplan apoiou Kavanaugh apenas em sua capacidade pessoal. Ele não estava representando o Facebook, assim como a diretora de operações do Facebook, Sheryl Sandberg, não estava representando a empresa quando, em 2016, endossou pessoalmente Hillary Clinton para presidente. Não havia nada de errado com as ações de Kaplan, mas os funcionários do Facebook espumaram de raiva de qualquer maneira. Quadros internos de mensagens registraram centenas de comentários de funcionários esquerdistas do Facebook, indignados com o apoio de Kaplan a seu amigo. Um gerente de programa chamou a decisão de Kaplan de sentar-se atrás de Kavanaugh "um protesto contra nossa cultura, e um tapa na cara de seus colegas de trabalho"[64], expondo do que realmente se tratava toda a controvérsia: conformidade com a cultura de esquerda. Mark Zuckerberg, CEO do Facebook, apontou que Kaplan não violou as regras da empresa, entretanto, isso não apaziguou a turba de esquerda no Facebook. Em uma assembleia da empresa, gritaram com um executivo quando ele tentou responder a perguntas sobre Kaplan e Kavanaugh; o questionador queria respostas do próprio Mark Zuckerberg. Ele foi obrigado, mas isso ainda não pacificou a multidão: eles queriam Kaplan demitido.

---

[63] EVERSON, Carolyn. In my post yesterday, I said we must respect the outcome of the election and we need to begin the healing process and move forward as a nation. [...]. [S.l.], 9 nov. 2016. Facebook: Carolyn Everson. Disponível em: https://www.facebook.com/carolyn.everson/posts/10153941674160913. Acesso em: 3 ago. 2021.

[64] ISAAC, Mike. Rifts break open at Facebook over Kavanaugh hearing. *The New York Times*, [S. l.], p. 1-5, 4 out. 2018. Disponível em: https://www.nytimes.com/2018/10/04/technology/facebook-kavanaugh-nomination-kaplan.html. Acesso em: 3 ago. 2021.

De sua parte, Sheryl Sandberg estava mais do que disposta a jogar Kaplan debaixo do ônibus. "Como mulher e alguém que se preocupa profundamente com a forma como as mulheres são tratadas, a questão de Kavanaugh é, para mim, profundamente perturbadora. Conversei com Joel sobre por que acho ter sido um erro ele comparecer, dada a sua função na empresa", escreveu ela em uma postagem interna. "Apoiamos o direito das pessoas de fazerem o que desejam em seu tempo pessoal, mas este não foi um caso simples". Sandberg, que já havia sido funcionária da administração Clinton, apoiou a campanha presidencial de Hillary Clinton, tanto privada quanto publicamente, e também compartilhou com ela pesquisas encomendadas pessoalmente[65]. Entretanto, a branda demonstração de apoio de Kaplan a seu amigo Kavanaugh foi demais para Sandberg. Kaplan tampouco é exatamente um direitista duro: como Kavanaugh, ele é um republicano do *establishment*, ao estilo Jeb Bush. Entretanto, a esquerda não se importou. Ele ainda era o inimigo.

O Vale do Silício enlouqueceu quando Kavanaugh foi confirmado. "Você acabou, GOP. Você poliu o prego final em seus próprios caixões. FO-DAM-SE. VOCÊS. TODOS. PARA. O. INFERNO", escreveu no Twitter o designer-chefe do Google, David Hogue, quando a confirmação de Kavanagh parecia certa. "Espero que as últimas imagens gravadas em suas retinas viscosas e malignas sejam de milhões de mulheres batendo palmas e celebrando, enquanto sua alma desce às chamas". Um gerente de conteúdo do Facebook tuitou: "51 pessoas anunciaram seu apoio a Kavanaugh. Vamos responsabilizar todos eles. (Alguns estão até mesmo concorrendo para a eleição no próximo mês)"[66].

Os funcionários do Facebook ficaram agitados, e logo, vazamentos para a mídia apontaram a Kaplan como um obstáculo para que o Facebook se tornasse mais progressista.

---

[65] HASSON, Peter. Leaked emails show Facebook exec shared research with Clinton campaign. Daily Caller, [S. l.], p. 1-3, 10 out. 2018. Disponível em: https://dailycaller.com/2016/10/10/leaked-emails-show-facebook-exec-shared-research-with-clinton-campaign/. Acesso em: 3 ago. 2021.

[66] SULLIVAN, Kaitlyn. 51 people have announced their support for Kavanaugh. Let's hold them ALL accountable. (Some are even up for election next month!). [S. l.], 5 out. 2018. Twitter: @katersully. Disponível em: https://twitter.com/katersully/status/1048348590953906176. Acesso em: 3 ago. 2021.

> Sr. Kaplan é o chefe de política global de longa data do Facebook, entretanto, seu escopo de atuação se expandiu consideravelmente nos últimos dois anos. Ele sempre foi a palavra decisiva internamente em questões políticas polêmicas, e exerceu sua influência para adiar ou eliminar projetos com o risco de perturbar os conservadores,

relatou o *Wall Street Journal,* em dezembro de 2018. "Muitos membros do Facebook, antigos e atuais, argumentam que o desejo da empresa, de evitar críticas dos conservadores, a impede de abordar totalmente questões mais amplas em sua plataforma", acrescentou o relatório do *Journal.* Um segmento considerável de funcionários do Facebook acredita que as regras só são boas se trouxerem resultados para a esquerda. Se eles sentem que podem atacar um vice-presidente do Facebook e tentar fazer com que seja demitido por não gostarem de seus amigos políticos, imagine como planejam monitorar o conteúdo do *site.*

CLICKBAIT

As grandes empresas de tecnologia mudaram a maneira como falam sobre seus papéis como monitores de fala nacionais. Seus esforços iniciais foram ostensivamente focados no combate ao assédio, às ameaças violentas e aos *sites* de *fake news,* como o "Patriot News Agency"[67]. Quatro dias após a eleição de Trump, o CEO do Facebook, Mark Zuckerberg, anunciou que a empresa trabalharia para combater "*fake news*" e "boatos". Ele também soou uma nota de cautela, enfatizando a necessidade de o Facebook "ser extremamente cauteloso sobre nos tornarmos árbitros da verdade"[68]. Entretanto, o Facebook anunciou, em 15 de dezembro de 2016, que estava fazendo parceria com cinco verificadores de fatos externos que, em breve, seriam os árbitros da verdade no Facebook:

---

[67] MCINTIRE, Mike. How a Putin fan overseas pushed pro-Trump propaganda to Americans. The New York Times, [S. l.], p. 1-4, 17 dez. 2016. Disponível em: https://www.nytimes.com/2016/12/17/world/europe/russia-propaganda-elections.html. Acesso em: 3 ago. 2021.
[68] ZUCKERBERG, Mark. I want to share some thought on Facebook and the election. [...]. 13 nov. 2016. Facebook: Mark Zuckerberg. Disponível em: https://www.facebook.com/zuck/posts/10103253901916271. Acesso em: 2 ago. 2021.

PolitiFact, ABC News, FactCheck.org, AP e *Snopes*[69]. Todas essas organizações se inclinam para a esquerda, mas o *Snopes* tem o histórico mais notório, acumulando erros de forma consistente e espalhando, ele mesmo, desinformação. O Facebook acabou adicionando ao programa a *Weekly Standard*, uma revista conservadora anti-Trump. Entretanto, a *Standard* fechou em dezembro de 2018, deixando os verificadores de fatos do Facebook, mais uma vez, exclusivamente com viés esquerdista, até o Facebook adicionar o braço de verificação de fatos do *Daily Caller* ao programa, restaurando assim o "equilíbrio" liberal-conservador, de cinco para um.

À medida que *sites* de *fake news* desapareceram (que eram, em grande parte, insignificantes em primeiro lugar)[70], e ativistas esquerdistas pressionaram por ainda mais censura, as empresas de tecnologia mudaram sua estratégia para o policiamento da fala. Em novembro de 2018, Zuckerberg alardeou a

> responsabilidade social mais ampla do Facebook, para ajudar a aproximar as pessoas, contra a polarização e o extremismo. Os últimos dois anos mostraram que, sem salvaguardas suficientes, as pessoas usarão indevidamente essas ferramentas para interferir nas eleições, espalhar desinformação e incitar a violência.

Sua postagem foi intitulada "Um Projeto Para Governança de Conteúdo e Sua Aplicação"[71], e observou que o Facebook tem "a responsabilidade de manter as pessoas seguras em nossos serviços, seja contra o terrorismo, *bullying*, ou outras ameaças".

Zuckerberg afirmou:

---

[69] CONSTINE, Josh. Facebook now flags and downranks fake news with help from outside fact checkers. Tech Crunch, [S. l.], p. 1-4, 15 dez. 2016. Disponível em: https://techcrunch.com/2016/12/15/facebook-now-flags-and-down-ranks-fake-news-with-help-from-outside-fact-checkers/. Acesso em: 3 ago. 2021.

[70] NYHAN, Brendan. Why Fears of Fake News Are Overhyped. Gen.medium.com, [S. l.], p. 1-6, 4 fev. 2019. Disponível em: https://gen.medium.com/why-fears-of-fake-news-are-overhyped--2ed9ca0a52c9. Acesso em: 30 jul. 2021.

[71] ZUCKERBERG, Mark. A Blueprint for Content Governance and Enforcement. Facebook, Notas, [S. l.], p. 1-14, 15 nov. 2016, Disponível em: https://www.facebook.com/notes/mark-zuckerberg/a-blueprint-for-content-governance-and-enforcement/10156443129621634/. Acesso em: 3 ago. 2021.

CAPÍTULO 3 | FACEBOOK

Um dos maiores problemas enfrentados pelas redes sociais é que, quando deixadas sem controle, as pessoas se envolverão, de maneira desproporcional, com conteúdo mais sensacionalista e provocador. Este não é um fenômeno novo. É bastante difundido nos noticiários a cabo hoje, e tem sido uma constante nos tabloides durante mais de um século. Em grande escala, pode prejudicar a qualidade do discurso público, levando à polarização. Este é um problema básico de incentivo, e podemos resolvê-lo penalizando o conteúdo limítrofe, de maneira a ter menos distribuição e engajamento. Ao fazer a curva de distribuição se parecer com o gráfico abaixo, onde a distribuição diminui à medida em que o conteúdo se torna mais sensacionalista, as pessoas são desencorajadas a criar conteúdo provocador próximo demais dos limites.

Ele acrescentou que a "categoria na qual estamos mais focados é a de *clickbait* e desinformação".

O manifesto de Zuckerberg foi digno de nota, por alguns motivos. Primeiro, Zuckerberg admitiu publicamente a pretensão do Facebook de manipular seus usuários (supostamente para longe da polarização política). Em segundo lugar, foi totalmente falso quanto à eliminação do *clickbait*. Confira as seguintes manchetes postadas no Facebook, e adivinhe de onde vieram:

- "Um pai desejava passar o Natal com sua filha comissária de bordo. Ele encontrou uma maneira inteligente".
- "Você realmente quer ir à academia, mas ainda assim evita. Uma nova pesquisa pode explicar por quê".
- "As 10 desculpas de celebridades mais estranhas de 2018 – de uma *selfie* no cemitério a um tuíte muito estranho".
- "O jogo de suas vidas foi há 25 anos. Eles ainda estão repetindo isso em suas mentes".

Essas são manchetes *clickbait*. Na verdade, eles são ótimos títulos *clickbait*. E todos são cortesia do *Washington Post*, que publica *clickbait* regularmente, e descaradamente, no Facebook – e continua a fazê-lo porque o Facebook não tem a intenção depunir o jornal. Quando Zuckerberg diz *clickbait*, ele realmente quer dizer manchetes de inspiração conservadora.

55

Zuckerberg é igualmente hipócrita quando fala sobre desincentivar as pessoas de criar "conteúdo provocador". O conteúdo provocador impulsiona a mídia. Jim Acosta, da *CNN*, fez carreira sendo provocador como repórter da Casa Branca. Especular se o presidente é um agente russo há décadas, como fez Jonathan Chait, colunista da *New York Magazine*, é provocador[72]. É provocador publicar artigos promovendo poliamor, como fizeram o *New York Times* e outros meios de comunicação progressistas[73]. Quando o Facebook fala sobre punir vozes provocadoras em sua plataforma, são essas as vozes que pretende punir? Sem chance.

Quando os executivos do Facebook falam sobre punir conteúdo provocador, eles se referem a vozes conservadoras politicamente incorretas − tudo, desde conteúdo pró-vida a vídeos de Ben Shapiro ou Jordan Peterson − das quais discordam veementemente. Relatar os escândalos na Planned Parenthood é provocador, aos olhos da esquerda ativista. Assim como o é reportar os vieses de esquerda do Facebook e do Google. Reportar as amizades entre membros democratas do Congresso e o líder da Nação do Islã, Louis Farrakhan − um notório antissemita − é provocador. À medida que o Facebook aumenta sua supressão a conteúdo provocador e *clickbait*, não serão veículos como o *Washington Post* que sofrerão o impacto dessa supressão, não importa quantas manchetes *clickbait* veiculem.

Certa vez, o Facebook pregou que tornar as pessoas mais conectadas era seu único objetivo, porém, o gigante da tecnologia agora está tornando grupos "provocadores" mais difíceis de encontrar. "Isso é especialmente importante porque, embora as redes sociais em geral exponham as pessoas a visões mais diversas e os grupos em geral encorajem a inclusão e a aceitação, grupos e páginas divisionistas ainda podem alimentar a polarização", explicou Zuckerberg, em novembro de 2018[74].

---

[72] CHAIT, Jonathan. Will Trump be meeting with his counterpart - or his handler?. *New York Magazine*, [S. l.], 9 jul. 2018. Intelligencer, p. 1-23. Disponível em: http://nymag.com/intelligencer/2018/07/trump-putin-russia-collusion.html. Acesso em: 3 ago. 2021.

[73] JOHNSON, Sophie Lucido. Talking to my fiancé about my new girlfriend. *The New York Times*, [S. l.], p. 1-4, 12 out. 2018. Disponível em: https://www.nytimes.com/2018/10/12/style/modern-love-talking-to-my-fiance-about-my-new-girlfriend.html. Acesso em: 3 ago. 2021.

[74] CONSTINE, Josh. Facebook will change algorithm to demote 'borderline content' that almost violates policies. Tech Crunch, [S. l.], p. 1-4, 15 nov. 2018. Disponível em: https://techcrunch.com/2018/11/15/facebook-borderline-content/. Acesso em: 3 ago. 2021.

CAPÍTULO 3 | FACEBOOK

Afirmar fatos como "homens não podem se tornar mulheres", ou "o aborto acaba com uma vida humana" é provocador nos círculos progressistas. Assim como acreditar no casamento como um sacramento entre um homem e uma mulher, como ensina a Igreja Católica. Você pode esperar que o Vale do Silício trate essas ideias não apenas como provocadoras, mas escandalosas.

A insistência do Facebook em manter seus processos em segredo não inspira confiança. Zuckerberg está totalmente despreocupado com os princípios da liberdade de expressão e de associação na plataforma, e totalmente preocupado com a proteção da imagem da empresa. Essa é a minha impressão, e a impressão de fontes que falaram com ele repetidamente sobre o assunto. Quando lançou seu manifesto em novembro de 2018, o Facebook já havia lançado as bases para reformar amplamente sua plataforma, de maneira a beneficiar o *establishment* progressista.

FEED DE NOTÍCIAS DO FACEBOOK

Em janeiro de 2018, Zuckerberg anunciou duas mudanças importantes no algoritmo de *feed* de notícias do Facebook que, juntas, aumentariam uma minoria "confiável" de veículos de notícias, enquanto suprimiriam seus concorrentes. Primeiro, o Facebook reduziria a participação dos artigos de notícias no *feed* de notícias, de 5% para 4%, durante os próximos meses. Em segundo lugar, impulsionaria certos veículos de notícias "confiáveis" e suprimiria outras fontes consideradas menos confiáveis. Na época, o Facebook disse que a confiabilidade seria determinada por uma enquete simples de duas perguntas: se um usuário tinha ouvido falar de uma publicação e se confiava nela. Isso acabou não sendo o caso.

Ao falar em uma conferência de tecnologia, em fevereiro de 2018, Campbell Brown, executiva do Facebook, indicou que a plataforma aumentaria as fontes de notícias de "qualidade", mesmo se elas não tivessem um reconhecimento de nome generalizado (e tivessem, portanto, um resultado ruim na pesquisa de duas perguntas do Facebook). "Hoje, muito do melhor jornalismo está sendo feito por jornalistas menores, mais de nicho e mais focados, sem reconhecimento de marca", disse Brown. "Para mim, este é o futuro do jornalismo. Aqui estarão os especialistas". Brown, ela mesmo antiga âncora da *NBC* e da *CNN*, disse que o Facebook agora teria um "ponto de vista" em relação às notícias. Em outras palavras, a pesquisa havia sido apenas uma fachada para impulsionar os meios de comunicação desejados pelo Facebook, quer eles respondessem bem ou não. "Somos nós mudando nosso relacionamento com os editores e enfatizando algo nunca antes feito pelo Facebook: é ter um ponto de vista, e estar inclinado para notícias de qualidade", disse Brown, sobre as mudanças no *feed* de notícias. Ela acrescentou que o Facebook está "dando um passo para tentar definir como são as notícias de qualidade e dar um impulso a isso[75]".

Não surpreendentemente, as mudanças no algoritmo do Facebook beneficiaram enormemente os meios de comunicação do *establishment* progressista. Em abril de 2018, a NewsWhip – uma das empresas de análise de mídia social mais respeitadas, e não partidárias – relatou:

> As mudanças poderiam ser divididas em dois campos bastante distintos: aumentos de engajamento para os principais veículos de notícias, como *CNN* e *NBC*, e diminuição para sites menores com foco político, e editores de entretenimento[76].

A NewsWhip observou que

> dos dez *sites* mais engajados em março [2018], oito eram veículos de notícias da grande mídia. Olhando para sites individuais, fica claro que alguns nomes, como *CNN, New York Times, The Guardian, BBC News* e *Washington Post* tiveram aumentos dramáticos em suas contagens de interação. [...] Aumentos dessa magnitude não eram vistos há muito tempo.

E quem foram os perdedores? As empresas digitais que estavam forçando os meios de comunicação da grande mídia a trabalharem pelos seus resultados. "Se os grandes *sites* de notícias tradicionais, com braços em TV ou mídia impressa, foram os grandes vencedores, em termos de engajamento e atenção no

---

[75] HASSON, Peter. Facebook plans to 'dial up' suppression of certain news outlets. Daily Caller, [S. l.], p. 1-2, 1 maio 2018. Disponível em: https://dailycaller.com/2018/05/01/facebook-newsfeed-trusted-sources-dial-up/. Acesso em: 30 jul. 2021.

[76] NEWSWHIP. Facebook engagement trends in March: the winners and losers. NewsWhip, [S. l.], p. 1-7, 12 abr. 2018. Disponível em: https://www.newswhip.com/2018/04/facebook-engagements-march-2018. Acesso em: 3 ago. 2021.

CAPÍTULO 3 | FACEBOOK

mês passado, seus rivais digitais mais proeminentes dos últimos anos foram os perdedores. Em particular, *sites* menores de notícias políticas, e meios de comunicação virais ou de entretenimento, viram seu engajamento diminuir".

As mudanças no algoritmo prejudicaram desproporcionalmente editores de centro-direita, concluiu o *site* de tecnologia The Outline, em um extenso relatório, no início de março de 2018. A análise do Outline descobriu que "editores conservadores e de direita (como *Breitbart*, *Fox News* e *Gateway Pundit*) haviam sido atingidos com mais força nas semanas seguintes ao anúncio, com o total de engajamento do Facebook, em fevereiro, caindo até 55% para alguns, enquanto os números de engajamento da maioria dos editores predominantemente de esquerda permaneceram inalterados"[77]. O *site* conservador *Western Journalism* chegou à mesma conclusão em sua própria análise publicada no mesmo mês: sites conservadores viram uma queda significativa no tráfego do Facebook, após a mudança do algoritmo, enquanto fontes de esquerda comparáveis viram um ligeiro aumento[78]. A série de mudanças pós-eleitorais do Facebook danificou muitos meios de comunicação da direita, e destruiu dois deles.

O *Independent Journal Review*, ou *IJR*, foi um jogador importante no mundo da mídia conservadora, em 2016 e 2017. Foi o primeiro veículo a relatar que Trump escolheu Neil Gorsuch para servir na Suprema Corte. Ele obteve outro furo importante, com acesso exclusivo ao Secretário de Estado, Rex Tillerson, em sua primeira viagem à Ásia. Em um artigo de março de 2017 para o *Business Insider*, Oliver Darcy, agora na *CNN*, descreveu o *IJR* como uma "potência"[79]. Isso foi antes. Agora, o *IJR* é, essencialmente, um não participante no mundo da mídia. As mudanças no algoritmo do Facebook no início de 2018 neutralizaram o tráfego do *IJR*, tornando o veículo de mídia um esqueleto do que era

---

[77] MARTINEAU, Paris. Conservative Publishers hit hardest by Facebook News feed change. The Outline, [S. l.], p. 1-8, 5 mar. 2018. Disponível em: https://theoutline.com/post/3599/conservative-publishers-hit-hardest-by-facebook-news-feed-change?zd=4&zi=6ki6jclk. Acesso em: 3 ago. 2021.

[78] UPPER, George. Confirmed: Facebook's recent algorithm change is crushing Conservative sites, boosting Liberals. The Western Journal, [S. l.], p. 1-8, 13 mar. 2018. Disponível em: https://www.westernjournal.com/confirmed-facebooks-recent-algorithm-change-is-crushing-conservative-voices-boosting-liberals/. Acesso em: 3 ago. 2021.

[79] DARCY, Oliver. Inside the identity crisis at the Independent Journal Review, the outlet that has become a powerhouse in the Trump era. *Business Insider*, [S. l.], p. 1-16, 21 mar. 2017. Disponível em: https://www.businessinsider.com/independent-journal-review-ijr-identity-trump-2017-3. Acesso em: 3 ago. 2021.

antes[80]. Antes do fim de fevereiro de 2018, a empresa limpou a casa, com demissões em massa[81].

O *site* de notícias e cultura *Rare* deixou de ser um meio de comunicação conservador popular, para ser eviscerado e vendido, após as mudanças no algoritmo do Facebook. O tráfego do *site* oscilou em 2017, em parte porque os monitores de conteúdo recém-contratados do Facebook classificaram o *Rare*, erroneamente, como uma "fazenda de anúncios", sem informar o *site*. Somente quando o *Rare* entrou em contato com o Facebook, em outubro de 2017, que o site conseguiu descobrir o que diabos estava acontecendo com seu tráfego. Em novembro de 2017, o erro foi corrigido, e o tráfego do *Rare* voltou, contou o antigo escritor do site, *Matt Naham*[82].. "Então, janeiro de 2018 aconteceu". O tráfego do *Rare* despencou mais uma vez, mas desta vez permaneceu baixo. Em 1 de março de 2018, o *Rare* informou aos funcionários que todos estariam desempregados até o final do mês[83]. O Facebook, contudo, estava apenas começando.

Três meses depois, em maio de 2018, Zuckerberg explicou como o aumento e a supressão de certos meios de comunicação estava, e está, ocorrendo: "Colocamos [esses dados] no sistema, e ele está atuando, como um impulso ou uma supressão, e vamos aumentar a intensidade disso com o tempo", disse ele ao *BuzzFeed*. "Sentimos que temos a responsabilidade de quebrar ainda mais a polarização, e encontrar um terreno comum"[84]. É importante notar que, quando os executivos do Facebook falam sobre "quebrar a polarização política", eles estão falando sobre manipular seus algoritmos, para influenciar as perspectivas

---

[80] CONCHA, Joe. Millennial conservative site lays off staff after Facebook change. *The Hill*, [S. l.], p. 1-2, 16 fev. 2018. Disponível em: https://thehill.com/homenews/media/374195-millennial-conservative-site-lays-off-staff-after-facebook-change. Acesso em: 3 ago. 2021.

[81] SIMONSON, Joe. Exclusive: mass layoffs at IJR, leaving future uncertain. Daily Caller, [S. l.], p. 1-3, 15 fev. 2018. Disponível em: https://dailycaller.com/2018/02/15/mass-layoffs-ijr/. Acesso em: 3 ago. 2021.

[82] NAHAM, Matt. What it's like to work at a website killed by Facebook. Rare News, [S. l.], p. 1-10, 28 mar. 2018. Disponível em: https://web.archive.org/web/20180330051511/https://rare.us/rare-news/the-media/killed-by-facebook-what-its-like-to-work-at-a-website-killed-by-facebook/. Acesso em: 3 ago. 2021.

[83]

[84] HASSON, Peter. Facebook plans to 'dial up' suppression of certain news outlets. Daily Caller, [S. l.], p. 1-2, 1 maio 2018. Disponível em: https://dailycaller.com/2018/05/01/facebook-newsfeed-trusted-sources-dial-up/. Acesso em: 30 jul. 2021.

CAPÍTULO 3 | FACEBOOK

políticas das pessoas. E quando eles falam sobre americanos politicamente polarizados, não estão falando sobre progressistas. O pensamento de colmeia no Facebook não vê os esquerdistas como polarizados – afinal, a grande maioria de seus funcionários encontra um terreno comum na política de esquerda. Eles veem as pessoas que rejeitam a política de esquerda como polarizadas, e necessitando de correção. São essas pessoas que eles acreditam que foram o problema em 2016, e quem eles estão tentando mudar. Assim, "acabar com a polarização" não significa mover cada lado ligeiramente na direção do outro: significa mover todos da direita para a esquerda. Se não fosse pela resistência de Kaplan, o Facebook já teria implementado uma mudança de algoritmo, inserindo visões opostas nos *feeds* de certos usuários[85]. Não surpreende que o plano proposto teria como alvo, esmagadoramente, usuários conservadores[86]. O programa foi uma tentativa descarada do Facebook de empurrar artigos da *CNN* e do *HuffPost* goela abaixo de pessoas desinteressadas em lê-los. Quando o Facebook fala sobre quebrar a "polarização", a empresa quer dizer isso: prescrever pensamentos progressistas para curar conservadores de seu conservadorismo.

Também significa a perpetuação da monocultura da grande mídia. Em 2019, o Facebook começou a lançar uma seção inteiramente nova do *site* – *Facebook News* – para um conjunto selecionado de veículos de mídia. Alguns deles seriam pagos: os de primeira linha. Em agosto de 2019 O *Wall Street Journal* relatou que o Facebook havia proposto a empresas de mídia do *establishment*, parcerias de milhões de dólares[87]. "Os meios de comunicação promovidos pelo Facebook em sua guia de notícias incluíam *ABC News*, da Walt Disney Co., Dow Jones, pai do *Wall Street Journal*, *Washington Post* e *Bloomberg*", relatou o *Journal*. Campbell Brown, âncora da *CNN* que se tornou executiva de *Big Tech*, apresentou oficialmente o *Facebook News* ao público, em 25 de outubro de 2019. No topo da seção de "principais recursos": "Histórias de hoje", a serem "escolhidas por uma equipe de jornalistas", trabalhando para o Facebook, "para

---

[85] SEETHARAMAN, Deepa. Facebook's lonely conservative takes on a power position. Fox News, [S. l.], p. 1-3, 26 dez. 2018. Disponível em: https://www.foxnews.com/tech/facebooks-lonely-conservative-takes-on-a-power-position. Acesso em: 3 ago. 2021.

[86] *Ibid.*

[87] MULLIN, Benjamin; PATEL, Sahil. Facebook offers news outlets millions of dollars a year to license content. *The Wall Street Journal*, [S. l.], p. 1-5, 8 ago. 2019. Disponível em: https://www.wsj.com/articles/facebook-offers-news-outlets-millions-of-dollars-a-year-to-license-content-11565294575. Acesso em: 3 ago. 2021.

mantê-lo atualizado ao longo do dia". Ou seja: agora, as notícias que você vê no Facebook seriam selecionadas manualmente pelo Facebook.

O novo recurso criou, efetivamente, três camadas de veículos de mídia no Facebook. A camada superior, conforme designada pela força de trabalho de esquerda da referida rede social, não apenas recebeu acesso à guia de notícias, e prioridade na seção "Histórias de hoje", mas também recebeu acesso à carteira do Facebook. A segunda camada teria acesso ao novo recurso, mas não seria paga por isso. E a terceira camada foi totalmente excluída. O Facebook está pagando a alguns dos veículos selecionados até US$ 3 milhões por ano[88]. O *Breitbart News*, observou a empresa, estava entre os veículos cujos artigos seriam incluídos no *Facebook News*, embora ela não fosse pagar diretamente por isso, como faria com seus favoritos. Jornalistas do *establishment* se enfureceram por que o *Breitbart* conseguiu chegar ao segundo nível ao invés de ser banido por completo do *Facebook News*.

"Especialistas atacam: se *Breitbart* é notícia de 'alta qualidade', o que é baixa?" escreveu Oliver Darcy, da *CNN*, observando que "procurou alguns especialistas no campo do jornalismo para perguntar sua opinião sobre a decisão do Facebook. Nenhum foi favorável"[89]. Os três "especialistas" citados por Darcy foram: um professor de esquerda da Universidade de Columbia, um blogueiro do *Washington Post*, e o colaborador da *MSNBC*, Charlie Sykes. O editor-chefe do *The Daily Beast*, um *site* progressista, acusou o Facebook de "abraçar uma ideologia política" ao permitir que *Breitbart* passasse para o segundo nível[90]. Charlie Warzel, colunista progressista do *New York Times*, dedicou uma coluna inteira para repreender o Facebook pela inclusão do *Breitbart*[91].

---

[88] OWEN, Laura Hazard. Facebook launches its "test" News tab in the U.S., but you may not see it yet. Nieman Lab, [S. l.], p. 1-8, 25 out. 2019. Disponível em: https://www.niemanlab.org/2019/10/facebook-launches-its-test-news-tab-in-the-u-s-but-you-may-not-see-it-yet/. Acesso em: 3 ago. 2021.

[89] DARCY, Oliver. Facebook News launches with Breitbart as a source. CNN Business, [S. l.], p. 1-3, 26 out. 2019. Disponível em: https://www.cnn.com/2019/10/26/media/facebook-news--breitbart/index.html. Acesso em: 3 ago. 2021.

[90] SHACHTMAN, Noah. Promoting the political outfit which championed the 'alt-right' *is* embracing a political ideology, Adam. [S. l.], 26 out. 2019. Twitter: @NoahShachtman. Disponível em: https://twitter.com/NoahShachtman/status/1188172308155944961. Acesso em: 3 ago. 2021.

[91] WARZEL, Charlie. Why will Breitbart be included in Facebook News?. *The New York Times*, [S.

CAPÍTULO 3 | FACEBOOK

No mínimo, a raiva da esquerda contra o Facebook foi útil para a empresa. A insistência dos esquerdistas de que o viés do Facebook não tinha ido longe o suficiente, nos distraiu do quão longe a empresa já tinha ido. O Facebook não é mais uma plataforma livre e aberta: é uma plataforma explicitamente projetada para dar uma vantagem a veículos específicos. Uma lasca do mundo da mídia de centro-direita conseguiu entrar, de maneira a apresentar uma pretensão barata de equidade. Eles permitem que o Facebook finja ser politicamente neutro. Também não é segurança permanente. Eles estão à mercê do Facebook, e o mesmo enfrentará uma pressão cada vez maior da esquerda para chutar os veículos de centro-direita mais abaixo na escada.

É importante notar a maneira como o Facebook reformulou sua plataforma: gradualmente. Desde a eleição de 2016, a jogada do Vale do Silício tem sido fazer lentamente as mudanças de conteúdo com implicações políticas massivas, enquanto insiste, com uma cara séria, não haver implicações políticas para essas mudanças. Há uma enorme vantagem em lidar com o processo dessa maneira: as mudanças recebem mais atenção quando são anunciadas, permitindo que o Facebook rejeite os críticos como teóricos da conspiração, afinal, a plataforma parece praticamente a mesma do dia anterior. Então, à medida que a suspeita e o escrutínio desaparecem, o Facebook pode, lenta, mas seguramente, "aumentar" a manipulação. Passo a passo, como reação a uma eleição e preparação para outra, o Facebook terá reformulado drasticamente a forma como as notícias são consumidas em sua plataforma e, particularmente, *quais* veículos de notícias a maioria das pessoas veem: aqueles favoráveis ao *establishment* de esquerda.

"O Facebook é como a banca de jornais do mundo todo. Imagine se uma empresa possuísse todas as bancas de jornais da América, e decidisse que alguns jornais não poderiam estar disponíveis em nenhuma delas. As pessoas, acredito, teriam um enorme problema de liberdade de expressão com isso. Essencialmente, é o que está acontecendo agora", foi como o repórter Allum Bokhari descreveu para mim a revisão da plataforma do Facebook.

O Facebook puniria conteúdo que não violasse as regras (mas desagradável aos seus monitores), pagaria e promoveria editores de esquerda por meio do

---

l.], p. 1-4, 25 out. 2019. Disponível em: https://www.nytimes.com/2019/10/25/opinion/mark-zuckerberg-facebook.html. Acesso em: 3 ago. 2021.

Facebook News e, acima de tudo, escolheria conservadores para tratamento negativo especial.

Quando o Facebook faz uma mudança em suas políticas de conteúdo, vozes conservadoras terminam, invariavelmente, em situação pior. Não por acaso, os "erros" do Facebook sempre visam os oponentes do *establishment* progressista. Considere alguns exemplos:

FRANKLIN GRAHAM

O Facebook suspendeu o reverendo Franklin Graham, em dezembro de 2018, por causa de uma postagem de dois anos sobre banheiros para transgêneros. A postagem, de 2016, defendeu um projeto de lei da Carolina do Norte exigindo que as pessoas, incluindo quem se identifica como transgênero, usassem o banheiro de seu sexo biológico. A lei, argumentou Graham, "impediria os homens de usar os banheiros femininos e vestiários". Ele pensava ser algo sensato a se fazer. Entretanto, foi demais para um dos monitores de conteúdo do Facebook, que analisou a postagem de dois anos, depois que alguém – não está claro quem – a sinalizou como discurso de ódio. O revisor de conteúdo do Facebook concordou, determinando que a postagem violava as regras da plataforma contra "linguagem desumanizante"[92]. Após uma reação de usuários conservadores, o Facebook pediu desculpas a Graham pela suspensão, afirmando ter sido um erro[93]. "O Facebook está censurando a liberdade de expressão", refletiu Graham, posteriormente. "Eles estão fazendo e mudando as regras. Verdade é verdade. Deus fez as regras, e Sua Palavra é a verdade. A livre troca de ideias faz parte do DNA do nosso país"[94].

---

[92] MARUSAK, Joe. Facebook Apologizes for banning evangelist Franklin Graham for 24 hours. *The Charlotte Observer*, [S. l.], p. 1-4, 29 dez. 2018. Disponível em: https://www.charlotteobserver.com/living/religion/article223714480.html. Acesso em: 3 ago. 2021.

[93] *Ibid.*

[94] DAVIS, William. Franklin Graham claims he was banned from Facebook. Daily Caller, [S. l.], p. 1-2, 28 dez. 2018. Disponível em: https://dailycaller.com/2018/12/28/franklin-graham-banned-from-facebook/. Acesso em: 3 ago. 2021.

CAPÍTULO 3 | FACEBOOK

"HOMENS NÃO PODEM SER MULHERES"

O Facebook suspendeu o escritor britânico de direita Raheem Kassam, em maio de 2019, por haver desafiado a posição da esquerda nas questões de transgêneros. A postagem original de Kassam, de 2008, dizia que "homens não podem ser mulheres"[95]. Ele compartilhou a postagem onze anos depois, em 2019, acrescentando: "Como eu sabia que toda essa merda de trans estava chegando, onze anos atrás"? O Facebook o suspendeu por uma semana. "Isso foi porque você postou anteriormente algo em desacordo com nosso Padrão da Comunidade", informou o Facebook a ele. "Esta postagem vai contra nossos padrões de discurso de ódio, então ninguém mais pode ver"[96].

#BUILDTHATWALL [#CONSTRUAAQUELEMURO]

O Facebook sinalizou uma postagem homenageando Ronil Singh, policial assassinado na Califórnia[97]. A postagem observou que Singh, um imigrante legal, foi assassinado no cumprimento do dever por um imigrante ilegal. "É exatamente por isso que precisamos #construiraquelemuro", disse a postagem. O Facebook excluiu a mesma, até que a Daily Caller News Foundation indagou sobre a exclusão[98].

UM RABINO ENTRA EM UM TREM COM ANTISSEMITAS

A rígida adesão das *Big Tech's* à ideologia progressista explica por que a censura e a supressão invariavelmente se inclinam contra certos grupos, e em

---

[95] CARBONE, Sofia. Kassam banned from Facebook on UK election day. Human Events, [S. l.], p. 1-3, 24 maio 2019. Disponível em: https://humanevents.com/2019/05/24/kassam-banned-from-facebook-on-uk-election-day/?utm_referrer=https%3A%2F%2Fwww.google.com%2F. Acesso em: 3 ago. 2021.

[96] *Ibid.*

[97] BREST, Mike. FB post honoring slain police officer labeled as 'against our Community Standards'. Daily Caller, [S.l.], p. 1-3, 31 dez. 2018. Disponível em: https://dailycaller.com/2018/12/31/facebook-police-community-standards-hate/. Acesso em: 3 ago. 2021.

[98] *Ibid.*

favor de outros. O rabino Avram Mlotek, de Nova York, aprendeu essa lição em primeira mão. Poucos dias depois de um antissemita assassinar onze pessoas em uma sinagoga de Pittsburgh, Mlotek estava no trem para casa, quando foi vítima de um antissemitismo cruel. Ele contou a experiência assustadora em uma longa postagem no Facebook:

"Você é judeu, cara?", Fui perguntado em um trem B lotado, em direção a um bairro residencial. "Sou, irmão", respondi. "Você é um judeu de verdade, cara?", ele pressionou. "Eu tento", retruquei. "Negros são judeus, cara", disse ele. "Sim, os judeus vêm em todas as cores, irmão", eu falei. "Não, eu sou um verdadeiro judeu", comentou ele, "Você é um impostor". Parei de me envolver neste ponto, enquanto este homem me dizia, repetidamente, que Israel não era meu, que eu era uma fraude, e que os judeus são responsáveis pela bagunça em que nos encontramos hoje na cidade de Nova York e em todo o mundo. Ele então ergueu uma foto de Louis Farrakhan, e me questionou: "Você sabe quem é este?". Eu não respondi. Ele continuou perguntando, e mais alto. "Sim", eu disse, "esse é um antissemita". "Não", afirmou ele, "esse é um verdadeiro judeu. Você é uma p*rra de uma farsa". Nesse ponto, outro homem no metrô disse: "Ele não vai morder sua isca". O primeiro homem então falou: "Sim, irmão. Poder negro". O segundo homem sobre mim, "Ele é uma fotocópia" e ergueu o punho, fazendo o símbolo do Poder Negro. O primeiro homem continuou: "E um bando deles são gays. Malditos bichas. Você vai sair dessa estação de metrô, cara?", "Vou voltar para casa, para minha esposa e filhos", eu disse. "Sim, você é um veado idiota", acusou ele. "Tenha uma noite abençoada", eu comentei ao descer do trem. Em um carro de metrô lotado, voltando para casa, ninguém – além de um segundo homem, aparentemente com ideologias semelhantes – falou nada.

A postagem do Rabino Mlotek foi um exemplo assustador, e revelador, de antissemitismo na América. Mesmo assim, o Facebook o excluiu por supostamente violar os "padrões da comunidade". Como o antissemitismo em Nova York vem em grande parte da extrema esquerda[99], devemos nos perguntar quais são esses "padrões da comunidade". O Facebook não restaurou a postagem até Aaron Bandler, um repórter do *Jewish Journal*, perguntar sobre a remoção. Após

[99] BELLAFANTE, Ginia. Is it safe to be Jewish in New York?. *The New York Times*, [S. l.], p. 1-4, 31 out. 2018. Disponível em: https://www.nytimes.com/2018/10/31/nyregion/jewish-bias-safety-nyc.html. Acesso em: 3 ago. 2021.

CAPÍTULO 3 | FACEBOOK

a investigação de Bandler, a empresa de mídia social restaurou a postagem, afirmando ter sido excluída "por engano". Juntos, o *New York Times*, o *Washington Post*, o *Wall Street Journal*, o *HuffPost*, e o *BuzzFeed*, escreveram um total de zero artigos sobre a censura do Facebook a um rabino que relatou assédio antissemita. A *Fox News* foi o único meio de comunicação nacional proeminente a cobrir a história, depois da veiculação da notícia pelo *Jewish Journal*. Se o meio de comunicação judaico não tivesse entrado em contato com o Facebook, teria ele restaurado a postagem do Rabino Mlotek? É difícil imaginar. E esse é um pensamento perturbador.

PROPAGANDA ELEITORAL DO FACEBOOK

A aplicação das regras do Facebook para anúncios políticos nas eleições de 2018 também foi unilateral e seletiva. O Facebook apagou um anúncio do presidente Trump sobre imigração ilegal porque, supostamente, violava a política do Facebook contra "conteúdo sensacionalista". Entretanto, o gigante da mídia social não tinha problemas com o bilionário de esquerda Tom Steyer, que veiculava anúncios políticos comparando o presidente, explicitamente, a tiranos assassinos em massa, como Saddam Hussein, Hugo Chávez e Kim Jong Un[100]. Conteúdo sensacionalista não é "sensacionalista", se a patrulha de discurso do Facebook concordar com ele.

O Facebook também se comprometeu a combater a desinformação em seus anúncios políticos, entretanto, não teve reservas em aceitar os anúncios direcionados do Partido Democrata da Dakota do Norte contendo desinformação flagrante, com o objetivo de enganar os caçadores – um grupo com maior probabilidade de votar nos republicanos – para que ficassem de fora da eleição. O partido criou uma página no Facebook chamada "Hunter Alerts" [Alertas para Caçadores], projetada para parecer uma página informativa apolítica para caçadores. Os democratas então compraram anúncios para a "Hunter Alerts", aconselhando os caçadores a não votar:

---

[100] HASSON, Peter. Tom Steyer runs Facebook ad comparing President Trump to Saddam Hussein. Daily Caller, [S. l.], p. 1-3, 29 out. 2018. Disponível em: https://dailycaller.com/2018/10/29/tom-steyer-donald-trump-saddam-hussein/. Acesso em: 3 ago. 2021.

ATENÇÃO CAÇADORES: Se você votar em Dakota do Norte, pode perder as licenças de caça que possui em outros estados. Se você quiser manter suas licenças de caça fora do estado, pode não querer votar em Dakota do Norte.

A alegação era indiscutivelmente falsa, porém, o Facebook só sinalizou os anúncios depois que o Partido Democrata os interrompeu, em face da pressão pública.

Após as eleições de meio de mandato de 2018, identifiquei centenas de anúncios enganosos no Facebook nos quais agentes de esquerda se faziam passar por conservadores insatisfeitos, e incentivavam os republicanos a não votarem nas eleições[101]. A American Engagement Technologies (AET), fundada pelo ex-funcionário do governo Obama, Mikey Dickerson comprou anúncios para duas páginas do Facebook, "The Daily Real" e "Today's Nation", incentivando os eleitores republicanos a ficarem em casa nas eleições de meio de mandato. Aparentemente, ambas as páginas foram projetadas para dar a impressão de serem operadas por conservadores frustrados, e não por agentes democratas. As páginas, adornadas com a bandeira americana, incentivavam os eleitores conservadores a ficar em casa em novembro, ou a votar em democratas, para punir os republicanos por serem insuficientemente conservadores. Outros anúncios chamavam as pesquisas prevendo uma "onda azul" nas eleições de 2018 de "não confiáveis", e minimizavam a importância da eleição. Os anúncios enganosos acumularam, coletivamente, milhões de impressões. Ao relatar a história, perguntei ao Facebook se os anúncios políticos enganosos violavam suas regras, mas só recebi uma resposta dois dias depois de publicar a história. Nesse momento, o porta-voz do Facebook, Devon Kearns, garantiu que estava "investigando isso", mas, "infelizmente", não teria uma resposta a tempo para o meu prazo (que o Facebook já havia perdido). Respondi que, independentemente do momento da resposta da empresa, ainda gostaria de recebê-la, quando ele pudesse oferecer esclarecimentos sobre os anúncios enganosos. Apesar dos repetidos acompanhamentos, Kearns nunca me respondeu. Tire suas próprias conclusões.

---

[101] HASSON, Peter. Democratic operatives used misleading Facebook pages to suppress GOP turnout in midterms. Daily Caller, [S. l.], p. 1-6, 8 jan. 2019. Disponível em: https://dailycaller.com/2019/01/08/democrat-facebook-campaign-supress/. Acesso em: 3 ago. 2021.

CAPÍTULO 3 | FACEBOOK

FACEBOOK APOSTANDO EM INTELIGÊNCIA ARTIFICIAL

Zuckerberg e outros executivos admitiram que o Facebook está contando com inteligência artificial (IA) para impor seu policiamento de fala[102]. Membros do Vale do Silício com quem conversei estavam profundamente céticos quanto à capacidade da IA de policiar o "discurso de ódio" melhor do que as pessoas. Se a empresa não consegue discernir o discurso de ódio usando censores humanos, será consideravelmente mais difícil para a empresa ensinar IA para realizar a tarefa (muitas vezes sutil), me disseram essas fontes. O resultado final, comentaram, serão algoritmos errando do lado da censura, e o Facebook terá uma refutação fácil contra as acusações de viés político: não somos nós que fazemos a censura, é apenas o algoritmo.

SUPREMO TRIBUNAL DE FALA DO FACEBOOK

Da mesma forma, o Facebook espera desviar qualquer culpa pela censura, criando uma espécie de "Suprema Corte", para supervisionar o policiamento da fala no site. Como Zuckerberg disse ao *site* de esquerda *Vox*, em abril de 2018:

> O que eu realmente gostaria de fazer é um apelo independente. Então, talvez o pessoal do Facebook tome a primeira decisão com base nos padrões da comunidade descritos, para as pessoas, em seguida, poderem receber uma segunda opinião. Você pode imaginar algum tipo de estrutura, quase como uma Suprema Corte, composta de pessoas independentes, que não trabalham para o Facebook e, no final das contas, fazem o julgamento final sobre o que deveria ser discurso aceitável, em uma comunidade que reflete as normas sociais, e os valores, das pessoas em todo o mundo[103].

---

[102] NIEVA, Richard. Facebook's new Rosetta AI system helps detect hate speech. Cnet, [S. l.], p. 1-2, 11 set. 2018. Disponível em: https://www.cnet.com/news/facebooks-new-rosetta-ai-system-helps-detect-hate-speech/. Acesso em: 3 ago. 2021.

[103] KLEIN, Ezra. Mark Zuckerberg on Facebook's hardest year, and what comes next. Vox, [S. l.], p. 1-21, 2 abr. 2018. Disponível em: https://www.vox.com/2018/4/2/17185052/mark-zuckerberg-facebook-interview-fake-news-bots-cambridge. Acesso em: 3 ago. 2021.

OS MANIPULADORES

A beleza desse sistema para o Facebook é o fato dele poder tanto escolher os membros desta Suprema Corte, quanto negar qualquer responsabilidade por suas decisões.

Transferir responsabilidade é importante para o Facebook, porque o ajudaria a evitar incidentes embaraçosos, como a censura do *Liberty County Vindicator*. O *Vindicator* tem servido como jornal local para os residentes de Liberty, Texas (população 9.215) desde 1887. Antes de 4 de julho de 2018, o *Vindicator* dividiu a Declaração de Independência (1776) série de doze postagens no Facebook, postando uma por dia. Em 2 de julho, décimo dia da série *Vindicator*, o Facebook removeu a postagem. Como o jornal texano informou, secamente, a seus leitores: "Em algum lugar nos parágrafos vinte e sete a trinta e um da Declaração de Independência, Thomas Jefferson escreveu algo que o Facebook considera ofensivo[104]". Somente depois do *Vindicator* publicar um artigo sobre o documento fundador censurado o Facebook restaurou sua postagem e, mais uma vez, classificou a remoção como erro inadvertido. Os parágrafos ofensivos continham algumas das queixas dos revolucionários americanos contra o rei da Inglaterra:

> Ele abdicou do Governo aqui, declarando-nos fora de sua Proteção, e travando Guerra contra nós.

> Ele saqueou nossos mares, devastou nossas Costas, queimou nossas cidades, e destruiu a vida de nosso povo.

> Ele está neste momento transportando grandes Exércitos de Mercenários estrangeiros para completar as obras de morte, desolação e tirania, já iniciadas com circunstâncias de Crueldade e perfídia dificilmente comparáveis às épocas mais bárbaras, e totalmente indignas do Chefe de uma nação civilizada.

---

[104] LAPIN, Tamar. Facebook flagged Declaration of Independence as hate speech. *New York Post*, [S. l.], p. 1-2, 5 jul. 2018. Disponível em: https://nypost.com/2018/07/05/facebook-flagged--declaration-of-independence-as-hate-speech/. Acesso em: 3 ago. 2021.

CAPÍTULO 3 | FACEBOOK

> Ele obrigou nossos Concidadãos Capturados em alto Mar a usar Armas contra seu País, a se tornarem os algozes de seus amigos e Irmãos, ou a cair por suas Mãos.

> Ele estimulou insurreições domésticas entre nós, e se esforçou para trazer os habitantes de nossas fronteiras, os impiedosos Índios Selvagens, cujo conhecido domínio da guerra é uma destruição indistinta de todas as idades, sexos e condições.

"Embora o *Vindicator* não possa ter certeza exatamente sobre o que acionou o programa de filtragem do Facebook, o editor suspeita ter sido, provavelmente, a frase 'Índios Selvagens'", informou o editor-chefe do jornal, Casey Stinnett, aos leitores. "Talvez se Thomas Jefferson tivesse escrito isso como 'Nativos americanos em um estágio desafiador de desenvolvimento cultural', teria sido melhor". Stinnett e o *Vindicator* lidaram bem com o incidente, entretanto, o fato de terem precisado lidar com qualquer coisa apenas ressalta a extensão perturbadora em que o Facebook já abraçou seu papel de censor global e de executor do politicamente correto. Se a postagem dos documentos da fundação da América no Facebook exige passar por um processo de apelação, já estamos claramente em território orwelliano.

As mudanças do Facebook em suas regras sobre a conduta dos funcionários fornecem uma visão esclarecedora do futuro. Em janeiro de 2019, a empresa emitiu um memorando, proibindo os funcionários de tentarem mudar a opinião uns dos outros sobre política ou religião[105]

> Estamos mantendo as coisas simples com três diretrizes principais: não insulte, intimide ou antagonize os outros. Não tente mudar a política ou religião de alguém. Não quebre nossas regras sobre discurso, e expressão de assédio,

---

[105] PRICE, Rob. Leaked memo spells out Facebook's new 'ground rules' restricting employee discussions about politics and religion. *Business Insider*, [S. l.], p. 1-6, 20 jan. 2019. Disponível em: https://www.businessinsider.com/facebook-new-rules-employee-discussions-politics-bullying--religion-2019-1. Acesso em: 3 ago. 2021.

escreveu no memorando o diretor de tecnologia do Facebook, Mike Schroep-fer[106]. "Essas diretrizes se aplicam a todas as comunicações de trabalho, incluin-do local de trabalho, *e-mail*, bate-papo, tarefas, pôsteres, quadros brancos, qua-dros-negros e face a face", acrescentou Schroepfer. "Como o local de trabalho é onde a maioria dessas discussões acontece, estamos investindo em recursos de engenharia lá". Se o Facebook não consegue descobrir como ter uma discussão civilizada dentro de seu próprio local de trabalho, sem gritos por censura, ele não pode fazer isso funcionar em uma plataforma com 1,25 bilhão de usuários ativos diários[107]. Fontes bem informadas do Facebook preveem que suas políti-cas de fala para os funcionários se tornarão sua política de discurso para os usuários, e opiniões controversas — conforme definidas por ativistas de esquerda — estarão, simplesmente, fora dos limites.

[106] WHITE, Chris. Report: Facebook's new rule ban employees from changing colleagues' minds. Daily Caller, [S. l.], p. 1-3, 15 jan. 2019. Disponível em: https://dailycaller.com/2019/01/15/facebook-censorship-internal-memo/. Acesso em: 3 ago. 2021.

[107] OUR Mission. Facebook, Company Info, [S. l.], s. d. Disponível em: https://about.facebook.com/company-info/. Acesso em: 3 ago. 2021.

CAPÍTULO 4

Capítulo 4

Uma nação sob Google

O Google acumulou mais poder, em escala global, do que qualquer empresa na história do mundo. O gigante da tecnologia e sua subsidiária, o YouTube, fornecem os resultados de mais de 90% das pesquisas de informações na *internet*[108]. Em inglês, "Google" se tornou um verbo, sinônimo de "pesquisa". Se você estiver procurando por um artigo, pesquise no Google. Se você quiser informações sobre um candidato político, pesquise no Google. Se você quiser saber mais sobre o próprio Google, pesquise no Google. E para localizar um vídeo, você abre o YouTube, de propriedade do Google. O controle do Google sobre o fluxo de informações – incluindo informações sobre política e cultura – ao redor do mundo todo, não tem precedentes. Ainda mais preocupante é o fato de o Google estar se movendo abertamente em direção à censura, embora permaneça pouco transparente sobre como essa censura ocorre.

A própria notícia flui pelo Google. As empresas de mídia dependem do Google – tanto do *Google Notícias*, quanto da Pesquisa do Google – para uma porção considerável de seu tráfego *online*. A empresa de análise de dados Parse.ly mantém uma lista mensal dos principais "referenciadores" de artigos *online*. Todos os meses um referenciador se destaca dos demais: o mecanismo de pesquisa do Google. A Pesquisa Google atraiu 30,1% das referências de artigos em

---

[108] DESJARDINS, Jeff. How Google retains more than 90% of market share. *Business Insider*, [S. l.], p. 1-5, 23 abr. 2018. Disponível em: https://www.businessinsider.com/how-google-retains--more-than-90-of-market-share-2018-4. Acesso em: 4 ago. 2021.

dezembro de 2018, de acordo com o Parse.ly. Isso foi mais do que o dobro de seu concorrente mais próximo, o Facebook, que gerou 14,5% das referências de artigos[109]. O terceiro maior: Google Notícias, com 2,3%. Nenhum outro referenciador tinha mais de dois por cento do mercado.

> Imagine entrar em uma sala, uma sala de controle com um monte de pessoas, cem pessoas, curvadas sobre uma mesa com pequenos botões, e que essa sala de controle irá moldar os pensamentos e sentimentos de um bilhão de pessoas. Isso pode soar como ficção científica, mas na verdade existe agora, hoje,

disse o antigo especialista em ética de design do Google, Tristan Harris, em uma palestra no TED, de abril de 2017[110]. Disse Harris:

> Eu sei, porque costumava ficar em uma dessas salas de controle. Eu era um especialista em ética de *design* no Google, onde estudei como você orienta eticamente os pensamentos das pessoas. O que não discutimos é como um punhado de pessoas, trabalhando em um punhado de empresas de tecnologia, por meio de suas escolhas, irá orientar o pensamento atual de um bilhão de pessoas.

Quando o Google busca orientar os pensamentos de maneira "ética", o conceito de seus funcionários sobre o que é ético – e sobre quais pensamentos eles querem que você tenha – passa a ser muito importante.

Robert Epstein, psicólogo pesquisador sênior do Instituto Americano de Pesquisa e Tecnologia Comportamental, estudou como os resultados de pesquisa e as recomendações do Google moldam as opiniões políticas dos usuários. Em um estudo com 661 participantes de 49 estados, e com idades entre dezoito e trinta e cinco anos, Epstein descobriu que o "SSE ['Search Suggestion Effect', ou Efeito de Sugestão de Pesquisa] do Google parece ter o

---

[109] CARR, Clare. Discover.google.com gone as a referring URL in latest referral traffic trends. Parse.ly, [S. l.], p. 1-6, 7 jan. 2019. Disponível em: https://blog.parse.ly/post/8225/december--2018-referral-traffic-trends-google-discover-googleapis/. Acesso em: 4 ago. 2021.
[110] HARRIS, Tristan. How a handful of tech companies control billions of minds every day. [S. l.]: TED Talk, abr. 2017. Disponível em: https://www.ted.com/talks/tristan_harris_how_a_handful_of_tech_companies_control_billions_of_minds_every_day/up-next. Acesso em: 4 ago. 2021.

CAPÍTULO 4 | UMA NAÇÃO SOB GOOGLE

poder de alterar uma divisão 50/50 nas preferências, entre pessoas indecisas sobre uma questão, para uma divisão de 90/10"[111]. De acordo com o estudo, "é possível que os resultados de mais de 25% das eleições nacionais mundiais estejam agora sendo determinados pelo algoritmo de pesquisa do Google, mesmo sem manipulação deliberada por parte dos funcionários da empresa". Com base nesses dados, Epstein e seus colegas concluíram que o algoritmo de pesquisa do Google "quase certamente acaba favorecendo um candidato, em detrimento de outro, na maioria das disputas políticas, e isso muda opiniões e votos". A pesquisa de Epstein teve destaque no documentário *The Creepy Line* [A Linha Assustadora], que explorou a capacidade do Google de manipular pensamentos – e eleições.

O Google nem mesmo precisa ir tão longe a ponto de rebaixar resultados específicos sobre candidatos para direcionar as opiniões dos usuários para perto de um, e para longe de outro. Graças aos vieses consistentemente esquerdistas das empresas da grande mídia, como a *CNN* e o *Washington Post*, o Google só precisa reduzir a classificação de certos veículos, que não se conformam à narrativa de esquerda, e o resultado será o mesmo. A esquerda política sabe disso – é por causa disso que pressionaram o Google a tomar exatamente essas medidas.

Os funcionários do Google estão bem cientes de seu próprio poder, como foi evidenciado por discussões internas vazadas sobre a melhor forma de exercer esse poder contra os conservadores. A cultura de trabalho do Google é dominada, de cima a baixo, por uma obsessão com políticas identitárias de esquerda, exaltando as equipes internas majoritariamente femininas, e envergonhando e denegrindo, as equipes internas majoritariamente masculinas[112]. O Google incentiva a participação dos funcionários nas chamadas "sessões anti-viés", onde

---

[111] EPSTEIN, Robert; MOHR JR, Roger; MARTINEZ, Jeremy. The Search Suggestion Effect (SSE): How search suggestions can be used to shift opinios and voting preferences dramatically and without people's awareness. American Institute for Behavioral Research and Technology, Portland, Oregon, p. 1-11, 26 abr. 2018. Disponível em: https://aibrt.org/downloads/EPSTEIN_MOHR_%26_MARTINEZ_2018-WPA-The_Search_Suggestion_Effect-SSE-WP-17-03.pdf. Acesso em: 4 ago. 2021.

[112] DAMORE et al. v. Google. Tribunal Superior da Califórnia, Santa Clara, Caso Nº: 18CV321529, 18 abr. 2018. Disponível em: https://www.dhillonlaw.com/wp-content/uploads/2018/04/20180418-Damore-et-al.-v.-Google-FAC_Endorsed.pdf. Acesso em: 4 ago. 2021.

OS MANIPULADORES

os apresentadores dão palestras aos funcionários sobre o privilégio dos homens brancos[113]. (Um estudo de 2017, realizado por Althea Nagai, no Center for Equal Opportunity, descobriu que tais sessões são, na melhor das hipóteses, ineficazes[114], e há alguns dados sugerindo que possam ser, de fato, contraproducentes[115]). *Slides* de PowerPoint de uma sessão de "Eliminação de Vieses" consideraram como fora dos limites: "Debatendo se existe viés em sua organização[116]". Espera-se que os funcionários participem das sessões de reeducação, de maneira a demonstrar seu compromisso com a diversidade e inclusão – embora, é claro, não se trate de diversidade real, nem de inclusão real. No Google, a diversidade não se aplica à diversidade de pensamento, e a inclusão não se aplica a cristãos ortodoxos, ou conservadores sociais. Diversidade no Google significa que os gerentes tentam, explicitamente, preencher cotas, classificando os funcionários por raça e sexo. Candidatos "diversos" a empregos – pessoas não brancas (exceto asiáticos) – são colocados em filas especiais, para contratação prioritária[117]. "Eu não poderia estar menos preocupado em ser 'injusto' com os homens brancos. Vocês já têm todas as vantagens do mundo", escreveu um funcionário do Google, em um quadro de mensagens interno[118]. A oposição a padrões diferentes para raças diferentes, escreveu outro funcionário, é uma "micro-agressão"[119]. Uma funcionária afirmou que os republicanos haviam declarado "guerra" contra ela, votando em Trump[120].

Os funcionários de escalão inferior e médio pressionam os executivos a fazer mais pelas causas da esquerda, tanto pessoalmente, quanto em suas capa-

---

[113] *Ibid.*

[114] NAGAI, Althea. The implicit association test: flawed science tricks Americans into believing they are unconscious racists. The Heritage Foundation, Washington D.C., 12 dez. 2017. Especial Report nº 196, p. 1-22. Disponível em: https://www.heritage.org/sites/default/files/2017-12/SR-196.pdf. Acesso em: 4 ago. 2021.

[115] BELLUZ, Julia. Companies like Starbucks love anti-bias training. But it doesn't work — and may backfire. Vox, [S. l.], p. 1-8, 29 maio 2018. Disponível em: https://www.vox.com/science-and-health/2018/4/19/17251752/philadelphia-starbucks-arrest-racial-bias-training. Acesso em: 4 ago. 2021.

[116] BIAS Busting @ Work. Ada Initiatives, [S. l.], p. 13, 20 out. 2015. Disponível em: https://docs.google.com/presentation/d/1RJorJs1sClLKHD4dqgrxOBXn-hhIyOXLu2k8zfHatwA/edit#slide=id.g1db96eec6_074. Acesso em: 4ago. 2021.

[117] *Op. cit.*

[118] *Ibid.*

[119] *Ibid.*

[120] *Ibid.*

CAPÍTULO 4 | UMA NAÇÃO SOB GOOGLE

cidades profissionais. Obtive documentos internos do Google mostrando que, após a eleição de Trump, alguns funcionários usaram os quadros de mensagens internos, para pedir um boicote de toda a empresa, a todos os hoteis e negócios vinculados a Trump. "Acho que, se a filosofia da empresa do Google é promover a inclusão, então continuar apoiando os empreendimentos de negócios de Trump, que são explicitamente não inclusivos, seria muito contrário a esta missão", explicou um funcionário. Foi uma ideia popular. Os ativistas de esquerda do Google ficaram mais ousados com o tempo. Mais de 1.100 funcionários do Google assinaram uma carta aberta, em novembro de 2019, exigindo a adoção voluntária por parte da empresa de, essencialmente, sua própria versão do Green New Deal de Ocasio-Cortez[121]. Sob os termos exigidos, o Google teria de reduzir, de alguma forma, suas emissões de carbono a zero, até o ano 2030. A empresa também precisaria boicotar quaisquer "contratos para permitir, ou acelerar, a extração de combustíveis fósseis".

"A cultura do Google tem muitas semelhanças com a cultura acadêmica, dessa forma, dificilmente nos surpreende que as turbas de indignação (e outras tendências nos *campi* universitários) tenham se popularizado muito mais rápido no Google", disse-me Mike Wacker, antigo engenheiro da empresa. "Antes, você só ouvia palavras da moda e teorias abstratas, como privilégio, teoria crítica, e interseccionalidade, nos cantos esquerdistas da academia. Agora, essas ideias se tornaram predominantes no Google. Muitas vezes, elas são ensinadas como se fossem a verdade, não apenas uma teoria possível, e até encontraram seu espaço em documentos sobre gestão de desempenho", acrescentou Wacker.

Alguns aspectos da cultura interna da empresa podem ser confundidos com paródias da cultura de esquerda do campus. É permeada por um elitismo arrogante e por acessos de raiva infantis. Um funcionário do Google da Virgínia Ocidental relatou conversas denegrindo os virginianos ocidentais, e defendendo que os pobres não tivessem filhos[122]. Fontes me forneceram documentos inter-

---

[121] GOOGLE WORKERS FOR ACTION ON CLIMATE. Open Letter on Climate Action at Google. Medium.com, [S. l.], p. 1-61, 4 nov. 2019. Disponível em: https://medium.com/@googworkersac/ruth-porat-497bbb841b52. Acesso em: 4 ago. 2021.
[122] BLOOM, J. Arthur. Inside Google's microaggressions newsletter: pronoun problems, soy police, and a deaf person told to watch her tone. Daily Caller, [S. l.], p. 1-14, 25 jun. 2019. Disponível em: https://dailycaller.com/2019/06/25/inside-google-microaggressions-newsletter/. Acesso em: 4 ago. 2021.

nos, mostrando funcionários do Google tendo colapsos completos sobre o uso da palavra "família", que se presumia ser ofensiva para pessoas sem filhos. Um funcionário saiu furioso de uma reunião de março de 2017 quando um palestrante "continuou a mostrar recursos (incríveis) do produto Unicorn, que usa continuamente a palavra 'família' como sinônimo de 'casa com crianças'". O funcionário postou um longo discurso, bem recebido por seus colegas, sobre por que ligar famílias a crianças é "ofensivo, inapropriado, homofóbico e errado".

Esta é uma maneira diminutiva e desrespeitosa de falar. Se você quer dizer "filhos", diga "filhos". Temos uma palavra perfeitamente boa para isso. "Adequado para a família", usado como sinônimo de "adequado para crianças" significa, para mim, "você e os seus não contam como uma família, a menos que tenham filhos". E, embora as crianças possam muitas vezes estar menos cientes disso, há crianças sem família também, você sabe.

O uso de "família" como sinônimo de "com crianças" tem uma associação de longa data com organizações profundamente homofóbicas. Isso não significa que não devamos usar a palavra "família" para se referir a famílias, mas significa que devemos insistir, obstinadamente, que família não pressupõe filhos.

Até mesmo o sentido de "adequado para toda a família", que você pode achar inquestionável, também está totalmente errado. Só funciona se avançarmos a concepção compartilhada do que é "toda a família", e isso quase sempre é usado para significar uma casa com dois adultos, de sexo oposto, em um relacionamento romântico/sexual, com duas ou mais de suas próprias crianças. Se você quer dizer isso como sinônimo de "adequado para todas as pessoas" pare e observe a extraordinária improbabilidade de tal pensamento! Portanto, "adequado para toda a família" não significa "todas as pessoas", significa "todas as pessoas em famílias", significando que todas as outras pessoas não estão em famílias, ou algo ainda pior. Use a palavra "família" para significar uma reunião amorosa de pessoas, que podem ou não viver juntas, e podem ou não incluir pessoas de qualquer idade em particular. PARE de usá-la para significar "filhos". É ofensivo, impróprio, homofóbico e errado.

Cerca de cem outros funcionários do Google deram um "*upvote*" nessa postagem, sinalizando sua aprovação ao discurso retórico. Alguns funcionários expressaram seu descontentamento com o termo. "Obrigado por escrever isto", concordou um funcionário. "Usar a palavra 'família' neste sentido também me incomoda", escreveu outra funcionária, que se sentiu excluída pelo termo, por

CAPÍTULO 4 | UMA NAÇÃO SOB GOOGLE

não ser casada, nem mãe. "Isso cheira à agenda de 'valores familiares' da direita, absolutamente homofóbica por sua própria definição", escreveu ela, acrescentando que "é importante corrigirmos nossa linguagem carregada, quando nos tornarmos conscientes de como ela realmente é excludente. Como uma pessoa heterossexual em um relacionamento, considero o termo 'família' ofensivo, porque exclui a mim e ao meu namorado por não termos filhos". Outro escreveu:

> Minha família consiste em mim, e várias outras pessoas trans femininas, algumas das quais estou namorando. Todos apoiamos uns aos outros e, eventualmente, aspiramos viver juntos. Só porque não somos um casal heterossexual com 2,5 filhos, uma cerca branca, e um cachorro, não significa que não somos uma família.

Ainda outro funcionário escreveu que "usar 'família' para significar 'pessoas com filhos' também é irritante para mim, como uma mulher cis hétero, sem filhos, nem desejo de tê-los. Meu marido, meus pais, e meus animais de estimação são minha família". Outro: "Como alguém [arromântico-assexual] (e, portanto, perpétua e intencionalmente solteiro, e improvável ter filho algum dia), agradeço por isso ter sido apontado. Minha família não é incompleta porque não tem filhos e nunca terá relacionamentos românticos (ou mais). É incrivelmente frustrante encontrar, constantemente, suposições de que ser solteiro e sem filhos é um estado indesejável e incompleto – mesmo sendo essas suposições implícitas e de várias afirmações sobre como se assemelha uma família". O vice-presidente do Google, Pavni Diwanji, entrou na conversa, reconhecendo que o uso do termo "família" havia gerado "preocupações". Escreveu Diwanji.

> Olá a todos, percebo que o que dissemos no TGIF pode ter causado preocupações, na maneira como falamos sobre famílias. Existem famílias sem filhos também, e também precisamos ser mais conscientes sobre o fato de que existe uma composição diversa, de pais e famílias,

E concluiu:

> Por favor, ajudem-nos a chegar a uma situação melhor. Ensinem-nos a falar sobre isso de forma inclusiva, se acharem que não estamos fazendo bem. Como

equipe, temos uma cultura muito inclusiva, e queremos fazer o certo nesta área. Estou adicionando minha equipe aqui, para que possamos ter uma conversa aberta.

Um funcionário do Google, que se identifica como "um dragão sem asas, de escamas amarelas" e "um edifício ornamentado expansivo", fez uma apresentação em PowerPoint em um evento da empresa, sobre o tema "Vivendo Como um Ser Plural". Os *slides* da apresentação incluíram instruções sobre como interagir com esse "ser plural" sem o ofender. "Geralmente, os seres plurais preferem os pronomes eles ou você/seus, e falam de si como nós/nossos", explicou um *slide*. O *slide* observou que "muitos de nós somos furtivos", mantendo as identidades "plurais" em segredo. Ao mesmo tempo, caso você esteja falando com um "ser plural", é considerado ofensivo se dirigir a apenas uma de suas identidades plurais (chamadas de "amigos imaginários"). "Dirigir-se a qualquer colega em particular" foi listado como um exemplo de etiqueta de escritório problemática. "Estamos todos ouvindo", explicava o *slide*. Presumir que as pessoas que se identificam como vários seres em um corpo estejam "mentalmente danificadas", também é uma proibição: "na verdade, somos mais felizes assim", afirma o *slide*[123].

É importante ter em mente: as pessoas ofendidas pela palavra "família" são as mesmas em cujo produto você confia, para obter respostas precisas quando digita: "o que é uma família?". Pessoas crentes que alguém possa se identificar como "um prédio ornamentado expansivo" e um "um dragão sem asas, de escamas amarelas", no plural, são as mesmas pessoas em cujo produto você confia para lhe dar uma resposta precisa a perguntas como: "o que é um homem?" ou "o que é uma pessoa?".

Os funcionários do Google entraram em colapso quando Trump ganhou. Frustração e desânimo são reações normais quando seu candidato preferido perde uma eleição, entretanto, a vitória de Trump causou mais do que apenas esses sentimentos no Vale do Silício. Para os funcionários do Google, novembro de 2016 desencadeou uma crise existencial. Em retrospecto, talvez isso não devesse ser nenhuma surpresa. Quando sua estrutura para perceber o mundo é aquela onde uma sociedade marcha continuamente para a esquerda, em dire-

---

[123] *Op. cit.*

CAPÍTULO 4 | UMA NAÇÃO SOB GOOGLE

ção a um tipo de utopia política final, Donald Trump ganhar uma eleição simplesmente não faz sentido. A estrela de *reality show*, cuja promessa de campanha era construir um muro para impedir a imigração ilegal, tornou-se presidente dos Estados Unidos. Isso não deveria acontecer. Então, após a eleição, o Google realizou uma reunião interna para lidar com a tragédia e, para muitos funcionários, para começar a remediá-la.

"Não temos ideia da direção que esse país vai tomar. [...] É um período de grande incerteza, especialmente para imigrantes, ou minorias, [e] mulheres", disse o cofundador do Google, Sergey Brin, aos funcionários, em uma reunião interna. "Como imigrante e refugiado, certamente acho esta eleição profundamente ofensiva, e sei que muitos de vocês também acham"[124]. Brin reconheceu na reunião que "a maioria das pessoas aqui está muito chateada e muito triste", e disse que a eleição de Trump "está em conflito com muitos dos valores [do Google]". O vice-presidente do Google, Kent Walker, explicou os votos dos apoiadores de Trump, dizendo que "o medo, não apenas nos Estados Unidos, mas em todo o mundo, está alimentando preocupações, xenofobia, ódio, e um desejo por respostas, que podem ou não estar lá". O vídeo mostrou a CFO do Google, Ruth Porat, aparentemente reduzida às lágrimas na eleição de Trump. Porat instruiu os funcionários presentes a se abraçarem, explicando: "todos nós precisamos de um abraço". Veja como Allum Bokhari, o repórter que obteve e publicou aquele vídeo, descreveu outra cena:

> Um funcionário do Google declara: "falando com homens brancos, há uma oportunidade agora para você entender seu privilégio", e incentiva os funcionários a "passar pelo treinamento anti-viés, ler sobre privilégios, ler sobre a verdadeira história da opressão em nosso país". Ele incentiva os funcionários a "discutir as questões pelas quais você fala apaixonadamente durante o jantar de Ação de Graças, e não desistir e rir, quando ouvir a voz da opressão falar por meio de metáforas". Todos os executivos no palco – o CEO, CFO, dois VPs, e os dois cofundadores – aplaudem o funcionário[125].

---

[124] WHITE, Chris. 'Deeply offensive': Leaked videos show Google leadership reacting to Trump's victory. Daily Caller, [S. l.], p. 1-4, 13 set. 2018. Disponível em: https://dailycaller.com/2018/09/13/google-trump-election-video-sergey-brin/. Acesso em: 4 ago. 2021.
[125] BOKHARI, Allum. LEAKED VIDEO: Google leadership's dismayed reaction to Trump election. Breitbart, [S. l.], p. 1-3, 12 set. 2018. Disponível em: https://www.breitbart.com/

OS MANIPULADORES

O vídeo é uma ilustração perfeita de como muitos funcionários do Google interpretaram a eleição de Trump: um resultado terrível, que eles deveriam ter feito mais para impedir o povo americano de escolher, e algo que eles trabalhariam duro para garantir que não acontecesse novamente. Realmente, obtive documentos e comunicações mostrando funcionários do Google organizando protestos anti-Trump, usando canais internos da empresa, horário da empresa e espaço de escritório. "Se seu estômago revira quando você considera a presidência de Trump, peço que não deixe esse momento passar silenciosamente", escreveu um funcionário do Google em um *e-mail* para colegas de trabalho, instando-os a comparecer a um protesto anti-Trump em San Francisco, dez dias depois da eleição.

Em março de 2017 outro funcionário sediou um evento de resistência anti-Trump no Google para inundar a sala de correspondência da Casa Branca com cartões postais contra o presidente. "Olá a todos", começava o *e-mail*, "estou participando do #TheIdesofTrump [#OsIdosdeTrump], um movimento nacional para enviar ao presidente dos Estados Unidos um cartão postal, em 15 de março, expressando oposição a ele". A mensagem afirmava que os funcionários haviam reservado uma sala na sede do Google em São Francisco para se reunirem e escreverem os cartões postais anti-Trump. O convite incluiu a declaração de missão dos ativistas:

> Nós, o povo, em grande número, de todos os cantos do mundo, esmagaremos o homem em sua impopularidade e fracasso. Mostraremos à mídia e aos políticos o que significa estar com ele – e contra nós. E, o mais importante, vamos enterrar a Casa Branca em bilhetes rosas, todos informando Donnie de sua demissão. Cada um de nós – cada manifestante de cada marcha, cada cidadão chamando o Congresso, cada boicotador, voluntário, doador e signatário da petição – se cada um de nós escrever um único cartão postal e colocarmos todos no correio no mesmo dia, 15 de março, bem: faça a conta.

Nenhum fato alternativo ou tradução para o russo explicará nossa inundação de fúria – batedora de recordes, oficialmente verificável, e capaz de encher armazéns.

....

tech/2018/09/12/leaked-video-google-leaderships-dismayed-reaction-to-trump-election/.
Acesso em: 4 ago. 2021.

CAPÍTULO 4 | UMA NAÇÃO SOB GOOGLE

"Vou trazer os cartões-postais e os selos", acrescentou o funcionário. "Tragam somente seus eus despertos".

Vale a pena repetir: os funcionários usaram seus endereços de *e-mail* de trabalho, uma lista de *e-mails* da empresa, e o espaço de escritório para organizar seu ativismo anti-Trump, porque não haveria absolutamente nenhuma chance de um funcionário do Google se safar organizando ativismo pró-Trump, usando os recursos da empresa, no horário de trabalho. Se alguém tentasse, seus colegas de trabalho os expulsariam – isso se seus chefes não os demitissem primeiro.

Um funcionário do Google até mesmo denunciou um colega ao departamento de recursos humanos por ter apoiado a objeção de Jordan Peterson às leis de pronomes, exigidas pelo Estado no Canadá. "Um Googler expressou a preocupação de que você parecia estar promovendo, e defendendo, os comentários de Jordan Peterson sobre pronomes transgêneros, e expressou preocupação de que isso o faria sentir-se inseguro no trabalho", disse o RH ao funcionário por *e-mail*, observando que outros funcionários do Google também se sentiram "ofendidos por [seu] desafio percebido aos nossos programas de diversidade".

O engenheiro do Google, James Damore, escreveu um agora famoso memorando, em agosto de 2017, criticando a mente coletiva de esquerda no Google. O memorando de Damore, intitulado "Câmara de Eco Ideológica do Google", defendia a diversidade de pontos de vista dentro da empresa.

> O viés de esquerda do Google criou uma monocultura politicamente correta, que mantém seu domínio envergonhando os dissidentes até o silêncio. Este silêncio remove qualquer restrição contra a invasão de políticas extremistas, e autoritárias,

escreveu Damore. O debate e a consideração de pontos de vista alternativos, argumentou ele, são necessários para chegar à verdade. Damore usou como exemplo o consenso da esquerda, sobre por que o número de mulheres trabalhando no setor de tecnologia é tão baixo. Segundo o consenso de esquerda no Google, há mais homens do que mulheres trabalhando na indústria de tecnologia apenas por causa do sexismo, e preconceitos implícitos. Entretanto, Damore ofereceu uma explicação alternativa, que pensava ser digna de consideração. (Sua resposta, é importante notar, não disse que o preconceito sexista era imaginário ou não, mas argumentou sobre a existência de outros fatores em jogo, *em conjunto*). O argumento "polêmico" de Damore era que "homens e mulheres diferem biologicamente, de muitas maneiras", como resultado da evolução, e que essas diferenças biológicas desempenhariam um papel nos empregos escolhidos por homens e mulheres para trabalhar. As mulheres, ele citou como exemplo, são mais propensas, em média, à ansiedade, mas são também mais voltadas para o trabalho em equipe do que os homens (duas afirmações apoiadas por pesquisas científicas sobre o assunto)[126].

Citar o fato de existirem diferenças biológicas entre homens e mulheres, em uma discussão envolvendo toda a empresa, sobre por que homens e mulheres acabam em caminhos de carreira diferentes, não é irracional. Certamente não torna o orador um fascista ou sexista. Na pior das hipóteses, pode ser socialmente desconfortável, porém, sejamos realistas – se o constrangimento social fosse uma ofensa passível de demissão, o Vale do Silício se tornaria, muito rapidamente, uma cidade fantasma. O ponto principal de Damore era que os *Googlers* seriam mais bem atendidos ouvindo uns aos outros, e considerando mais de um ponto de vista sobre as questões, ao invés de atacar os dissidentes por reflexo, e que essa diversidade de pontos de vista não era valorizada dentro da empresa. Os colegas de Damore não perderam tempo em provar que ele estava certo.

Os funcionários do Google ficaram obcecados em fazer com que Damore fosse despedido. Eles lançaram ataques frenéticos contra ele, com um objetivo: livrar-se do herege em seu meio. Um diretor do Google enviou um *e-mail* em massa, atacando Damore, por seu memorando "repulsivo e intelectualmente desonesto[127]". Outro funcionário exigiu da empresa não apenas a demissão de Damore, mas também punição a qualquer um que expressasse seu apoio a ele. "Se a administração do Google se preocupa o suficiente com a diversidade e inclusão, ela deve, e eu a exorto, a enviar uma mensagem clara, não apenas demitindo o Sr. Damore, mas também disciplinando severamente, ou demitin-

---

[126] CHAPMAN, Benjamin P. et al. Gender Differences in Five Factor Model Personality Traits in an Elderly Cohort: Extension of Robust and Surprising Findings to an Older Generation. PubMed Central, [S. l.], p. 1-10, out. 2007. Disponível em: https://www.ncbi.nlm.nih.gov/pmc/articles/PMC2031866/. Acesso em: 4 ago. 2021.

[127] HASSON, Peter. Anti-Conservative censorship spreads from campuses to Big Tech. Daily Caller, [S. l.], p. 1-4, 10 jan. 2018. Disponível em: https://dailycaller.com/2018/01/10/anti-conservative-censorship-spreads-from-campuses-to-big-tech/. Acesso em: 4 ago. 2021.

CAPÍTULO 4 | UMA NAÇÃO SOB GOOGLE

do, aqueles que expressaram apoio a ele", escreveu o funcionário[128]. Um engenheiro da empresa enviou um *e-mail* a Damore, prometendo guerra total. "Você é um misógino e uma pessoa terrível", escreveu o engenheiro. "Eu vou continuar perseguindo você até que um de nós seja despedido. Foda-se", acrescentou ele, desafiando Damore a "passar isso para o RH"[129]. Damore realmente repassou o *e-mail* ao RH do Google, e o departamento respondeu, instruindo-o a trabalhar em casa. O Google então o demitiu, por "perpetuar estereótipos de gênero"[130]. Damore se tornou um pária no Vale do Silício, e acabou se mudando para o Texas para tentar recomeçar sua vida.

> Quando Damore apresentou suas ideias, para aumentar a participação feminina em tecnologia, ele precipitou um linchamento interno no Google. O comportamento dos participantes foi assustador,

disse um funcionário politicamente moderado, em retrospectiva. "Alguma chave virou, e eles estavam agindo como lunáticos enlouquecidos, como se tivessem passado por traumas terríveis, ao invés de trabalhar em uma das empresas mais ricas e [mais] generosas do mundo[131]". Um funcionário conservador de tecnologia acrescentou:

> A demissão de James Damore foi um grande alerta. O Vale do Silício sempre foi, durante minha carreira, de esquerda, porém, agora me pergunto se deixamos de viver e deixar viver, para criar um ambiente onde, se você não seguir a política prevalecente, perderá seu sustento[132].

David Gudeman, antigo funcionário do Google, também disse ter perdido o emprego por ter rompido com o consenso político dentro da empresa. Gudeman provocou uma reação após a eleição de Trump, acusando colegas de

---

[128] *Op. cit.*

[129] *Ibid.*

[130] *Ibid.*

[131] FISCHER, Meghan; JOHNSON, Garret; GINN, Aaron. Viewpoint diversity in tech: reality or myth?. Lincoln Network, [S. l.], p. 1-10, 18 abr. 2018. Disponível em: https://joinlincoln.org/viewpoint-diversity#viewpoints-form. Acesso em: 4 ago. 2021.

[132] *Ibid.*

trabalho histéricos de estarem presos em uma bolha progressista. Quem "acredita que o presidente Trump perseguirá minorias, mulheres ou gays, absorveu diversas mentiras sérias de sua câmara de ecos. E a câmara de ecos é totalmente unilateral", escreveu Gudeman, em uma postagem interna. Na época, Gudeman trabalhava no Google como engenheiro.

> Você não pode assistir TV, ou ir ao cinema, sem ser constantemente confrontado com a visão de mundo esquerdista. Os esquerdistas podem passar a vida inteira nunca sendo expostos à visão de mundo conservadora, exceto em programas escritos por pessoas hostis a ela,

escreveu Gudeman. Um dos colegas de Gudeman afirmou estar com medo depois da eleição de Trump, porque "já era alvo do FBI" por ser muçulmano. Gudeman reagiu com ceticismo. Ele se perguntou: será que o Departamento de Justiça do presidente Barack Obama estaria realmente traçando um perfil racial[133] de um funcionário muçulmano do Google? Gudeman foi despedido pouco depois[134].

Um funcionário conservador do Google foi repreendido por responder a um tópico que pedia, especificamente, conselhos parentais conservadores. O funcionário escreveu:

> Se eu tivesse um filho, ensinaria a ele os papéis tradicionais de gênero, e patriarcado, desde muito jovem. Essa é a coisa mais difícil de consertar mais tarde, e nossa sociedade degenerada envia, constantemente, a mensagem errada.

Os policiais internos do Google não podiam deixar isso passar. O RH do Google enviou a ele um *e-mail* de aviso, embora admitisse que ele não violava nenhuma regra:

---

[133] Cabe pontuar que, apesar de ser compreensível, a título de contexto, a fala do autor está conceitualmente imprecisa, dado que o correto seria dizer "perfil religioso" muçulmano. O islamismo, assim como o catolicismo, são antes dados religiosos que, ainda que marquem historicamente uma especificidade de povos e uma localidade de gênese, seu ritualismo é uma prática que transcende os dados geográficos e étnicos especifistas. (N. E.)
[134] *Op. cit.*

CAPÍTULO 4 | UMA NAÇÃO SOB GOOGLE

Não acreditamos que esta postagem, aparentemente, viole quaisquer políticas do Google, entretanto, sua escolha de palavras pode sugerir que você estivesse defendendo um sistema no qual os homens trabalham fora de casa e as mulheres não, ou que estivesse defendendo a adesão rígida à identidade de gênero no nascimento. Acreditamos que não pretendesse dizer nenhum dos dois,

dizia o *e-mail*, pouco sutil. Escreveu a advogada da Califórnia, Harmeet Dhillon, em um processo em nome de Damore, Gudeman e outros ex-funcionários do Google, que disseram ter sido perseguidos por suas convicções políticas:

> Em outras palavras, o Google repreendeu seu funcionário por, entre outras coisas, acreditar na identidade de gênero como definida, biologicamente, no nascimento − uma posição defendida pela vasta maioria da população mundial, a quem o Google diz servir.

O processo incluiu capturas de tela de funcionários do Google, gabando-se em fóruns internos sobre colocar funcionários e estagiários conservadores, candidatos a vagas internas, em uma lista negra[135].

> Eu nunca, jamais irei contratar/transferir você para minha equipe. Nunca. Eu não me importo se você se encaixa perfeitamente, ou se é tecnicamente excelente, ou qualquer outra coisa. Não irei trabalhar ativamente com você, mesmo ao ponto em que sua equipe, ou produto, sejam afetados por esta decisão. Vou comunicar o motivo ao seu gerente, caso isso aconteça,

escreveu um gerente em um fórum interno, referindo-se aos conservadores e outras "vozes hostis". Outro "gabou-se publicamente de ter colocado um estagiário na lista negra por não ter mudado sua visão conservadora", observou o processo. Escreveu Dhillon:

> O objetivo principal dessas listas negras, e das listas negras sugeridas, era encorajar e coordenar a sabotagem de promoções, avaliações de desempenho e oportunidades de emprego, para aqueles com pontos de vista conservadores.

---

[135] *Ibid.*

O silenciamento da dissidência política entre os funcionários esquerdistas das *Big Tech's* em suas fileiras é importante, por pelo menos duas razões. Em primeiro lugar, é uma evidência de que os ideólogos de esquerda nas empresas de tecnologia estão dispostos a usar seu poder para silenciar a dissidência política. Onde têm poder, eles o exercem, contra os conservadores e contra quem mais desafiar os princípios progressistas. Em segundo lugar, ao silenciar e expulsar os não esquerdistas, as *Big Tech's* estão se livrando das pessoas mais dispostas a se opor ao viés da empresa. Em outras palavras: os pontos cegos só irão aumentar; o viés só irá piorar; e isso se tornará cada vez mais importante, à medida em que as empresas de tecnologia assumirem papéis cada vez maiores, como guardiãs ideológicas – papel que já se veem adotando. Um memorando interno do Google, de março de 2018, explicou: na *internet*, a liberdade de expressão é problemática, porque "a liberdade de expressão se torna uma arma social, econômica e política"[136]. Então, as empresas de tecnologia precisaram impor censura[137]. "Embora as pessoas venham a muito tempo sendo racistas, sexistas e odiosas de muitas outras maneiras", afirma o memorando, "elas não haviam sido [anteriormente] empoderadas pela *internet*". Censurar essas vozes era a coisa certa a ser feita, para aliviar "a ansiedade de usuários e governos". Analisei comunicações internas do Google onde funcionários debatiam, abertamente, se deveriam enterrar veículos conservadores da mídia, como o *Daily Caller* e o *Breitbart*, na função de busca da empresa, após a eleição de Donald Trump como presidente. Os documentos mostram os funcionários do Google discutindo maneiras como a empresa poderia impedir Trump de vencer novamente – em particular, exercendo maior controle sobre quais informações seriam vistas pelos usuários do Google. "Esta foi uma eleição de falsas equivalências e o Google, infelizmente, teve uma mão nisso", escreveu Scott Byer, engenheiro da empresa, em uma postagem de 9 de novembro de 2016. Byer caracterizou erroneamente o *Daily Caller* e o *Breitbart* como "*blogs* de opinião" e pediu a seus colegas de trabalho para

---

[136] BOKHARI, Allum. 'The Good Censor': leaked Google briefing admits abandonment of free speech for 'safety and civility'. Breitbart, [S. l.], p. 1-7, 9 out. 2018. Disponível em: https://www.breitbart.com/tech/2018/10/09/the-good-censor-leaked-google-briefing-admits-abandonment-of-free-speech-for-safety-and-civility/. Acesso em: 4 ago. 2021.

[137] GOOGLE. The Good Censor. Google, [S. l.], p. 1-85, mar. 2018. Disponível em: https://www.scribd.com/document/390521673/The-Good-Censor-GOOGLE-LEAK. Acesso em: 9 ago. 2021.

CAPÍTULO 4 | UMA NAÇÃO SOB GOOGLE

reduzirem sua visibilidade nas seções dos resultados de pesquisa do Google referentes a informações eleitorais. "Quantas vezes você viu [...] itens de blogs de opinião (*Breitbart, Daily Caller*) elevados ao lado de organizações de notícias legítimas? Isso é algo que pode, e deve, ser consertado", escreveu Byer. "Temos a responsabilidade, acredito, de expor a qualidade e a veracidade das fontes – porque não fazer isso oculta informações reais, por trás de barulhos altos", continuou ele. "Além disso, vamos nos concentrar em ensinar o pensamento crítico. Um pouco disso ajudaria muito. Vamos nos certificar de que reverteremos as coisas em quatro anos – a demografia estará do nosso lado". Não é preciso muita análise para descobrir o significado de "Vamos nos certificar de que reverteremos as coisas em quatro anos". É um chamado explícito para alavancar a influência do Google de forma a afetar os resultados das eleições presidenciais.

A conversa interna também revelou um aspecto mais pernicioso da censura *online*. Alguns dos colegas de Byer, incluindo um vice-presidente do Google, não se opuseram a seu objetivo de mudar as políticas e métodos da empresa visando afetar o resultado de uma eleição. Ao invés disso, eles apenas discordaram de suas táticas. A solução deles: censura sutil. "Estamos trabalhando para fornecer aos usuários contexto em torno das histórias, para que eles possam ter uma visão geral", escreveu o vice-presidente de engenharia David Besbris, em uma resposta. "Podemos desempenhar um papel no fornecimento da história completa e educá-los sobre todos os lados. Isso não precisa ser filtrado e pode ser útil para todos". Outros funcionários emitiram notas semelhantes. Enterrar meios de comunicação específicos tinha o potencial de sair pela culatra. Ao invés disso, era melhor fornecer contexto sobre os meios de comunicação. A tensão inevitável seria decidir em quais veículos as pessoas deveriam confiar e em quais não deveriam, e de que contexto elas precisavam para ajudar a diferenciar. Entretanto, isso não é nada que não possa ser controlado por uma câmara de ecos ideológica. Mais tarde, o Google implementou um programa seguindo de perto a opção mais sutil sugerida por Besbris e outros.

Em janeiro de 2017, depois do presidente Trump anunciar sua "proibição de viagens" inicial (uma ordem executiva para restringir, temporariamente, a entrada de viajantes de certos países nos Estados Unidos), os funcionários do Google pensaram em maneiras de combater "resultados islamofóbicos, algoritmicamente tendenciosos, dos termos de pesquisa 'Islã', 'Muçulmano', 'Irã', etc.", bem como "resultados de pesquisa preconceituosos e algoritmicamente tendenciosos, dos termos de pesquisa 'México', 'Hispânico', 'Latino', etc"[138]. Em fevereiro de 2017, os funcionários do Google pressionaram para expulsar o *Breitbart* de seu programa Adsense, citando "discurso de ódio". Os funcionários apoiaram o trabalho do grupo de esquerda Sleeping Giants, que tenta tirar o dinheiro da *Breitbart* através de boicotes publicitários[139].

Os favores especiais do Google e do YouTube para o que eles consideram "conteúdo confiável", é realmente uma forma de protecionismo ao *establishment* progressista. Quando 95% dos usuários do Google não clicam além da primeira página de resultados[140], o Google pode, praticamente, ditar as respostas às perguntas de um usuário. Em abril de 2017, o Google iniciou uma reestruturação massiva de seus algoritmos de busca. A empresa "ajustou nossos sinais, para ajudar a revelar páginas mais confiáveis e rebaixar conteúdo de baixa qualidade", escreveu o vice-presidente da empresa, Ben Gomes, em uma postagem de blog, anunciando a mudança. Em março de 2018, o Google fez uma mudança semelhante em sua função *Google Notícias*, dando mais peso ao "conteúdo confiável". As conversas internas dos funcionários do Google deixam poucas dúvidas, sobre quais publicações eles consideram confiáveis (publicações progressistas), e quais não são (publicações não-progressistas).

Em julho de 2018, o YouTube anunciou uma reformulação em seu algoritmo de pesquisa para "destacar fontes confiáveis" sobre determinados tópicos[141]. Quando o Google e o YouTube dizem que vão "destacar, predominantemente, fontes confiáveis", querem dizer impulsionar mais os meios de comunicação do *establishment* progressista, como a *CNN*, nos resultados de

---

[138] MCKINNON, John D.; MACMILLAN, Douglas. Google Workers discussed tweaking search function to counter travel ban. *The Wall Street Journal*, [S. l.], p. 1-4, 20 set. 2018. Disponível em: https://www.wsj.com/articles/google-workers-discussed-tweaking-search-function-to-counter--travel-ban-1537488472. Acesso em: 4 ago. 2021.

[139] BOKHARI, Allum. Exclusive: leftist Google employees conspire to undermine Breitbart's ad revenue. Breitbart, [S. l.], p. 1-3, 13 fev. 2018. Disponível em: https://www.breitbart.com/tech/2018/02/13/exclusive-google-employees-are-trying-to-pull-ad-revenue-from-breitbart--news/. Acesso em: 4 ago. 2021.

[140] CLIFFORD, Aaron. 3 ways to improve your Google search ratings. AdWeek, [S. l.], p. 1, 4 fev. 2019. Disponível em: https://www.breitbart.com/tech/2018/02/13/exclusive-google-employees-are-trying-to-pull-ad-revenue-from-breitbart-news/. Acesso em: 4 ago. 2021.

[141] MOHAN, Neal; KYNCL, Robert. Building a better news experience on YouTube, together. YouTube Official Blog, [S. l.], p. 1-8, 9 jul. 2018. Disponível em: https://blog.youtube/news-and-events/building-better-news-experience-on. Acesso em: 4 ago. 2021.

CAPÍTULO 4 | UMA NAÇÃO SOB GOOGLE

pesquisa, ao mesmo tempo que dificultam encontrar canais de centro-direita, e pontos de vista conservadores. Na prática, se você pesquisar "bolo de casamento gay" no YouTube, em busca de informações a respeito da batalha pela liberdade religiosa sendo travada nos tribunais, sobre se um padeiro cristão deve ser forçado a violar sua consciência, todos os resultados principais serão de "fontes confiáveis", incluindo uma esquete nada confiável do apresentador progressista de programa noturno Jimmy Kimmel. Ele destrói completamente os detalhes do caso, enganando seus espectadores[142]. Um vídeo em que o comediante conservador Steven Crowder pede bolos de casamento gays a padeiros muçulmanos, e é recusado, não está nem perto da primeira página[143], apesar de ter impressionantes 6,7 milhões de visualizações – de longe o maior número de visualizações sobre o assunto[144]. O próximo vídeo mais popular sobre o assunto: uma entrevista de Ben Shapiro com Dave Rubin, um comentarista político gay e ex-progressista do YouTube, defensor do direito dos padeiros cristãos de seguirem suas consciências[145]. Esse vídeo também tem milhões de visualizações, mas não está nem perto da primeira página. O terceiro vídeo mais popular é um clipe do *The View*, no qual a atriz Candace Cameron Bure defendeu os padeiros. Não está nem perto da primeira página também.

---

[142] HASSON, Peter. Jimmy Kimmel absolutely butchers gay wedding cake ruling and it's not even close [VIDEO]. Daily Caller, [S. l.], p. 1-5, 9 fev. 2018. Disponível em: https://dailycaller. com/2018/02/09/jimmy-kimmel-absolutely-butchers-gay-wedding-cake-ruling-and-its-not-e-ven-close-video/. Acesso em: 4 ago. 2021.

[143] RESULTADO de busca por 'Gay wedding cake', YouTube, [S. l.], 30 jan. 2019. Disponível em: https://www.youtube.com/results?sp=CAA%253D&search_query=gay+wedding+cake. Acesso em 4 ago. 2021.

[144] HIDDEN CAM: #GayWeddingCakes at Muslim Bakeries. 1 vídeo (6 minutos). Publicado pelo canal StevenCrowder, [S. l.], 2 abr. 2015. Disponível em: https://www.youtube.com/watch?v=RgWIhYAtan4. Acesso em: 4 ago. 2021.

[145] Em junho de 2019 o padeiro Jack Phillips se recusou a fazer um bolo temático LBGTQ+ a fim de comemorar a transição de Gênero de uma cliente. Segundo o padeiro, ele se recusou a fazer o bolo pois suas convicções religiosas cristãs eram contra as ideias expressas da cliente, que deveriam figurar no bolo. O caso ocorreu em 2012. Em 2018 a Suprema Corte americana decidiu o caso favorável ao confeiteiro; no entanto, desde 2019, o confeiteiro vem sofrendo novos processos judiciais movidos por ativistas progressistas descontentes com o resultado de 2018, novos processos esses que ainda correm nos tribunais de Denver e podem chegar, novamente, na Suprema Corte americana. O caso rendeu largos e acalorados debates nos Estados Unidos sobre a liberdade religiosa e de consciência individual. (N. E.)

Da mesma forma, quando procuro por "banheiros para transgêneros", os principais resultados são clipes de notícias de dois anos atrás, muitos dos quais receberam menos de 100.000 visualizações. Ben Shapiro tem vários vídeos sobre o assunto, com contagem de visualizações na casa dos milhões. Mais uma vez, eles estão enterrados, longe da primeira página de resultados de pesquisa.

Obtive comunicações e documentos internos do Google, em junho de 2018, nos quais funcionários descontentes conseguiram proibir o anúncio de um vídeo explicando o ensinamento cristão sobre o casamento. O vídeo foi sinalizado em uma lista interna, "Sim no Google", administrada pelo departamento de recursos humanos da empresa. A lista interna tem mais de trinta mil membros, e dedica-se ao policiamento de "micro agressões" e "micro correções" dentro da empresa, de acordo com sua descrição interna oficial. Um vice-presidente do Google garantiu aos funcionários furiosos que o vídeo não seria mais veiculado como anúncio.

No vídeo, o apresentador de rádio cristão Michael L. Brown deu as boas-vindas aos cristãos gays, entretanto, disse que eles são chamados a seguir os mesmos ensinamentos cristãos a respeito de sexo e casamento. No vídeo, ele descreve os relacionamentos entre pessoas do mesmo sexo como "semelhante aos outros pecados, pelos quais Jesus morreu". Brown, é importante notar, não é extremista no assunto. Ele já falou contra a retórica odiosa da Igreja Batista de Westboro contra os gays. Além disso, a crença de que as relações sexuais devem ocorrer no contexto de um casamento entre um homem e uma mulher – como argumentado por Brown – é central para os ensinamentos matrimoniais da maioria das principais denominações cristãs. Porém, no Google, esses ensinamentos são indefensáveis. O RH da empresa destacou na lista um comentário "representativo" de um funcionário que se ofendeu, pois o vídeo de Brown apareceu como um anúncio em canais operados por YouTubers gays e lésbicas.

> Não consigo ver como isso pode ser permitido quando a ideia específica dos vídeos LGBT é permitir aos criadores se sentirem à vontade para compartilhar seu conteúdo, e se sentirem seguros de não terem anunciantes anti-LGBT vinculados a ele,

escreveu o funcionário. "Isso parece muito contrário à nossa missão, especificamente em torno do cronograma do PRIDE 2018". O vídeo era muito ofensivo

CAPÍTULO 4 | UMA NAÇÃO SOB GOOGLE

para ser veiculado como anúncio, concordou Vishal Sharma, vice-presidente de gerenciamento de produtos e anúncios do Google. "Obrigado por levantar essa questão muito importante. Significa muito para mim pessoalmente, e para aqueles que trabalham nisso nas equipes de anúncios e do YouTube. O YouTube é uma plataforma aberta e apoiamos a livre expressão de criadores, com uma ampla variedade de pontos de vista", Sharma escreveu em sua resposta incluída na lista de discussão. "Mas não permitimos publicidade depreciando as pessoas com base em quem elas são – incluindo sua orientação sexual – e removemos os anúncios que violam esse princípio básico", continuou Sharma.

> Após múltiplas análises cuidadosas, ao longo de alguns dias, nossas equipes decidiram remover o anúncio em questão pois ele viola nossa política. Comunicamos isso ao anunciante e entramos em contato com criadores de conteúdo, que estão ativamente engajados nessa questão,

acrescentou, expressando novamente sua gratidão pelos funcionários do Google terem chamado sua atenção para esse assunto.

A censura do YouTube a um vídeo produzido pelo Daily Signal, braço de mídia da The Heritage Foundation, oferece um exemplo claro de como a abordagem passo a passo da empresa para a censura está sufocando o discurso conservador sobre as questões mais importantes de nosso tempo. Em dezembro de 2017 o *Daily Signal* lançou um vídeo com a Dra. Michelle Cretella, pediatra de longa data, e diretora executiva do American College of Pediatricians. Cretella expôs fatos científicos simples, como: "Sexo biológico não é determinado. O sexo é determinado na concepção, por nosso DNA, e está estampado em todas as células de nossos corpos"[146]. "Se você quiser cortar uma perna, ou um braço, você está mentalmente doente. Mas se quiser cortar seios saudáveis ou um pênis, você é transgênero". O vídeo permaneceu no YouTube durante mais de um ano, sem nenhum problema. E por que não deveria? Afinal, uma profissional médica, fornecendo uma opinião médica sobre um tópico importante é o tipo de "conteúdo confiável" que deveria ser priorizado pelo YouTube. Entre-

---

[146] CRETELLA, Michael. I'm a pediatrician. Here's what I did when a little boy patient said he was a girl. The Daily Signal, [S. l.], p. 1-3, 11 dez. 2017. Disponível em: https://www.dailysignal.com/2017/12/11/cretella-transcript/. Acesso em: 4 ago. 2021.

tanto, é claro que todo o objetivo do YouTube ao reformular sua plataforma era reforçar o ponto de vista do *establishment* progressista. Portanto, o vídeo tinha que ir. O YouTube retirou o vídeo em 2019, citando uma frase do vídeo na qual Cretella dizia: "Veja, se você quer cortar uma perna ou um braço, você está mentalmente doente, mas se quiser cortar seios saudáveis ou um pênis, você é transgênero"[147]. É uma declaração objetivamente verdadeira, mas não é permitida no YouTube.

***

Em uma postagem de blog de 25 de janeiro de 2019 o YouTube anunciou que iria "observar mais cuidadosamente como podemos reduzir a disseminação de conteúdo próximo de violar nossas Diretrizes da Comunidade, mas que não ultrapasse esse limite". Assim como a mudança de algoritmo do Facebook, essa mudança significa punir conteúdo que não está realmente quebrando as regras.

> Para esse fim, começaremos a reduzir as recomendações de conteúdo limítrofe e de conteúdo que pode desinformar os usuários de maneiras prejudiciais, como vídeos promovendo uma falsa cura milagrosa para uma doença grave, alegando que a Terra é plana ou fazendo afirmações descaradamente falsas sobre eventos históricos, como Onze de Setembro,

dizia a postagem do *blog*[148]. O YouTube citou, como um escudo contra críticas, exemplos de vídeos "buscando a verdade" sobre o Onze de Setembro, entretanto, este foi um passo significativo para manipular seus usuários. Vídeos recomendados – aqueles da página inicial, e ao lado de qualquer vídeo que você esteja assistindo – são grandes direcionadores de atenção no YouTube. Eles são feitos para serem semelhantes aos seus interesses, porém, o YouTube agora está trabalhando para redirecionar seus interesses, caso a empresa os considere

---

[147] TRINKO, Katrina. YouTube won't let a medical doctor say this sentence. The Daily Signal, [S. l.], p. 1-3, 5 nov. 2019. Disponível em: https://www.dailysignal.com/2019/11/05/youtube-wont-let-a-medical-doctor-say-this-sentence. Acesso em: 4 ago. 2021.

[148] CONTINUING our work to improve recommendations on YouTube. YouTube Official Blog, [S. l.], p. 1-2, 25 jan. 2019. Disponível em: https://youtube.googleblog.com/2019/01/continuing-our-work-to-improve.html. Acesso em: 4 ago. 2021.

CAPÍTULO 4 | UMA NAÇÃO SOB GOOGLE

prejudiciais, *mesmo quando nenhum dos vídeos em questão viole as regras do YouTube*. Disse-me Allum Bokhari, um prolífico repórter de tecnologia:

> Na minha opinião, o YouTube é um caso particularmente trágico, pois essa foi a única área para a mídia independente – mais ainda do que no Twitter e talvez até mais do que no Facebook, onde as manifestações de um homem realmente poderiam ganhar destaque. Era uma espécie de nova rádio, onde você poderia ter uma estrutura pequena e simples e atrair audiências de dezenas e centenas de milhares.
>
> Você olha para as mudanças recentes no YouTube e eles estão alavancando todos esses veículos de mídia convencionais, e também elevando a *Fox News* como o conservador simbólico, porém, é essencialmente a mesma situação dos anos 1990, onde você tem todas essas redes progressistas e tão somente um veículo conservador simbólico.

Ele continuou:

> a ideia de que o YouTube vai tirar aquele motor de sucesso e aquela oportunidade disponível para milhões e milhões de pessoas, e apenas devolver todo o poder às redes de mídia *mainstream*, as quais eles estavam, originalmente, perturbando, é bem trágica. Essas plataformas de tecnologia se venderam como disruptivas, como uma nova forma de alcançar as pessoas. Quero dizer, o *slogan* do YouTube ainda é "transmita você mesmo", conteúdo criado pelo usuário[...] mas aqui estão eles, elevando esses impérios de mídia, que já possuem toneladas de recursos, acima de seus próprios criadores de conteúdo. Um dos vídeos recentemente rebaixados foi de uma mulher contando sua história ao ser pressionada a fazer um aborto. Era um vídeo perfeitamente bom, apenas uma anedota de uma mulher, com centenas de milhares de visualizações, e não havia razão para aquele vídeo não estar no topo dos resultados da pesquisa sobre aborto. Porém, ao invés disso, eles o substituíram por todos esses vídeos da *Vice News*, da *BBC* e do *BuzzFeed*, e estão dando essa vantagem especial a meios de comunicação que não a merecem e que já têm, de qualquer maneira, toneladas de recursos. Simplesmente não faz sentido

O YouTube anunciou que as mudanças iniciais afetariam menos de um por cento dos vídeos em sua plataforma, o que, mesmo sendo verdade, ainda era

OS MANIPULADORES

uma quantidade enorme de conteúdo[149]. Cinco bilhões de vídeos são assistidos no YouTube todos os dias[150]. Se o YouTube trouxesse recomendações para apenas metade de um por cento desses vídeos, seriam 25 milhões de vídeos, todos os dias. E, claro, em uma postagem do *blog* de junho de 2019 o YouTube anunciou a expansão do programa[151]. Desta vez, o YouTube deixou de fora quantos vídeos seriam afetados, simplesmente dizendo que "ainda mais" vídeos seriam sufocados pelos algoritmos. "Nossos sistemas também estão ficando mais inteligentes sobre quais tipos de vídeos devem receber esse tratamento, e poderemos aplicá-lo a ainda mais vídeos limítrofes, daqui para frente", dizia a postagem do *blog*. Quais vídeos estão sendo suprimidos, exatamente? O YouTube não vai dizer. Você apenas precisará acreditar na palavra deles, quando disserem que estão jogando limpo. Continuou o anúncio:

> À medida em que fazemos isso, também começaremos a trazer conteúdo mais confiável nas recomendações, com base nas mudanças feitas nas notícias no ano passado. Por exemplo, caso um usuário esteja assistindo a um vídeo próximo de violar nossas políticas, nossos sistemas podem incluir mais vídeos de fontes confiáveis (como os principais canais de notícias), no painel "assistir a seguir",

Em outras palavras: o YouTube empurraria os vídeos da *CNN* goela abaixo dos espectadores que se desviaram demais.

Não é uma coincidência que as mudanças no algoritmo do YouTube tenham alterado, favorecendo os meios de comunicação corporativos dos quais muitos usuários do YouTube estavam tentando escapar, em primeiro lugar. O YouTube não será mais um lugar para todos. Será um lugar para

---

[149] NEWTON, Casey. YouTube says it will recommend fewer videos about conspiracy theories. The Verge, [S. l.], p. 1-3, 25 jan. 2019. Disponível em: https://www.theverge. com/2019/1/25/18197301/youtube-algorithm-conspiracy-theories-misinformation. Acesso em: 5 ago. 2021.

[150] TYLER, Grant. How to get a billion views on YouTube. *Business Insider*, [S. l.], p. 1-4, 30 abr. 2018. Disponível em: https://www.businessinsider.com/how-to-get-billion-views-viral-hit-you-tube-2018-4. Acesso em: 5 ago. 2021.

[151] HASSON, Peter. YouTube to step up suppression of videos that don't violate any rules, promote news outlets. Daily Caller, [S. l.], p. 1-4, 5 jun. 2019. Disponível em: https://dailycaller. com/2019/06/05/youtube-suppress-borderline-videos-promote-news/. Acesso em: 5 ago. 2021.

CAPÍTULO 4 | UMA NAÇÃO SOB GOOGLE

canais profissionais do YouTube – principalmente organizações de notícias do *establishment* esquerdista. O YouTube não foi isso durante a maior parte de sua existência. Não foi isso que fez do YouTube, o YouTube. Contudo, isso é o que está acontecendo.

Entre mudanças nas abordagens para resultados de pesquisa e em seu formato para vídeos recomendados, o YouTube está escolhendo ativamente vencedores e perdedores em sua plataforma, levando os espectadores para alguns canais e para longe de outros, promovendo algumas opiniões e rebaixando os oponentes. O grande vencedor: a mídia progressista. Os grandes perdedores: canais conservadores e independentes[152], e pequenos canais, que foram desmonetizados[153].

O que o YouTube e o Google estão fazendo é substituir a escolha do usuário. A maioria das pessoas que pesquisa por "aborto" no YouTube não está interessada em assistir a um vídeo de notícias da *CNN*, elas estão procurando informações e pontos de vista não mostrados pela *CNN*, o que é a razão do conteúdo pró-vida superar o conteúdo pró-aborto, quando o campo é neutro, e o motivo pelo qual o YouTube se tornou um meio de comunicação popular para comentaristas conservadores, dissidentes da mídia progressista. Entretanto, o Google e o YouTube agora estão desempenhando o papel de monitores de corredor, e dificilmente são neutros. Eles têm um ponto de vista institucional de esquerda, e estão trabalhando com a mídia progressista para abafar as vozes conservadoras dissidentes.

Em abril de 2017 o Google anunciou que colocaria artigos de checadores de fatos selecionados no topo dos resultados de pesquisa[154]. Os sites esquerdistas *Snopes* e *PolitiFact* estavam entre os veículos a receber esses privilégios especiais[155].

---

[152] CHEONG, Ian Miles. Conservative and indepenent YouTube channels hit by censorship and demonetization. Daily Caller, [S. l.], p. 1-6, 11 ago. 2017. Disponível em: https://dailycaller.com/2017/08/11/conservative-and-independent-youtube-channels-hit-by-censorship-and-demonetization/. Acesso em: 5 ago. 2021.

[153] CHEONG, Ian Miles. YouTube demonetizes small channels with new partnership policy. Daily Caller, [S. l.], p. 1-7, 17 jan. 2018. Disponível em: https://dailycaller.com/2018/01/17/youtube-demonetizes-small-channels-with-new-partnership-policy/. Acesso em: 5 ago. 2021.

[154] LIEBERMAN, Eric. Google's fake news 'fact checkers' include Snopes, Politifact. Daily Caller, [S. l.], p. 1-4, 7 abr. 2017. Disponível em: https://dailycaller.com/2017/04/07/googles--fake-news-fact-checkers-include-snopes-politifact/. Acesso em: 5 ago. 2021.

[155] *Ibid.*

O *Snopes* já tinha um histórico de contratar blogueiros de esquerda e publicar checagens de fatos tendenciosas quando começou a trabalhar com o Google, e esse padrão só tem continuado. Quando o *Snopes* errou na checagem de fatos sobre a controvérsia de Covington Catholic (onde os alunos da escola foram assediados por um ativista indígena americano de esquerda e por um grupo nacionalista negro chamado Black Hebrew Israelites), o Google colocou a checagem de fatos imprecisa no topo de seus resultados de pesquisa.

No final de 2017 o Google expandiu o programa de checagem de fatos de forma a fornecer contexto adicional sobre os meios de comunicação. O plano era muito parecido com o que o vice-presidente do Google, David Besbris, havia proposto em um bate-papo interno vazado:

> Estamos trabalhando para fornecer aos usuários contexto em torno das histórias, para que possam ter uma visão geral do quadro. Podemos desempenhar um papel no fornecimento da história completa e educá-los sobre todos os lados.

O algoritmo do Google conectou verificações de fatos de meios progressistas, como o *Snopes*, em barras de contexto para meios de comunicação – mas nem todos eles. A operação de checagem de fatos visava, quase exclusivamente, veículos de centro-direita. Também era descaradamente errada.

A checagem de fatos do Google atribuiu, repetidamente, afirmações falsas a veículos conservadores, embora eles, comprovadamente, nunca tenham feito essas afirmações[156]. Foi tão ruim que as agências de checagem de fatos precisaram se distanciar publicamente do programa, culpando o Google pelos maus resultados. A empresa retirou o programa apenas em janeiro de 2018, depois de uma investigação da The Daily Caller News Foundation, meu empregador, sobre imprecisões gritantes por toda parte. O Google atribuiu a verificação de fatos deficiente a um *bug* em seu algoritmo, mas eles ainda não explicaram por que os meios de comunicação conservadores haviam sido os alvos. O Google ainda privilegia publicações selecionadas como as do *Snopes*, dando a elas uma posição de destaque na Pesquisa Google e no *Google Notícias*.

---

[156] HASSON, Peter. Exclusive: Google employees debated burying Conservative media in search. Daily Caller, [S. l.], p. 1-6, 29 nov. 2018. Disponível em: https://dailycaller.com/2018/11/29/google-censorship-conservative-media/. Acesso em: 5 ago. 2021.

CAPÍTULO 4 | UMA NAÇÃO SOB GOOGLE

A censura pode ser imposta sem proibir os meios de comunicação conservadores ou os enterrar nos resultados de pesquisa. Outra forma é ameaçar o boicote a empresas que anunciam na mídia conservadora, rotulando tal mídia como "extremista". Às vezes, ativistas de esquerda e jornalistas unem forças nessas campanhas. O YouTube cortou milhares de contas de seu programa de monetização, a partir de março de 2017, depois que investigações da mídia encontraram anúncios no YouTube sendo veiculados ao lado de conteúdo extremista. A investigação inicial do *Times* de Londres focou no conteúdo produzido por grupos neonazistas e extremistas islâmicos[157], entretanto, a cobertura subsequente de outros meios de comunicação, rotulou vídeos pró-vida como "extremistas", e pressionou o Google a atacá-los também[158]. As mudanças subsequentes não apenas varreram a propaganda do ISIS sinalizada pelos meios de comunicação, como também abalaram todo o cenário do YouTube, prejudicando, no processo, editores menores e independentes.

O YouTube quase dobrou o tamanho de seu programa Moderador de Confiança ao longo de 2017, adicionando cinquenta agências governamentais e organizações não governamentais (ONGs) ao programa, disse a diretora de políticas públicas do YouTube, Juniper Downs, a um comitê do Senado, em janeiro de 2018. O YouTube empodera as organizações de terceiros – Moderadores de Confiança – para ajudar a policiar o conteúdo na plataforma, sinalizando-o em massa e trabalhando em estreita colaboração com os engenheiros que projetam os algoritmos do YouTube, de acordo com o testemunho de Downs e com minhas conversas com uma porta-voz do YouTube, em janeiro de 2018[159]. Downs descreveu algumas das medidas tomadas pelo Google até aquele ponto, visando suprimir conteúdo "ofensivo" ou "inflamatório", que não viola as regras do YouTube. Disse ela:

----

[157] MOSTROUS, Alexi. Google faces questions over videos on YouTube. *The Times*, [S. l.], p. 1-4, 9 fev. 2017. Disponível em: https://www.thetimes.co.uk/article/google-faces-questions-over-videos-on-youtube-3km257v8d. Acesso em: 5 ago. 2021.

[158] SOLON, Olivia. Google's bad week: YouTube loses millions as advertising row reaches US. *The Guardian*, San Francisco, p. 1-4, 25 mar. 2017. Disponível em: https://www.theguardian.com/technology/2017/mar/25/google-youtube-advertising-extremist-content-att-verizon. Acesso em: 5 ago. 2021.

[159] HASSON, Peter. Google has an actual secret speech police. Daily Caller, [S. l.], p. 1-8, 19 jan. 2018. Disponível em: https://dailycaller.com/2018/01/19/google-youtube-censorship-demonetize-hate-speech/. Acesso em: 5 ago. 2021.

Alguns vídeos limítrofes, como aqueles abrigando conteúdo inflamatório, religioso ou supremacista, sem uma chamada direta à violência ou ao objetivo principal de incitar o ódio, podem não cruzar essas linhas para remoção. Contudo, entendemos que esses vídeos podem ser ofensivos para muitos, e desenvolvemos um novo tratamento para eles.

O conteúdo limítrofe identificado permanecerá no YouTube atrás de uma barreira, não será recomendado, não gerará receita e não terá recursos importantes, incluindo comentários, sugestões de vídeos e curtidas. Os usos iniciais foram positivos, mostrando uma redução substancial no tempo de exibição desses vídeos.

O esforço de desmonetização do YouTube foi feito para acomodar anunciantes que buscam evitar conteúdo polêmico – disse-me a porta-voz da empresa na época. Entretanto, a pressão não diminuiu. Dois meses depois dessa conversa, a multinacional Unilever ameaçou retirar todos os seus anúncios do Facebook, Google e Twitter, a menos que os gigantes da tecnologia aumentassem a moderação de conteúdo. A corporação citou preocupações com *fake news* e discurso de ódio[160]. Se colocar anúncios no YouTube agora é visto como uma declaração política, então os anunciantes vão pressionar por conteúdo palatável aos ativistas de esquerda, a fim de evitar protestos e boicotes e proteger seus clientes. E o YouTube ficará feliz em obedecer. Em 2018, foi relatado que o YouTube havia, mais uma vez, excluído por engano canais conservadores do site[161]. Em fevereiro de 2018, o YouTube desmonetizou uma conversa entre o apresentador ex-esquerdista do YouTube, Dave Rubin[162] (crítico ferrenho da

---

[160] SUMAGAYSAY, Levi. Facebook, Google, Twitter could lose Unilever ads. *The Mercury News*, [S. l.], p. 1-3, 12 fev. 2018. Disponível em: https://www.mercurynews.com/2018/02/12/facebook-google-twitter-could-lose-unilever-ads/. Acesso em: 5 ago. 2021.

[161] BERGEN, Mark. YouTube's new moderators mistakenly pull right-wing channels. Bloomberg, [S. l.], p. 1-4, 28 fev. 2018. Disponível em: https://www.bloomberg.com/news/articles/2018-02-28/youtube-s-new-moderators-mistakenly-pull-right-wing-channels. Acesso em: 5 ago. 2021..

[162] Dave Rubin é um comentarista político e youtuber americano que se notabilizou mundialmente após se "converter" ao conservadorismo político. Antigo ativista progressista e ferrenho defensor das pautas LGBT, sendo ele próprio um assumido homossexual, casado com David Janet desde 2015, afirmou ao Prager University que o progressismo esquerdista se tornou um "regressismo autoritário", abertamente contrário às liberdades individuais. Assume-se politicamente, desde então, como um "liberal clássico", e abertamente defende o conservadorismo americano

CAPÍTULO 4 | UMA NAÇÃO SOB GOOGLE

censura de esquerda), Jordan Peterson e Ben Shapiro. O YouTube só restabeleceu o vídeo depois que eu disse estar escrevendo um artigo sobre a censura na plataforma. Mais uma vez, o YouTube culpou algoritmos defeituosos[163].

CENSURA: UMA DECISÃO DE RP

O Google insiste que tem processos em vigor para evitar a influência de vieses políticos em suas políticas. Funcionários individuais não podem, simplesmente, desmonetizar vídeos, diz o Google ao público. A realidade pinta um quadro diferente: o Google adapta suas decisões de desmonetização para manter felizes os repórteres e ativistas de esquerda. Na verdade, em documentos judiciais protocolados em 29 de dezembro de 2017, os advogados do Google enfatizaram que "as decisões sobre quais vídeos se enquadram nessa categoria [desmonetização] são muitas vezes complicadas, e podem envolver julgamentos subjetivos difíceis". De fato.

Obtive documentos internos mostrando até que ponto a equipe de relações públicas do Google controla o processo de policiamento de conteúdo. Uma troca de *e-mail* mostra uma porta-voz do Google tomando decisões instantâneas – em resposta direta a consultas da mídia – sobre quais vídeos do YouTube desmonetizar, e quais canais examinar. O catalisador foi um *e-mail* de um repórter do *The Guardian*, publicação britânica de esquerda, perguntando sobre vídeos específicos. A investigação do repórter baseou-se, em parte, em reclamações do Southern Poverty Law Center (SPLC), uma fábrica de difamações da esquerda. Entre os vídeos considerados problemáticos pelo SPLC, havia um satirizando as diferenças de gênero. O representante de relações públicas do Google encaminhou o *e-mail* para a equipe de censura e ordenou a revisão dos vídeos, "certificando-se de que não sejam monetizados". Em outras palavras, as decisões de censura são vistas como decisões de relações públicas, não como decisões de conteúdo. O processo não deveria funcionar assim – e, certamente, não é como

---

por considerar que, atualmente, é o conservadorismo quem defende as ideias e políticas de liberdade individual, jurídica e econômica nos EUA. (N. E.)

[163] HASSON, Peter. YouTube's algorithms continue snaring critics of political correctness [VIDEO]. Daily Caller, [S.l.], p. 1-3, 1 fev. 2018. Disponível em: https://dailycaller.com/2018/02/01/youtube-algorithm-dave-rubin-jordan-peterson-demonetize/. Acesso em: 5 ago. 2021.

o Google descreve seu funcionamento. Os representantes de relações públicas deveriam explicar o processo de censura, e não o ditar para agradar aos repórteres progressistas. A troca de *e-mails* também destaca como grupos de interesse de esquerda, com histórico de desonestidade (como o SPLC) fazem parceria com repórteres progressistas, de forma a pressionar as *Big Tech's* a censurar vozes de centro-direita.

O fato de o Google manter uma pretensão de neutralidade, enquanto reprime o conteúdo de centro-direita, é particularmente desonesto, considerando que a plataforma financia, produz e promove propaganda de esquerda através de seu "Programa de Criadores de Mudança". O programa, no qual o Google gastou milhões de dólares, dá a YouTubers de esquerda um incentivo da empresa mais poderosa do mundo. Isso inclui a escritora esquerdista Amani Al-Khatahtbeh. O Google a descreveu como "uma voz em ascensão em questões sociais, religiosas e políticas", e observou que "Amani foi convidada por Michelle Obama para falar na primeira Cúpula do Estado da Mulher nos Estados Unidos". Entretanto, o YouTube não mencionou um trabalho anterior de Amani: um vídeo alegando que os ataques terroristas islâmicos, de 11 de setembro de 2001, tinham sido "um trabalho interno". Enquanto o YouTube estava reprimindo contas da direita, em nome da luta contra as teorias da conspiração, a empresa estava financiando um "buscador da verdade" do Onze de Setembro[164].

Subhi Taha, um "modelo de Criador para a Mudança" patrocinado pelo YouTube, também promoveu boicotes contra Israel. O YouTube e Taha colaboraram em um vídeo sobre refugiados palestinos – que se revelaram amigos da família de Taha –, promovendo uma narrativa ultrajantemente unilateral sobre o conflito israelense-palestino. O vídeo afirmava que Israel havia cometido genocídio contra os palestinos. Ao mesmo tempo, omitia qualquer menção às ações de grupos terroristas palestinos, como o Hamas. Na verdade, chamar o vídeo de unilateral seria generoso. Era propaganda genuína contra Israel, financiada, produzida e promovida pelo YouTube.

Além de difamar Israel, o YouTube gasta dinheiro promovendo propaganda de fronteiras abertas. A gigante de tecnologia fez parceria com o "modelo" de

---

[164] HASSON, Peter. YouTube sponsoring 9/11 truther as part of multimillion dollar diversity program. Daily Caller, [S. l.], p. 1-6, 4 mar. 2018. Disponível em: http://dailycaller.com/2018/03/04/youtube-9-11-truther/. Acesso em: 5 ago. 2021.

CAPÍTULO 4 | UMA NAÇÃO SOB GOOGLE

Criador para a Mudança, Yasmany Del Real, em um vídeo contrário à aplicação das leis de fronteira dos EUA. "Tive a oportunidade de visitar alguns centros de migrantes e ouvir muitas histórias diferentes, mas com apenas um objetivo: realizar o sonho americano", diz Del Real no vídeo. "Cesar é apenas um, entre muitos que compartilham o mesmo objetivo", continua ele, antes de apresentar Cesar: um imigrante ilegal guatemalteco, com uma deportação anterior em seu currículo. "Eu adoraria que as pessoas tivessem um melhor sentido de compaixão por nós, imigrantes. Na verdade, só queremos trabalhar, e trabalhar duro. Muitos de nós temos vários empregos. Trabalhamos durante o dia e a noite", diz Cesar, em espanhol. "Muitos de nós queremos apenas um trabalho temporário, sem aspirar a ficar permanentemente nos EUA", acrescenta Cesar, minando, sem querer, a afirmação do narrador de que todo cruzador de fronteira está interessado apenas em perseguir o sonho americano, e contribuir para a sociedade. "Cesar é da Guatemala e esta é a sua segunda tentativa de emigrar para os Estados Unidos. Desta vez, ele levou um mês para chegar à fronteira. Apesar do medo e da angústia de saber que poderia ser deportado uma segunda vez, Cesar continua otimista", explica Del Real, enquanto o vídeo corta para Cesar. "Os Estados Unidos são um país lindo e é um ótimo lugar para se encontrar emprego", diz Cesar. Ao fundo, um cantor gospel canta um hino do movimento fronteiras abertas:

Perdoe-me por invadir suas terras / Essa não é uma intenção minha / Família e amigos que deixamos para trás / Pobreza e miséria são meu único crime.

Talvez você concorde com essas mensagens, talvez não. Essa não é a questão. Este é o tipo de vídeo que você pode esperar de um grupo de defesa, ou veículo de mídia, de esquerda. Não são o tipo de vídeo produzido por uma empresa politicamente neutra. Se o Google vai patrocinar e produzir conteúdo esquerdista sobre fronteiras abertas, então eles devem reconhecer, publicamente, o fato de serem uma empresa ideologicamente de esquerda, promovendo narrativas de esquerda. Na verdade, o Google é isso: uma empresa ideologicamente esquerdista, composta por pessoas ressentidas com o sucesso da direita em sua enorme plataforma de vídeo, e que estão trabalhando ativamente para combatê-lo. No final do dia, o Google concorda com ativistas progressistas, que a esquerda política merece uma vantagem embutida em sua plataforma. Porém, isso não os impede de mentir.

CAPÍTULO 5

Capítulo 5

A farsa da liberdade de expressão no Twitter

O Twitter está acima de sua classe, em termos de impulsionar o debate nacional, em comparação com o Facebook e o Google. Essas últimas derivam sua influência da força de seu tamanho. O Twitter tem um grande número de usuários em comparação com muitas outras plataformas de tecnologia, mas nem de perto é tão grande quanto o Facebook e o Google. O Twitter tem aproximadamente sessenta e seis milhões de usuários ativos nos Estados Unidos, todos os meses – quase metade do tamanho do eleitorado presidencial de 2016[165].

O que distingue o Twitter do Facebook é *quem* usa sua plataforma e *como* eles a usam. O Twitter está acima do Facebook em termos de condução da narrativa da mídia. Na verdade, o Twitter alimenta quase todo o resto. Histórias caracterizadas como "notícias de última hora" nas redes a cabo, eram "notícias de última hora" no Twitter dez minutos atrás – às vezes, até horas ou dias antes. Os jornalistas usam o Twitter para coletar fatos básicos e ver como outros jornalistas estão cobrindo uma história, além de promover seu próprio trabalho. Por esse motivo, o Twitter pode – e costuma – adicionar várias camadas à bolha da mídia.

O principal motivo pelo qual o presidente Trump usa o Twitter é porque ele o capacita a conduzir narrativas na mídia, em tempo real. Trinta segundos

---

[165] @TWITTERIR. Q4 and Fiscal Year 2018 letter to shareholders. Twitter, [S. l.], p. 1-25, 7 fev. 2019. Disponível em: https://s22.q4cdn.com/826641620/files/doc_financials/2018/q4/Q4-2018-Shareholder-Letter.pdf. Acesso em: 5 ago. 2021.

depois de um tuíte presidencial, jornalistas estão tuitando a última missiva de 280 caracteres, enviada em MAIÚSCULAS pelo Presidente dos Estados Unidos. Dez minutos depois de Trump apertar o botão para enviar um tuíte, as organizações de notícias já transformaram sua postagem em uma breve sinopse, com uma manchete chamativa. Dez minutos depois disso, a *CNN* já reuniu um painel de comentaristas, ponderando as implicações deste tuíte de Trump sobre uma caça às bruxas. "Eu posso ir teclando [...] e eles noticiam, e assim que eu tuitar – esta manhã na televisão, na Fox: 'Donald Trump, temos notícias de última hora'", relembrou o presidente uma vez[166].

Entretanto, o fenômeno não se limita apenas a Trump – é, simplesmente, uma realidade do ambiente da mídia moderno. A maneira mais rápida de atrair a atenção da grande mídia é demonstrar que a história já está em alta nas redes sociais. Quando algo - qualquer coisa, não importa o quão estúpido – bomba nacionalmente no Twitter, migra rapidamente para artigos publicados por veículos de comunicação nacionais. Se a história em si contém muito pouco valor de notícia, os meios de comunicação adotarão um gancho de notícias nos moldes de "Figura Pública X Disse Y e os usuários do Twitter não aceitaram". Uma distinção-chave entre Twitter e Facebook é a natureza do público que seus usuários estão tentando alcançar. A maioria dos usuários do Facebook pretende se comunicar com amigos, não com estranhos. O Twitter é muito mais impessoal e muito menos civilizado – e esse é o seu apelo. Na melhor das hipóteses, o Twitter permite aos indivíduos criticarem e corrigirem a cobertura da mídia, em tempo real, e até mesmo contornarem os meios de comunicação progressistas, quando não estiverem cobrindo um assunto. O julgamento Gosnell é um exemplo perfeito.

Kermit Gosnell é, possivelmente, o assassino em massa mais prolífico da América[167]. Ele também está entre os assassinos em massa menos notórios da América. Suas atrocidades foram enterradas, apenas por causa de sua profissão escolhida: Gosnell é um abortista. Ou melhor, ele era um abortista, antes de ir

---

[166] GOVE, Michael. Donald Trump interview: Brexit will be a great thing. *The Times*, [S. l.], p. 1-5, 15 jan. 2017. Disponível em: https://www.thetimes.co.uk/article/donald-trump-interview--brexit-britain-trade-deal-europe-queen-5m0bc2tns?region=global. Acesso em: 5 ago. 2021.

[167] LUCAS, Kelsey. Meet the serial killer who murdered living babies. The Daily Signal, [S. l.], p. 1-5, 4 maio 2014. Disponível em: https://www.dailysignal.com/2014/05/04/meet-serial-killer-murdered-100-living-babies. Acesso em: 5 ago. 2021.

CAPÍTULO 5 | A FARSA DA LIBERDADE DE EXPRESSÃO NO TWITTER

para a prisão. Ele supostamente executou centenas de bebês, totalmente nascidos, cortando suas espinhas fora do útero[168]. Os detalhes de seu julgamento foram terríveis[169]. Restos mortais fetais estavam espalhados pela clínica[170]. Os corpos de recém-nascidos mortos eram frequentemente deixados de fora durante a noite, testemunhou uma ex-funcionária. "Você sabia disso no dia seguinte porque podia sentir o cheiro assim que abrisse a porta", disse ela[171]. Outra funcionária, não autorizada a praticar medicina em uma clínica de aborto, mas que o fez mesmo assim, testemunhou: "Choviam fetos. Fetos e sangue por todo lado". A polícia encontrou bebês totalmente crescidos, e partes do corpo – pés, em particular – em potes, através de toda a clínica de Gosnell. Gosnell era um homem objetivamente mau que, segundo todos os relatos, sentia prazer com sua brutalidade[172]. Em um caso, Gosnell alegadamente brincou sobre o tamanho do bebê – e ele o chamou de bebê – que estava prestes a matar: "este bebê vai me acompanhar até em casa"[173]. Porém, um corte bem colocado da tesoura de Gosnell garantiu que o bebê nunca mais andaria, nunca mais sorriria, e que nunca mais respiraria.

O julgamento de Gosnell foi repleto de anedotas chocantes e nauseantes sobre um homem mau, que caçava mulheres vulneráveis e crianças indefesas. Entretanto, os mesmos veículos de comunicação que haviam elogiado a própria bravura na era Trump e se autodenominavam Guardiões da Verdade, não tocariam na história com um bisturi de três metros. Quando o julgamento começou, as dezenas de cadeiras do tribunal reservadas para jornalistas estavam, embaraçosamente, vazias. A história só chegou à mídia nacional por causa dos esforços dos conservadores no Twitter. Um blogueiro pró-vida, J.D. Mullane, tirou uma foto dos assentos vazios do tribunal, e a tuitou. O encobrimento da

---

[168] ARCHBOLD, Matthew. Why did Gosnell sever the babies' spinal cord if they were already dead?. *National Catholic Register*, [S. l.], p. 1, 24 abr. 2013. Disponível em: http://www.ncregister.com/blog/matthew-archbold/why-did-gosnell-sever-the-babies-spinal-cord-if-they-were-already-dead. Acesso em: 5 ago. 2021.

[169] SPIERING, Charlie. 58 horrific details from the Kermit Gosnell trial that you do not want to read. *Washington Examiner*, [S. l.], p. 1-7, 18 abr. 2013. Disponível em: https:/ www.washingtonexaminer.com/58-horrific-details-from-the-kermit-gosnell-trial-that-you-do-not-want-to-read. Acesso em: 5 ago. 2021.

[170] *Ibid.*

[171] *Ibid.*

[172] *Ibid.*

[173] *Ibid.*

mídia gerou indignação. Mais de cem mil tuítes com a *hashtag* #Gosnell rapidamente levaram a história aos olhos nacionais, apesar dos melhores esforços da grande mídia. Após dias de vergonha pública popular, diversos meios de comunicação nacionais enviaram repórteres para cobrir o julgamento. Isso nunca teria acontecido sem o Twitter, reclamou em artigo do Slate o jornalista de esquerda Dave Weigel, agora no *Washington Post*[174]. (Imagine ser um jornalista, reclamando que as pessoas estão prestando atenção em um literal assassino em série de bebês recém-nascidos).

Esse é o poder do Twitter – e é por isso que a esquerda política está trabalhando fortemente para controlá-lo.

OS ESQUERDISTAS DO TWITTER

Se as doações políticas dos funcionários forem uma indicação, o Twitter é composto quase exclusivamente por esquerdistas. Funcionários individuais do Twitter doaram aproximadamente US$ 228.000 a candidatos políticos nas eleições de meio de mandato de 2018. Desses US$ 228.000, 99% foram para candidatos democratas, revelou uma análise da Recode[175]. Entre as empresas de tecnologia, apenas a Netflix teve, entre seus funcionários, uma inclinação partidária maior que a do Twitter. (A Recode descobriu que 99,6% – 100%, caso você esteja arredondando – das doações de campanha de 2018 dos funcionários da Netflix foram para os democratas).

Em 2016, segundo o consenso no Twitter, Trump seria esmagado nas eleições gerais[176]. Quando isso não aconteceu, os funcionários do Twitter entra-

---

[174] WEIGEL, David. A jury of your peers. Slate, [S. l.], p. 1-4, 15 abr. 2013. Disponível em: https://slate.com/news-and-politics/2013/04/kermit-gosnell-abortion-trial-conservatives-took-to-twitter-to-shame-mainstream-media-into-covering-the-philadelphia-abortion-clinic-trial.html. Acesso em: 5 ago. 2021.

[175] MOLLA, Rani. Tech employees are much more liberal than their employers — at least as far as the candidates they support. Vox, [S. l.], p. 1-5, 31 out. 2018. Disponível em: https://www.vox.com/2018/10/31/18039528/tech-employees-politics-liberal-employers-candidates. Acesso em: 5 ago. 2021.

[176] NEWTON, Casey. Inside Twitter, employees reckon with Trump. The Verge, [S. l.], p. 1-4, 12 jan. 2017. Disponível em: https://www.theverge.com/2017/1/12/14256818/donald-trump-twitter-ban-employee-reaction. Acesso em: 5 ago. 2021.

CAPÍTULO 5 | A FARSA DA LIBERDADE DE EXPRESSÃO NO TWITTER

ram em colapso, culpando sua própria empresa. "O Twitter ajudou a promover Trump", escreveu a engenheira da plataforma, Marina Zhao, no dia seguinte à eleição de Trump. "O Twitter", afirmou ela, "ajudou a espalhar falsidades e mentiras"[177]. Ela e seus colegas exigiram mudanças, e as conseguiram. O fato de Jack Dorsey, CEO do Twitter, compartilhar suas crenças e estar firmemente no campo da esquerda, certamente ajuda seus esforços. Em abril de 2018, Dorsey promoveu um artigo do executivo de tecnologia Peter Leyden, onde pedia uma vitória da esquerda no que chamou de "segunda guerra civil" dos EUA. Leyden escreveu:

> Neste período atual da política americana, neste momento de nossa história, não há como um curso de ação bipartidário fornecer o caminho a seguir. O caminho a seguir foi traçado pela Califórnia, há cerca de quinze anos. Em algum momento, um lado ou outro precisa vencer – e por larga margem. O lado resistente à mudança, geralmente aquele mais enraizado nos sistemas anteriores, e nos interesses existentes, deve ser completamente derrotado, não apenas por um ou dois ciclos políticos, mas por uma geração ou duas. [...] A América não pode suportar mais paralisia política. Um lado ou outro precisa vencer. Esta guerra civil pode ser vencida sem disparar um tiro. Entretanto, é um conflito fundamental entre duas visões de mundo, que precisa ser resolvido em curto prazo[178].

Dorsey adere inteiramente à visão de mundo de Leyden. Ele está tão envolvido com a guerra cultural que, dois meses depois, pediu desculpas publicamente por ter comido no Chick-fil-A[179]. Ele é o ideal platônico do progressista do Vale do Silício.

O CEO do Twitter tem trabalhado para distanciar sua empresa de sua posição anterior, como a "ala da liberdade de expressão, do partido da liberdade de expressão". O estrategista sênior do Twitter, Nick Pickles, comparou a

---

[177] *Ibid.*

[178] LEYDEN, Peter. The great lesson of California in America's new Civil War. Medium.com, [S. l.], p. 1-11, 19 jan. 2018. Disponível em: https://medium.com/s/state-of-the-future/the--great-lesson-of-california-in-americas-new-civil-war-e52e2861f30. Acesso em: 5 ago. 2021.

[179] HASSON, Peter. Twitter CEO caves to liberal backlash, says he was wrong to eat Chick-Fil-A. Daily Caller, [S. l.], p. 1-4, 10 jun. 2018. Disponível em: https://dailycaller.com/2018/06/10/twitter-ceo-chick-fil-a-gay-marriage/. Acesso em: 5 ago. 2021.

plataforma a um "espaço seguro", em depoimento no Congresso, em julho de 2018. "Queremos garantir que o Twitter continue a ser um espaço seguro para nossos usuários compartilharem seus pontos de vista com a comunidade mais ampla do Twitter", disse Pickles[180]. Em um discurso a uma cúpula de mídia WIRED25, em outubro de 2018, Dorsey afirmou que o *slogan* "ala da liberdade de expressão" era, na verdade, apenas uma grande piada. "Esta citação sobre 'ala da liberdade de expressão, do partido da liberdade de expressão' nunca foi – nunca foi uma missão da empresa. Nunca foi um descritivo da empresa, que demos a nós mesmos. Foi uma... foi uma piada", insistiu Dorsey para o público, embora o Twitter tenha promovido publicamente essa imagem da liberdade de expressão durante anos[181].

Dorsey entende que a posição da esquerda sobre a liberdade de expressão tem mudado e, por mais esquerdista que possa ser, as pessoas trabalhando abaixo dele são muito mais extremistas. Pegue como exemplo o gerente sênior do Twitter, Ian Brown, que fala abertamente sobre seu desejo de ver Trump – "esse filho da puta", como ele se referiu ao presidente em um tuíte – fora da Casa Branca, e na prisão[182].

O Twitter lançou sua Equipe de Interseccionalidade, Cultura e Diversidade (ICD) em setembro de 2017[183], sinalizando sua solidariedade com a extrema esquerda ideológica, reforçando a interseccionalidade como religião oficial da empresa e preparando os funcionários para o ativismo, em moldes interseccionais.

---

[180] STATEMENT of Nick Pickles before the Committee on the Judiciary. United States House of Representatives, [S. l.], p. 1-5, 17 jul. 2018. Disponível em: https://docs.house.gov/meetings/JU/JU00/20180717/108546/HHRG-115-JU00-Wstate-PicklesN-20180717.pdf. Acesso em: 5 ago. 2021.

[181] GAINOR, Dan. Twitter CEO Dorsey: comment backing 'free speech' was 'a joke'. Newsbusters, [S. l.], p. 1-2, 16 out. 2018. Disponível em: https://www.newsbusters.org/blogs/techwatch/dan-gainor/2018/10/16/twitter-ceo-dorsey-comment-backing-free-speech-was-joke. Acesso em: 5 ago. 2021.

[182] BEDARD, Paul. Twitter exec: 'Jail,' 'impeachment' for Trump, calls social media chief 'racist d--k'. Washington Examiner, [S. l.], p. 1-3, 15 jul. 2019. Disponível em: https://www.washingtonexaminer.com/washington-secrets/twitter-exec-jail-impeachment-for-trump-calls-social-media-chief-racist-d. Acesso em: 5 ago. 2021.

[183] ME. We. Us. The world. #GrowTogether. Twitter, [S. l.], 1 set. 2017. About, p. 1-2. Disponível em: https://web.archive.org/web/20180131172539/https://about.twitter.com/en_us/company/our-culture.html. Acesso em: 9 ago. 2021.

CAPÍTULO 5 | A FARSA DA LIBERDADE DE EXPRESSÃO NO TWITTER

Em novembro de 2017, um terceirizado do Twitter, em seu último dia na empresa, excluiu a conta do presidente Trump do site[184]. O Twitter se esforçou para restaurar a conta de Trump, que sumiu por onze minutos, mas isso ressaltou quanto poder está nas mãos de funcionários individuais e terceirizados.

A MUDANÇA

O policiamento da fala do Twitter costumava ser sobre o combate ao assédio e às *"fake news"*. Agora, concentra-se no combate às "conversas pouco saudáveis".

Imediatamente após a eleição, o Twitter baniu uma série de membros da chamada "direita alternativa", composta de perdedores racistas, e cujas convenções nacionais atraem cerca de duzentas a trezentas pessoas, em um dia bom. Para efeito de comparação, a BronyCon, uma convenção para entusiastas, do sexo masculino, de My Little Pony, atrai cerca de vinte vezes esse número[185]. Portanto, a direita alternativa é um alvo fácil. Contudo, o Twitter claramente não se importou quando a mesma estava assediando jornalistas judeus conservadores. Na verdade, o alvo número um da direita alternativa, para abuso antissemita no Twitter, era Ben Shapiro, de acordo com uma análise da esquerdista Liga Anti-Difamação[186]. Porém, depois da eleição de Donald Trump, o Twitter foi à procura de grupos para banir, e não parou com a direita alternativa.

Alguns de seus alvos eram justificáveis. Por exemplo, o vice-presidente do Twitter, Colin Crowell anunciou, em junho de 2017, que o Twitter começaria a lidar com o problema de contas falsas ou "robôs" na plataforma. Porém, a falta

---

[184] ANAPOL, Avery. Twitter employee who deleted Trump's account reveals himself. *The Hill*, [S. l.], p. 1-2, 29 nov. 2017. Disponível em: https://thehill.com/homenews/administration/362468-twitter-employee-who-deleted-trumps-account-reveals-himself. Acesso em: 5 ago. 2021.

[185] WEINSTEIN, Jamie. White nationalist leader Richard Spencer defends meager conference attendance compared to BronyCon. Daily Caller, [S. l.], p. 1-5, 24 nov. 2016. Disponível em: https://dailycaller.com/2016/11/24/white-nationalist-leader-richard-spencer-defends-meager-conference-attendance-compared-to-bronycon/. Acesso em: 5 ago. 2021.

[186] WULFSOHN, Joseph. Ben Shapiro shames The Economist after referring to him as 'alt-right': 'That's a vile lie'. Fox News, [S. l.], p. 1-6, 29 mar. 2019. Disponível em: https://www.foxnews.com/entertainment/ben-shapiro-shames-the-economist-into-changing-headline-after-referring-to-him-as-alt-right. Acesso em: 5 ago. 2021.

de transparência − Crowell insistiu que os critérios de proibição da empresa deveriam permanecer secretos, para serem eficazes − era preocupante.

Então, em outubro de 2017, o Twitter lançou uma nova iniciativa, para eliminar o conteúdo que "glorifica a violência". O Twitter já havia proibido "ameaças violentas diretas", "ameaças violentas vagas" e "desejos/esperanças de danos físicos graves, morte ou doença". Entretanto, a mudança veio vários meses depois que o presidente Trump tuitou um vídeo de piada onde, supostamente, batia na *CNN* em uma luta livre, um vídeo que enfureceu seus críticos jornalistas.

Em março de 2018, Dorsey prometeu uma ampla revisão do policiamento da fala no Twitter. No passado, observou, o Twitter havia concentrado a maior parte de seus esforços na remoção de conteúdo que violava os termos de uso da plataforma. Isso não era mais suficiente. Agora, anunciou Dorsey, o Twitter estava focado em "construir uma estrutura sistêmica para ajudar a encorajar debates, conversas, e pensamento crítico mais saudáveis"[187]. Dorsey prometeu que a empresa se "comprometeria com um conjunto rigoroso de métricas, examinado de forma independente, para medir a saúde da conversa pública no Twitter"[188]. A plataforma estava mudando, de expulsar violadores de regras para monitorar a "salubridade" das conversas tuitadas e, de fato, em maio de 2018 o Twitter anunciou que estava tomando medidas para combater "atores de má-fé", a fim de promover "conversas saudáveis". Como disse ao Congresso, dois meses depois, o estrategista sênior do Twitter, Nick Pickles, as mudanças permitiriam ao Twitter "abordar, de forma mais eficaz, os comportamentos e atividades na plataforma que não violam necessariamente nossas políticas, mas distorcem e prejudicam a conversa pública"[189]. "Esta abordagem nos permite melhorar a saúde geral da conversa, sem a necessidade de remover o conteúdo do Twitter", disse Pickles ao Congresso. Continuou:

> Em última análise, os comentários e as perspectivas de todos estão disponíveis. Porém, aqueles que estão simplesmente procurando atrapalhar a conversa não

---

[187] DORSEY, Jack. We're committing Twitter to help increase the collective health, openness, and civility of public conversation, and to hold ourselves publicly accountable towards progress. San Francisco, California, 1 mar. 2018. Twitter: @jack. Disponível em: https://twitter.com/jack/status/969234275420655616. Acesso em: 5 ago. 2021.

[188] *Ibid.*

[189] *Op. cit.*

CAPÍTULO 5 | A FARSA DA LIBERDADE DE EXPRESSÃO NO TWITTER

serão recompensados tendo seus tuítes colocados no topo da conversa ou dos resultados de pesquisa.

Muito sobre a nova operação permaneceu oculto. O Twitter se recusou a revelar como a operação funcionava, quem seria considerado um ator de má-fé ou como tomaria essa decisão. O Twitter disse que a mudança não tinha intenção política, mas logo se tornou efetivamente política.

TWITTER APLICA *SHADOWBAN* EM USUÁRIOS CONSERVADORES

Em julho de 2018, a *Vice News*, uma revista dgital de esquerda, revelou que o Twitter estava tornando as contas de vários republicanos de alto perfil mais difíceis de encontrar. As contas suprimidas incluíam quatro membros republicanos do Congresso e Ronna Romney McDaniel, presidente do Comitê Nacional Republicano[190]. A *Vice News* relatou que "os democratas não estão levando *shadowban* da mesma maneira", observando: "Nenhum membro do Progressive Caucus de 78 pessoas" foi escondido de maneira similar nas pesquisas do Twitter.

Os executivos do Twitter admitiram não terem penalizado os congressistas republicanos por terem dito algo ofensivo, mas porque as contas "erradas" estavam engajadas em seus tuítes. Aparentemente, os republicanos censurados eram culpados de serem seguidos por pessoas consideradas "atores de má-fé", opostos a "conversas saudáveis". Esqueça a culpa por associação, essa era a culpa por notoriedade.

Após protestos públicos, o Twitter restaurou a visibilidade dos congressistas na plataforma, mas a questão subjacente permanece inalterada. O Twitter ainda enterra contas dos chamados "atores de má-fé", enquanto permanece obscuro sobre quem se encaixa nessa classificação ou sobre como exatamente seus algoritmos funcionam.

---

[190] THOMPSON, Alex. Twitter appears to have fixed "shadow ban" of prominent Republicans like the RNC chair and Trump Jr.'s spokesman. Vice News, [S. l.], p. 1-7, 25 jul. 2018. Disponível em: https://news.vice.com/en_us/article/43paqq/twitter-is-shadow-banning-prominent-republicans-like-the-rnc-chair-and-trump-jrs-spokesman. Acesso em: 5 ago. 2021.

A OFENSIVA CHARMOSA DO TWITTER

Depois que sua censura aos congressistas republicanos foi revelada, o Twitter lançou uma "ofensiva charmosa" bem divulgada para reconquistar a confiança dos conservadores. Dorsey concedeu entrevistas a um punhado deles, e a empresa anunciou planos de realizar uma série de reuniões com líderes da direita. Em uma dessas entrevistas, na *Fox News Radio*, Dorsey usou um truque para explicar a controvérsia. Ele apontou que o Twitter mudou, dois anos antes, para um algoritmo de linha do tempo classificada, sem mencionar que o algoritmo havia sido alterado para punir "atores de má-fé"[191].

Ainda assim, a ofensiva charmosa do Twitter foi bem-sucedida, porque convenceu rapidamente os jornalistas de esquerda de que a plataforma estava levando as preocupações dos conservadores a sério. "Constantemente, precisamos mostrar que não estamos adicionando nosso próprio viés, que eu admito ser mais esquerdista", disse Dorsey à *CNN*. "Acho importante articular nosso próprio viés e compartilhá-lo com as pessoas, para que elas nos entendam. Porém, precisamos remover nosso viés de como agimos, de nossas políticas e de nossa aplicação". Dorsey disse algo semelhante, em uma entrevista com a Recode alguns dias depois, observando que os conservadores na empresa se autocensuram para evitar reações de seus colegas progressistas. "Quero dizer, temos muitas pessoas com tendências conservadoras na empresa também e, para ser honesto, elas não se sentem seguras para expressar suas opiniões", disse Dorsey a Recode.

> Elas se sentem silenciadas, apenas pelo turbilhão geral do que eles percebem ser a porcentagem mais ampla de tendências dentro da empresa, e eu não acho isso justo ou correto. Devemos ter certeza de que todos se sintam seguros para se

---

[191] HASSON, Peter. In this interview with @guypbenson (who asked all the right questions), @jack accurately notes that Twitter shifted to a ranked timeline two years (left) **but** doesn't tell listeners that Twitter tweaked that algorithm in May to punish trolls (right) https://radio.foxnews.com/2018/08/01/ceo-of-twitter-jack-dorsey-on-shadow-banning-allegations-its-not-acceptable-for-us-to-create-a-culture-like-that/. [S. l.], 3 ago. 2018. Twitter: @peterjhasson. Disponível em: https://twitter.com/peterjhasson/status/1025377568676036608. Acesso em 5 ago. 2021. 2 arquivos com fotos.

expressar dentro da empresa, não importa de onde venham, e qual seja a sua formação.

O fato do CEO do Twitter ter sido aberto quanto ao viés esquerdista de sua empresa ao falar com jornalistas progressistas é bom. Entretanto, contradizia diretamente o que os porta-vozes de sua empresa diziam aos conservadores, em reuniões privadas.

CUCCINELLI DÁ UM AVISO

Em uma dessas reuniões, dois representantes do Twitter, ambos ex-funcionários republicanos, garantiram a uma sala cheia de políticos conservadores que o Twitter era uma empresa relativamente neutra. De acordo com o áudio que obtive da reunião e fontes dentro da sala, garantiram também que os conservadores do Twitter se sentiam perfeitamente à vontade para expressar suas opiniões. Os conservadores na sala estavam céticos, e alguns até saíram antes do final da reunião. Ken Cuccinelli, então presidente do Fundo dos Conservadores do Senado, fez um discurso inflamado aos representantes do Twitter, pelo viva-voz. (Nota: eu estagiei por um verão na campanha para governador de Cuccinelli, em 2013). Disse Cuccinelli, que se juntou ao governo Trump em 2019:

> Institucionalmente, o Twitter é radicalmente de esquerda e isso nunca vai mudar. Existem dois níveis de implementação [de] política neutra: um é escrever políticas neutras, e o outro é implementar políticas neutras. Você pode escrever políticas neutras, [mas] quando você tem esquerdistas radicais as implementando, então você obterá resultados de esquerda radicais.

Continuou ele, recebendo murmúrios de aprovação daqueles presentes:

> A solução para nós é – e vou deixar o pessoal do Twitter sabendo – no minuto em que houver uma alternativa conservadora, vou abandonar vocês como uma batata quente, e gostaria que você levasse isso de volta para sua empresa. [O Fundo dos Conservadores do Senado] vai encorajar todos os nossos membros a

abandonar vocês como uma batata quente, e tenho certeza de que muitos dos outros grupos na sala farão a mesma coisa.

Cuccinelli concluiu: "A noção de que não existe uma política de dois pesos e duas medidas é indefensável".

ACADÊMICOS DE ESQUERDA DO TWITTER

Na verdade, ao invés de se proteger contra o viés esquerdista na empresa, o Twitter o aumentou. Em 30 de julho de 2018, o Twitter anunciou o lançamento de uma força-tarefa de acadêmicos para combater as câmaras de ecos partidárias e a intolerância.

No contexto da crescente polarização política, disseminação de desinformação e aumento da incivilidade e intolerância, é claro que, se vamos avaliar e enfrentar com eficácia alguns dos desafios mais difíceis surgidos nas redes sociais, pesquisadores acadêmicos e empresas de tecnologia precisarão trabalhar juntos, muito mais de perto,

disse a dra. Rebekah Tromble, professora-chefe no projeto[192]. Como parte do projeto, o Twitter trabalharia com os acadêmicos, desenvolvendo algoritmos para combater o "discurso intolerante, como discurso de ódio, racismo e xenofobia", chamado pela empresa de "inerentemente ameaçador à democracia"[193].

Sabemos o que acontece quando acadêmicos de esquerda recebem o poder de policiar o discurso "intolerante", nas instituições. A hostilidade aberta à liberdade de expressão, e ao devido processo legal, emergem rapidamente. Os sentimentos são mais priorizados do que a verdade. A instituição resultante lembra a Universidade da Califórnia, em Berkeley. Estamos agora no processo de ver o que acontece quando acadêmicos de esquerda têm o poder de traçar limites de discurso nas redes sociais.

[192] GADDE, Vijaya; GASCA, David. Measuring healthy conversation. Twitter Blog, [S. l.], 30 jul. 2018. Company, p. 1-4. Disponível em: https://blog.twitter.com/official/en_us/topics/company/2018/measuring_healthy_conversation.html. Acesso em: 5 ago. 2021.
[193] *Ibid.*

CAPÍTULO 5 | A FARSA DA LIBERDADE DE EXPRESSÃO NO TWITTER

PRESSÃO INTERNA NO TWITTER POR MAIS CENSURA

Em agosto de 2018, o Twitter enfrentou uma reação de seus próprios funcionários por não se mover rápido o suficiente para banir Alex Jones, o teórico da conspiração, da plataforma, especialmente porque Jones havia sido banido recentemente do YouTube e do Facebook. "Não há nenhuma honra em resistir à 'pressão externa' apenas para aplaudirmos uns aos outros por sermos 'imparciais'", escreveu a engenheira do Twitter, Marina Zhao, em um tuíte endereçado a seu chefe, Dorsey. Ela acrescentou: "O Twitter não existe no vácuo, e é errado ignorar os graves danos do mundo real e equiparar isso aos pontos de vista políticos"[194].

"Não concordo com tudo o que o Twitter faz ou deixa de fazer. Se pudermos aplicar, de forma consistente, as políticas e os termos de serviço da plataforma, isso é bom. Porém, isso não significa que devemos estar satisfeitos com nossas políticas", escreveu outro engenheiro do Twitter, Mike Cvet, a Dorsey. "É impossível promover um diálogo saudável com atores de má-fé, que produzem, regularmente, teorias de conspiração tóxicas, perigosas, e comprovadamente falsas, cujo objetivo é enganar, radicalizar, dividir" disse Cvet. Em resposta a Cvet, Dorsey afirmou também não estar feliz com as políticas da empresa, que "precisam evoluir constantemente"[195].

O Twitter cedeu à pressão interna quase instantaneamente. O vice-presidente do Twitter, Del Harvey, enviou um *e-mail* para toda a empresa no dia seguinte, anunciando planos para acelerar mais restrições de fala e citando "uma série de conversas com a equipe sobre Alex Jones" como o motivo. "Estamos adiantando nosso cronograma para revisar a política de desumanização com a equipe, e faremos isso esta semana", garantiu Harvey aos funcionários, no *e-mail* interno.

Vamos adiantar nosso cronograma em torno de uma política regendo o comportamento fora da plataforma, com o objetivo de ter uma recomendação para um

---

[194] HASSON, Peter. Twitter plans 'hate speech' crackdown after backlash from upset employees. Daily Caller, [S. l.], p. 1-5, 8 ago. 2018. Disponível em: https://dailycaller.com/2018/08/08/twitter-jack-dorsey-hate-speech-policy/. Acesso em: 5 ago. 2021.
[195] *Ibid.*

caminho a seguir, para revisão da equipe, até meados de setembro ou antes (dependendo dos recursos).

Harvey não entrou em detalhes sobre a "política de desumanização" naquele *e-mail*. ais tarde, porém, provou ser (surpresa!) um passo gigantesco para restringir a liberdade de expressão na plataforma.

***

"Homens não são mulheres". É uma verdade evidente, em seus próprios termos. A primeira entrada para "homem", no Dicionário *Merriam Webster* é: "um ser humano individual; *especialmente*: um humano adulto do sexo masculino"[196]. Sua principal definição para "mulher" é "uma pessoa adulta do sexo feminino"[197]. "Homens não são mulheres" é uma verdade tão óbvia quanto "dois mais dois é igual a quatro". Porém, é uma verdade cada vez mais impopular na extrema esquerda, e que o *establishment* político e cultural tem mostrado pouco interesse em defender.

A redatora do Business Insider, Daniella Greenbaum, pediu demissão depois que a empresa cedeu à pressão externa, e excluiu uma de suas colunas. "Scarlett Johansson é o mais recente alvo da turba de guerreiros da justiça social. A atriz está sendo castigada por, bem... atuar", escreveu Greenbaum, na coluna ofensiva. "Ela foi escalada para um filme no qual interpretará alguém diferente dela. Por este grande crime – que parece, essencialmente, definir a carreira de sua escolha – ela está sendo castigada por ser insuficientemente sensível à comunidade trans"[198]. As turbas indignadas vieram atrás do artigo de Greenbaum, exigindo sua exclusão do Business Insider. Alguns dos colegas de Greenbaum disseram à administração que ficaram incomodados com o artigo. O Business Insider cedeu logo em seguida, e retirou o artigo[199].

---

[196] MAN. In: Merriam-Webster, Dicionário. [S. l.], 2021. Disponível em: https://www.merriam--webster.com/dictionary/man. Acesso em: 5 ago. 2021.

[197] WOMAN. In: Merriam-Webster, Dicionário. [S. l.], 2021. Disponível em: https://www.merriam-webster.com/dictionary/woman. Acesso em: 5 ago. 2021.

[198] GREENBAUM, Daniella. Here is the column that Business Insider spiked. *Washington Examiner*, [S. l.], p. 1-2, 11 jul. 2018. Disponível em: https://www.washingtonexaminer.com/weekly-standard/here-is-the-column-about-scarjo-that-business-insider-spiked-to-appease-a-social-justice--mob. Acesso em: 5 ago. 2021.

[199] SIMONSON, Joe. Business Insider takes down conservative column after employees revolt.

CAPÍTULO 5 | A FARSA DA LIBERDADE DE EXPRESSÃO NO TWITTER

Os políticos democratas estão facilitando a negação da liberdade de expressão para afirmar fatos biológicos, e tornando o reconhecimento dos mesmos punível por lei. A congressista Ilhan Omar, de Minnesota, por exemplo, quer que o governo puna organizações atléticas que não permitam homens biológicos de competirem contra mulheres. A congressista chamou de "mito" o fato de homens, que se identificam como mulheres transexuais, terem uma "vantagem competitiva direta", e pediu investigação sobre "esse comportamento discriminatório"[200]. Em maio de 2019, a Câmara dos Representantes aprovou, com apoio unânime dos democratas, a Lei da Igualdade, a qual exigia das escolas a inclusão de atletas do sexo masculino, que se identificassem como garotas trans, em times esportivos femininos[201]. Todos os candidatos democratas à presidência, com mais de um por cento de intenção de voto, endossaram o projeto radical[202].

Os livros de regras das mídias sociais, é claro, adotaram a insistência da esquerda em negar as realidades biológicas. O Twitter suspendeu a escritora feminista canadense Meghan Murphy, em novembro de 2018, por dizer que homens biológicos, que se identificam como mulheres trans, não são mulheres de verdade. Murphy descreveu sua batalha, que durou meses, com o Twitter em seu site, Feminist Current. Assim que ela fez isso, ativistas transgêneros de esquerda passaram a atacar o relato de Murphy durante meses, denunciando-a repetidamente por suposto discurso de ódio[203].

Daily Caller, [S. l.], p. 1-2, 10 jul. 2018. Disponível em: https://dailycaller.com/2018/07/10/business-insider-column-revolt/. Acesso em: 5 ago. 2021.

[200] HASSON, Peter; RODGERS, Henry. Ilhan Omar urges Keith Ellison to investigate USA powerlifting for barring biological males from women's events. Daily Caller, [S. l.], p. 1-4, 6 fev. 2019. Disponível em: https://dailycaller.com/2019/02/06/ilhan-omar-transgender-powerlifting/. Acesso em: 5 ago. 2021.

[201] HASSON, Peter. Democrats unanimous as House passes bill forcing schools to let male athletes compete in girls' sports. Daily Caller, [S. l.], p. 1-4, 17 maio 2019. Disponível em: https://dailycaller.com/2019/05/17/house-equality-act-transgender-womens-sports/. Acesso em: 5 ago. 2021.

[202] HASSON, Peter. Every Democratic 2020 frontrunner supports bill forcing male athletes into girls' sports. Daily Caller, [S. l.], p. 1-4, 18 jun. 2019. Disponível em: https://dailycaller.com/2019/06/18/2020-democrats-transgender-athletes-equality-act/. Acesso em: 5 ago. 2021.

[203] MURPHY, Meghan. Twitter wants me to shut up and the right wants me to join them; I don't think I should have to do either. Feminist Current, [S. l.], p. 1-6, 20 nov. 2018. Disponível em: https://www.feministcurrent.com/2018/11/20/twitter-wants-shut-right-wants-join-dont--think-either. Acesso em: 5 ago. 2021.

Em agosto de 2018, o Twitter denunciou Murphy por usar pronomes masculinos para se referir a um homem biológico que se identifica como mulher transgênero. Segundo o Twitter, os tuítes de Murphy violaram as "regras contra conduta odiosa" da empresa, e ordenou a exclusão dos tuítes para devolver o acesso à sua conta. Murphy obedeceu. Ao recuperar o acesso, ela repreendeu o Twitter pelo ato de censura, e pediu uma explicação: "Olá @Twitter, sou jornalista. Não tenho mais permissão para relatar fatos em sua plataforma?". O Twitter retaliou.

> Fui imediatamente bloqueada de minha conta novamente, informada que deveria excluir o tuíte em questão, e suspensa durante doze horas. Recorri da suspensão, pois para mim parecia claro que meus tuítes não eram "odiosos", mas, simplesmente, declaravam a verdade. Porém, não recebi resposta do Twitter,

escreveu Murphy. Os ativistas continuaram perseguindo o Twitter para banir Murphy por seu desafio linguístico. Três meses se passaram, durante os quais o Twitter implementou uma nova regra que providenciou o pretexto para dar aos ativistas o que queriam.

O Twitter anunciou a mudança em 25 de setembro de 2018, dizendo que tomaria medidas contra o discurso "desumanizador" no futuro. Anunciou o Twitter em uma postagem de blog.

> Nos últimos três meses, estivemos desenvolvendo uma nova política para lidar com a linguagem desumanizante no Twitter. Linguagens que tornem alguém em menos que um ser humano podem ter repercussões fora do serviço, incluindo normalizar a violência grave", anunciou o Twitter em uma postagem de blog[204]. Com essa mudança, queremos expandir nossa política de conduta odiosa para incluir conteúdo que desumanize outras pessoas com base em sua participação em um grupo identificável, mesmo quando o material não incluir um alvo direto.

O vice-presidente do Twitter, Del Harvey, explicou o raciocínio da empresa de tecnologia:

---

[204] GADDE, Vijaya. Creating new policies together. Twitter Blog, [S. l.], p. 1-3, 25 set. 2018. Disponível em: https://blog.twitter.com/official/en_us/topics/company/2018/Creating-new-policies-together.html. Acesso em: 5 ago. 2021.

CAPÍTULO 5 | A FARSA DA LIBERDADE DE EXPRESSÃO NO TWITTER

Obviamente, recebemos denúncias de pessoas sobre conteúdo que elas acreditam violar nossas regras, mas que não viola. O conteúdo desumanizante e o comportamento desumanizante, de fato, compõem uma parcela significativa dessas denúncias. Recebemos *feedback* não apenas a respeito de pesquisa disponível sobre potenciais danos no mundo real, mas também de usuários do Twitter, sobre ser algo que consideram profundamente problemático. Todas essas coisas se somam, para dizer que devemos, absolutamente, procurar ter certeza de não estarmos limitando a forma como pensamos sobre nossas políticas, apenas para aquelas que lidam com casos nos quais um indivíduo específico tenha sido citado[205].

Os comentários de Harvey atraíram pouca atenção na época, entretanto, indicaram um grande passo à frente, para a multidão pró-censura: o Twitter já havia banido o "discurso de ódio", contudo, isso não tinha sido suficiente para justificar o banimento dos tipos de tuítes e tuiteiros que os esquerdistas queriam banir. Ideólogos de esquerda queriam banir as pessoas que rejeitaram sua narrativa, embora elas estivessem cumprindo, integralmente, as regras do Twitter. Então, o Twitter mudou as regras.

O Twitter não revelou o quão dramática seria a mudança, até o mês seguinte. Em outubro de 2018 a plataforma, discretamente, postou esta atualização em suas regras:

> Proibimos atingir indivíduos com calúnias, alegorias, ou outro conteúdo repetido com o intuito de desumanizar, degradar, ou reforçar estereótipos negativos ou prejudiciais sobre uma categoria protegida. Isso inclui *misgendering* direcionado, ou *deadnaming* de indivíduos trans.

Ou seja: agora era contra as regras do Twitter descrever um homem biológico, que se identifica como uma mulher transgênero, como um homem biológico. Também é contra as regras referir-se a um indivíduo pelo nome legal, caso ele tenha adotado um nome diferente como parte de sua identidade transgênero.

---

[205] MATSAKIS, Louise. Twitter releases new policy on 'dehumanizing speech'. *Wired*, [S. l.], p. 1, 25 set. 2018. Disponível em: https://www.wired.com/story/twitter-dehumanizing-speech-policy/. Acesso em: 5 ago. 2021.

O Twitter bloqueou Murphy de sua conta, mais uma vez, em 15 de novembro, citando dois tuítes escritos por ela em outubro. "Homens não são mulheres", escreveu Murphy em um tuíte. Em outro, referindo-se a homens biológicos que se identificam como mulheres trans, ela escreveu: "Como as mulheres trans não são homens? Qual é a diferença entre um homem e uma mulher trans?". O Twitter, mais uma vez, forçou Murphy a deletar os tuítes para recuperar o acesso à sua conta. Em uma série subsequente de tuítes, a escritora feminista criticou a censura do Twitter como orwelliana, observando as enormes implicações em jogo: "Não tenho mais permissão para dizer que os homens não são mulheres, ou para fazer perguntas sobre a noção de transgenerismo? O fato de uma empresa multibilionária censurar fatos básicos e silenciar pessoas que fazem perguntas sobre este dogma, é uma loucura". A rede social a forçou a deletar esses tuítes, também.

Murphy respondeu, postando uma declaração em seu site, dizendo

embora o Twitter permita, conscientemente, pornografia explícita e ameaças de morte na plataforma (relatei inúmeras ameaças violentas, a grande maioria das quais não foi abordada), eles não me permitem declarar fatos muito básicos, como "homens não são mulheres".

Murphy chamou essa contradição flagrante de "insana". Ela adicionou:

Isso dificilmente é algo abominável de se dizer, nem deve ser considerado "odioso", fazer perguntas sobre a noção de que as pessoas podem mudar de sexo ou pedir explicações sobre a ideologia transgênero. Esses são agora, goste-se ou não, debates públicos – debates esses que estão impactando a vida das pessoas, à medida que a legislação e a política estão sendo impostas com base na ideologia de identidade de gênero (ou seja, a crença de que um homem pode se "identificar" como mulher, ou vice-versa). Ativistas trans e seus aliados podem achar desconfortáveis minhas perguntas sobre o significado de 'transgênero", ou como uma pessoa pode, literalmente, mudar de sexo, já que parecem não ser capazes de responder a elas. Posso imaginar que isso seja desconfortavelmente constrangedor, mas sentir-se desconfortável não é uma razão boa o suficiente para censurar e silenciar as pessoas.

CAPÍTULO 5 | A FARSA DA LIBERDADE DE EXPRESSÃO NO TWITTER

Murphy dificilmente é uma conservadora. Entretanto, ela reconheceu que o impulso para a censura *online* não está vindo da direita.

Existem inúmeras feministas, em todo o mundo, e membros não afiliados do público em geral, que veem a ideologia transgênero como perigosa (ou simplesmente ridícula), e são críticos do contínuo silenciamento e difamação daqueles que a desafiam. Porém, algo me parece inegável e deve considerado com cuidado pela esquerda, em termos de sua própria estratégia política: embora a esquerda pareça ter escolhido ignorar, ou se recusar a se engajar com detratores, ou com aqueles que têm opiniões das quais discordam ou das quais não gostam, a direita continua interessada e aberta ao engajamento. E eu acho isso uma coisa boa.

Pouco depois de Murphy postar o comunicado, o Twitter a baniu permanentemente da plataforma. A proibição significou uma mudança sísmica. Quando uma das plataformas mais influentes do mundo torna o falar de verdades evidentes – como o fato de que os homens não são mulheres, e as mulheres não são homens – dependente de permissão, estamos no bom caminho para a visão distópica descrita por George Orwell, em seu romance *1984*. Dois mais dois é igual a quatro, até que isso atrapalhe as vitórias progressistas, ponto em que dois mais dois podem ser três, e você é ignorante e odioso por afirmar o contrário.

O Twitter suspendeu Greg Scott, diretor de mídia da Heritage Foundation, em maio de 2019, por apontar a injustiça de um homem biológico competir como levantador de peso feminino transgênero: "Se algum esporte competitivo destaca as diferenças [entre] homens e mulheres, que TODOS SABEM SEREM REAIS, é levantamento de peso"[206]. O Twitter suspendeu Scott por violar suas políticas de "conduta odiosa".

"O que eles forçam você a fazer para poder voltar à plataforma é, essencialmente, como um culto religioso fundamentalista: forçam-no a confessar, se arrepender e prometer a Jack [Dorsey] que você será um bom "*Twittizen*" no futuro", disse Scott ao Daily Caller[207].

---

[206] STOLTZFOOS, Rachel. Twitter suspends another prominent user for stating basic truths about transgenderism. Daily Caller, [S. l.], p. 1-6, 17 maio 2019. Disponível em: https://dailycaller.com/2019/05/17/twitter-suspends-transgenderism/. Acesso em: 5 ago. 2021.
[207] *Ibid.*

O Twitter suspendeu Ray Blanchard, um especialista respeitado em questões de disforia de gênero, depois dele tuitar seis posições sobre transgenerismo, com base em sua pesquisa na área:

1. O transexualismo e as formas mais leves de disforia de gênero são tipos de transtorno mental, que podem deixar o indivíduo com funcionamento normal, ou até acima da média, em áreas não relacionadas da vida.

2. A cirurgia de mudança de sexo ainda é o melhor tratamento para pacientes adultos cuidadosamente selecionados, cuja disforia de gênero se mostrou resistente a outras formas de tratamento.

3. A cirurgia de mudança de sexo não deve ser considerada para nenhum paciente até que atinja a idade de 21 anos, e tenha vivido por pelo menos dois anos no gênero desejado.

4. A disforia de gênero não é uma orientação sexual, mas é quase sempre precedida, ou acompanhada, por uma orientação sexual atípica – em homens, seja a homossexualidade (excitação sexual por membros do próprio sexo biológico), ou autoginefilia (excitação sexual com o pensamento, ou imagem, de si mesmo como mulher).

5. Existem dois tipos principais de disforia de gênero em homens, um associado à homossexualidade, e outro associado à autoginefilia. Tradicionalmente, a grande maioria dos transexuais de mulher para homem tem sido homossexual, na escolha de objetos eróticos.

6. O sexo de um transexual pós-operatório deve ser análogo a uma ficção legal. Esta ficção jurídica se aplica a algumas coisas (por exemplo, designação do sexo na carteira de motorista), mas não a outras (entrar em uma competição esportiva como seu sexo adotado).

O Twitter alegou que a primeira declaração de Blanchard violava as regras contra "conduta odiosa" na plataforma[208]. Somente depois de uma reação negativa o Twitter voltou atrás e restaurou a conta de Blanchard.

---

[208] MUNRO, Neil. Twitter blacklists famed gender dysphoria researcher Ray Blanchard. Breitbart, [S. l.], p. 1-7, 13 maio 2019. Disponível em: https://www.breitbart.com/politics/2019/05/13/twitter-blacklists-famed-gender-dysphoria-researcher-ray-blanchard/. Acesso em: 5 ago. 2021.

CAPÍTULO 5 | A FARSA DA LIBERDADE DE EXPRESSÃO NO TWITTER

As implicações dessa nova realidade vão muito além de feministas preocupadas com homens em vestidos invadindo seus espaços. O Papa Francisco, por exemplo, rejeitou consistentemente a ideia de que as pessoas podem escolher se são homens ou mulheres.

> Hoje, as crianças aprendem isso na escola: que cada um pode escolher o seu sexo. E por que eles ensinam isso? Porque os livros vêm dessas pessoas e instituições que dão dinheiro. Estamos vivendo em uma época em que a humanidade, como imagem de Deus, está sendo aniquilada,

disse o Santo Padre em agosto de 2016[209]. "Deus criou o homem e a mulher; Deus criou o mundo assim, e nós estamos fazendo exatamente o contrário[210]", acrescentou. Em outras palavras, disse o papa, os homens não são mulheres. Ninguém conte ao Twitter.

***

O viés esquerdista do Twitter explica por que a plataforma é rápida em censurar contas de centro-direita e lenta em punir esquerdistas.

O Twitter suspendeu Nicholas Fondacaro, redator do conservador Media Research Center, por exemplo, depois dele zombar da rotina anual de Don Lemon na véspera de Ano Novo, de ficar bêbado em rede nacional. Fondacaro deu crédito à pressão de veículos conservadores da mídia, como o Daily Caller, pelo fato de o Twitter ter restabelecido sua conta[211].

O Twitter também suspendeu permanentemente uma conta paródia zombando do candidato presidencial democrata Beto O'Rourke, em janeiro de 2019. A conta, chamada "Beto's Blog", é administrada por um usuário anônimo, que tuíta versões paródicas de postagens do blog em estilo diário de O'Rourke. O Twitter afirmou ter suspendido a conta permanentemente por violar

---

[209] POPE Francis: It's 'terrible' children taught they can choose gender. *Catholic Herald*, [S. l.], p. 1-3, 3 ago. 2016. Disponível em: https://catholicherald.co.uk/pope-francis-its-terrible-children-taught-they-can-choose-gender/. Acesso em: 5 ago. 2021.

[210] *Ibid.*

[211] ATHEY, Amber. Two Conservatives suspended from Twitter - one for tweeting about brussels sprouts. Daily Caller, [S. l.], p. 1-5, 3 jan. 2019. Disponível em: https://dailycaller.com/2019/01/03/newsbusters-daily-wire-conservative-suspended-twitter-brussels-sprouts/. Acesso em: 5 ago. 2021.

suas regras contra "falsificação de identidade"[212]. Essa desculpa é ridícula. O Twitter está repleto de contas de sátira e paródia, voltadas para todos, em todo o espectro – é uma das coisas que tornam a plataforma agradável. Entretanto, o Twitter concordou com quem denunciou o "Beto's *Blog*": as risadas precisavam sair. Mais uma vez, o Twitter só mudou de curso após a exposição dos padrões duplos da empresa, por parte da mídia conservadora[213].

Em outro incidente, o Twitter suspendeu um usuário por criticar a organização terrorista palestina Hamas, e só reverteu sua decisão depois de ser questionado pela Daily Caller News Foundation, meu empregador[214].

Entretanto, protestos conservadores nem sempre são suficientes para fazer o Twitter reverter suas decisões. O Twitter proibiu o Center for Immigration Studies de promover qualquer tuíte, contendo as palavras "aliens ilegais"[215]. O Twitter também proibiu anúncios de um livro cristão, o qual definia o casamento como sendo entre um homem e uma mulher. Em nenhum dos casos o Twitter reverteu suas decisões.

KATHLEEN MCKINLEY

Kathleen McKinley é uma blogueira e comentarista conservadora de Houston, Texas. O Twitter a suspendeu em julho de 2018, devido a dois tuítes mais antigos que supostamente violavam suas regras contra "conduta odiosa". Um era um tuíte do mês anterior, oposto à liberação médica de transexuais para o serviço militar – posição política compartilhada por muitos republicanos e por muitos membros do exército. O outro tuíte, de setembro de 2017, vinculou "crenças muçulmanas extremas", à prática de assassinatos por honra. Ironica-

---

[212] ATHEY, Amber. Twitter restores popular Beto O'Rourke parody account. Daily Caller, [S. l.], p. 1-4, 23 jan. 2019. Disponível em: https://dailycaller.com/2019/01/23/twitter-beto-orourke-parody-suspended/. Acesso em: 5 ago. 2021.

[213] *Ibid.*

[214] LIEBERMAN, Eric. Twitter: 'our mistake' for restricting user who criticized Hamas. Daily Caller, [S. l.], p. 1-6, 28 maio 2018. Disponível em: https://dailycaller.com/2018/05/28/twitter-restricts-user-who-criticized-hamas. Acesso em: 5 ago. 2021.

[215] CHANDAK, Neetu. Twitter bans Center for Immigration Studies from promoting tweets about illegal aliens. Daily Caller, [S. l.], p. 1-4, 12 set. 2018. Disponível em: https://dailycaller.com/2018/09/12/twitter-center-immigration-studies-illegal-aliens/. Acesso em: 5 ago. 2021.

mente, talvez, o Twitter suspendeu McKinley um dia depois de um imigrante muçulmano ter sido condenado, na cidade natal de McKinley, pelo assassinato de duas pessoas em um crime de honra. McKinley voltou ao Twitter quando sua suspensão terminou. A empresa, porém, ainda não ofereceu uma explicação ou um pedido de desculpas pela suspensão.

JESSE KELLY

Em novembro de 2018 o Twitter baniu o comentarista conservador e apresentador de rádio Jesse Kelly. Ao contrário dos primeiros usuários proeminentes que o Twitter colocou em sua mira, Kelly é um veterano de combate da Marinha e ex-candidato republicano ao Congresso. O Twitter nunca disse a ele o motivo pelo qual havia sido suspenso – uma clara violação de seus próprios termos de serviço. Eu conheço Jesse. A ideia de ele ser muito radical para participar de conversas públicas é risível, como progressistas e conservadores rapidamente apontaram. Andy Lassner, produtor executivo de Ellen Degeneres, criticou o Twitter. "Eu sou tão progressista quanto se pode ser. Jesse é um cara inofensivo, engraçado como o diabo, sem falar que é meu amigo", Lassner tuitou. "Se o Twitter realmente o baniu, isso é simplesmente estúpido"[216]. Ben Sasse, senador republicano de Nebraska, referindo-se especificamente ao caso Jesse Kelly, concordou: "A tendência de remover da plataforma e suprimir o discurso é um mau precedente para nossa sociedade de liberdade de expressão"[217]. Com o aumento das críticas, e senadores republicanos insinuando até audiências no Congresso sobre as políticas do Twitter, a plataforma restabeleceu a conta de Jesse, porém, ainda se recusou a explicar por que o havia banido em primeiro lugar.

---

[216] LASSNER, Andy. Oh for God's sake. I'm as liberal as they come. Jesse is a harmless guy who happens to be funny as hell, not to mention my friend. He did everything with a wink on here. If Twitter really banned him, that's just stupid. [S. l.], 25 nov. 2018. Twitter: @andylassner. Disponível em: https://web.archive.org/web/20181126004716/https://twitter.com/andylassner/status/1066852756533604352. Acesso em 5 ago. 2021.

[217] SASSE, Ben. Jesse Kelly can't stand me. And I think his tribal war scalping stuff is stupid and wrong. But that doesn't matter much compared to the bigger picture here: The trend of de-platforming and shutting down speech is a bad precedent for our free speech society. [S. l.], 26 nov. 2018. Disponível em: https://twitter.com/BenSasse/status/1067159950949056513. Acesso em: 5 ago. 2018.

Em um editorial de opinião, Jesse enquadrou a decisão do Twitter de bani-lo como parte de uma tendência social mais ampla, e alertou: "o espírito americano de liberdade de expressão foi substituído por pessoas que desejam a censura de discurso desconfortável. Em nenhum lugar isso é mais aparente do que no mundo da mídia social". Kelly observou a enorme influência que as *Big Tech's* acumularam em nossas vidas e políticas:

> Como disse antes, a mídia social não é algo pequeno. Não são mais três *nerds*, com protetores de bolso, amontoados em seus dormitórios, sonhando com o dia em que uma mulher reconhecerá sua existência. As mídias sociais ultrapassaram o telefone. É o meio para a criação de redes de contatos e comunicação com outras pessoas: 2,5 bilhões de pessoas usam o Facebook e o Twitter. Isso não é algo marginal, que está indo embora. Agora se tornou a maneira como os humanos interagem uns com os outros. É totalmente administrado por esquerdistas do Vale do Silício, conhecedores do poder que detêm. E eles estão usando esse poder[218].

"APRENDAM A PROGRAMAR"

Quaisquer dúvidas sobre a influência dos jornalistas de esquerda sobre o Twitter foram eliminadas pelo fiasco do "aprendam a programar". Quando mineiros de carvão perdem seus empregos, os jornalistas costumam escrever sobre a destruição criativa e a evolução da economia moderna. *Eles apenas precisarão aprender a programar* é uma atitude comum. Porém, quando jornalistas perdem seus empregos, escrevem sobre a ameaça da imprensa livre e a necessidade de legislação protetora. Depois que *Vice*, *HuffPost* e *BuzzFeed News* demitiram dezenas de jornalistas, em janeiro de 2019, alguns *trolls* da *Internet* zombaram deles, com a frase "Aprendam a programar". Em resposta, jornalistas pressionaram o Twitter para penalizar as pessoas que enviaram a frase para eles. O Twitter obedeceu, essencialmente declarando que a piada estava fora dos limites da plataforma. Depois dos críticos apontarem o absurdo de o Twitter suspender

---

[218] KELLY, Jesse. Twitter banned me for literally no reason, but in the end they'll lose. The Federalist, [S. l.], p. 1-3, 26 nov. 2018. Disponível em: https://thefederalist.com/2018/11/26/twitter-banned-literally-no-reason-end-theyll-lose/. Acesso em: 5 ago. 2021.

CAPÍTULO 5 | A FARSA DA LIBERDADE DE EXPRESSÃO NO TWITTER

pessoas por tuitarem "aprendam a programar", a empresa afirmou estar penalizando apenas os usuários que haviam participado de uma "campanha de assédio direcionado contra indivíduos específicos – política que, há muito tempo, é contrária às Regras do Twitter"[219]. Isso claramente não era verdade. O Twitter suspendeu o editor-chefe do Daily Caller, Geoffrey Ingersoll, por tuitar "Aprenda a programar" no Daily Show, um programa do Comedy Central, que não era alvo de nenhuma campanha organizada[220].

DANA LOESCH

Regularmente, usuários de esquerda do Twitter lançam ataques vis e nojentos contra a antiga porta-voz da *National Rifle Association*, Dana Loesch, sem serem denunciados por violações de regras. "Sua puta irresponsável". "Puta estúpida". "Você, senhora, é uma porra de uma vadia estúpida. Apodreça no inferno". "De quem você chupou o pau, Dana?". "Típica vadia racista armada". Todos esses são tuites reais, dirigidos a Loesch - e são apenas uma pequena amostra do abuso experimentado regularmente por ela no Twitter, todos os dias. Contudo, o Twitter não se importa.

Dana e seu marido, Chris Loesch, reportaram certa vez um usuário progressista do Twitter que havia dito que, se os filhos do casal "precisassem ser assassinados" para Dana mudar de ideia sobre o controle de armas, então "acho que isso que deveria acontecer". O Twitter revisou seu relatório e retornou um veredito: o tuíte estava bom. "Revisamos seu relatório cuidadosamente e descobrimos não ter havido violação das Regras do Twitter contra comportamento abusivo", escreveu a empresa, em um *e-mail* para Chris[221]. Somente depois dos Loesch terem ido a público com a resposta do Twitter, e da mídia conservadora ter colocado o Twitter no ar (notou uma tendência?), que a empresa anunciou

---

[219] ATHEY, Amber. Daily Caller editor in chief locked out of account for tweeting 'Learn to code'. Daily Caller, [S.l.], p. 1-3, 6 fev. 2019. Disponível em: https://dailycaller.com/2019/02/06/daily-caller-twitter-locked-learn-to-code/. Acesso em: 2 ago. 2021.

[220] *Ibid*.

[221] HASSON, Peter. Twitter: saying Dana Loesch's kids need to be murdered does not violate rules. Daily Caller, [S. l.], p. 1-4, 27 ago. 2018. Disponível em: https://dailycaller.com/2018/08/27/dana-loesch-twitter-death-threats/. Acesso em: 5 ago. 2021.

ter "re-revisado" o relatório de Chris. "Nós re-revisamos a conta que você denunciou e a bloqueamos, pois descobrimos que violava as Regras do Twitter", escreveu a empresa em um *e-mail* para Chris. O Twitter também observou que o usuário teria permissão para entrar novamente na plataforma após a exclusão de seu tuíte sobre o assassinato dos filhos de Dana[222]. (A mesma condição imposta aos tuítes de Meghan Murphy sobre sexo biológico).

O incidente ocorreu em outubro de 2018, um ano inteiro após o Twitter fazer um programa público sobre como proteger seus usuários. Contudo, o Twitter não se preocupa realmente em proteger todos os seus usuários. As regras não existem para serem aplicadas de forma neutra, mas para dar ao Twitter uma base para ceder, sempre que a esquerda desejar a exclusão, ou bloqueio, de um tuíte. No final de 2016, Dana recebeu no Twitter ameaças de morte sérias, detalhadas o suficiente para fazer o casal entrar em contato com a polícia. A polícia iniciou uma investigação, mas o Twitter atrapalhou. Obtive documentos mostrando que os policiais relataram ter "preenchido e enviado intimações ao Twitter, mas a empresa recusou-se a reconhecê-las e a divulgar qualquer informação, apesar de nosso júri [do condado] ter emitido a ordem".

O Twitter não leva as ameaças contra conservadores a sério, especialmente no caso de mulheres conservadoras. Basta perguntar a Meghan McCain.

MEGHAN MCCAIN

Meghan McCain, apresentadora do *The View* e filha do falecido senador e herói do Vietnã John McCain, tem sido alvo regular de ódio e bile no Twitter. Porém, o Twitter, que reprimiu agressivamente os conservadores que tuitaram "aprendam a programar", foi curiosamente lento em responder ao ódio dirigido a McCain. Nos dias após o funeral de John McCain, por exemplo, um usuário do Twitter postou uma foto adulterada, mostrando uma arma apontada para Meghan enquanto ela se aproximava do caixão de seu pai. "*América, esta é para*

---

[222] HASSON, Peter. Twitter reverses ruling after backlash, concedes it's against the rules to wish death upon Dana Loesch's children. Daily Caller, [S. l.], p. 1-4, 27 ago. 2018. Disponível em: https://dailycaller.com/2018/08/27/dana-loesch-twitter-death-threats-reversed/. Acesso em: 5 ago. 2021.

CAPÍTULO 5 | A FARSA DA LIBERDADE DE EXPRESSÃO NO TWITTER

você", dizia a legenda da foto. O tuíte permaneceu na plataforma durante mais de doze horas, apesar de dezenas de conservadores terem reportado ao Twitter e pedido ao site para retirá-lo do ar. Somente depois que o marido de Meghan, Ben Domenech, tuitou diretamente para Dorsey, foi que o Twitter removeu o tuíte. "Ei @jack, isso já dura meio-dia. Foi reportado mais de 100 vezes. Sem resposta. Diga-me por que isso é legal para você", escreveu Domenech[223]. Mais uma vez, o Twitter só entrou em ação porque um esforço concentrado de conservadores criticando a empresa – e Dorsey pessoalmente– tornaram a exclusão da postagem ofensiva a melhor opção de relações públicas.

Dorsey foi questionado sobre a hesitação do Twitter em remover as ameaças de morte contra McCain quando testemunhou perante o Congresso, em 5 de setembro de 2018. "Isso era inaceitável", respondeu Dorsey. Quando o comitê perguntou se ele havia se desculpado com a família McCain, Dorsey disse: "Pessoalmente não pedi, mas irei"[224]. Dias se passaram, sem um pedido de desculpas, depois semanas, depois meses. Ainda assim, nenhum pedido de desculpas chegou. Talvez Dorsey tenha esquecido a promessa feita por ele *sob juramento*? Talvez, mas improvável. Domenech publicou um artigo mordaz, em novembro de 2018, criticando Dorsey por sua promessa quebrada. "Jack Dorsey nunca entrou em contato comigo, ou com minha esposa, para se desculpar", escreveu Domenech em um artigo intitulado "O CEO do Twitter, Jack Dorsey, Mentiu Sob Juramento ao Congresso. Isso Não Deveria Importar?"[225]. Você pode supor que, após o lembrete público de Domenech sobre a promessa quebrada, Dorsey teria entrado em ação, contudo, não foi o caso. Mais dias se passaram sem um pedido de desculpas, depois semanas, e depois meses. Segundo Domenech, Dorsey finalmente ligou, no final de janeiro de 2019 – quase

---

[223] MEGHAN McCain's husband slams Twitter for waiting hours to remove tweet threatening wife. CBS News, [S. l.], p. 1-3, 1 set. 2018. Disponível em: https://www.cbsnews.com/news/ben-domenech-meghan-mccain-slams-twitter-for-waiting-hours-to-remove-threatening-tweet/. Acesso em: 5 ago. 2021.

[224] GROPPE, Maureen. Twitter apologizes to Meghan McCain for not acting faster to remove a doctored photo showing gun pointed at her. *USA Today*, [S. l.], p. 1-2, 5 set. 2018. Disponível em: https://www.usatoday.com/story/news/politics/2018/09/05/twitter-apologizes-meghan-mccain-not-removing-photo-faster/1205340002/. Acesso em: 5 ago. 2021.

[225] DOMENECH, Ben. Twitter CEO Jack Dorsey lied under oath to Congress. Shouldn't that matter?. The Federalist, [S. l.], p. 1-4, 26 nov. 2018. Disponível em: https://thefederalist.com/2018/11/26/jack-dorsey-lied-under-oath-to-congress-shouldnt-that-matter/. Acesso em: 5 ago. 2021.

cinco meses depois de prometer ao Congresso que iria. O incidente foi um microcosmo de todo o manual de Dorsey, quando confrontado com o viés de esquerda de sua empresa: fale do problema da boca para fora e, em seguida, faça o mínimo possível para realmente resolvê-lo.

OS JORNALISTAS DO TWITTER

O Twitter há muito se autodenomina uma plataforma passiva. Entretanto, em junho de 2018 o Twitter anunciou que enfatizaria as notícias de última hora, com *feeds* de notícias personalizados para cada usuário[226]. O vice-presidente de produto do Twitter, Keith Coleman, explicou à *Bloomberg News* que Dorsey

> costuma dizer que queremos o Twitter como um passarinho em seus ombros, dizendo o que precisa saber, quando precisar saber. Quando algo importante acontece no *Twitter*, queremos que ele dê um tapinha no seu ombro, e diga "ei, isso está acontecendo, e queremos que você dê uma olhada".

A mídia social já é personalizada pelo consumidor: as pessoas escolhem o que ler. O Twitter busca "personalizá-lo" do lado do produtor, dizendo a você o que deve ler. Isso, no entanto, é exercer o julgamento das notícias, o que é trabalho de jornalistas. As próprias postagens da empresa deixam claro que o Twitter, agora, está no ramo do jornalismo, quer reconheça isso ou não.

"Procuramos um repórter experiente, inovador e detalhista, especialista em mídia social e apaixonado por jornalismo, para preencher a equipe", dizia um anúncio de emprego de dezembro de 2018[227]. A abertura era para uma posição na "equipe de notícias de última hora" do Twitter. O anúncio de emprego explicava que "o Twitter é onde as notícias são mais frequentemente re-

---

[226] WANG, Selina. Twitter delves deeper into news curation. *The Mercury News*, [S. l.], p. 1-3, 13 jun. 2018. Disponível em: https://www.mercurynews.com/2018/06/13/twitter-delves-deeper-into-news-curation/. Acesso em: 5 ago. 2021.

[227] JOB Posting. Twitter, [S. l.], 20 jan. 2019. Careers, p. 1-3. Disponível em: https://careers.twitter.com/content/careers-twitter/en/jobs-search.html?q=journalist&team=&location=. Acesso em: 9 ago. 2021.

CAPÍTULO 5 | A FARSA DA LIBERDADE DE EXPRESSÃO NO TWITTER

latadas pela primeira vez, e um único tuíte, frequentemente, direciona as agendas de notícias das maiores empresas de mídia do mundo. A equipe de notícias de última hora fará parte de uma iniciativa experimental, para detectar, verificar e explicar as maiores histórias que aparecem no Twitter em tempo real". "Como um membro da equipe de Curadoria," informou aos candidatos, "você ficará baseado em San Francisco e se reportará ao vice-líder das notícias de última hora. Nesta função, você será responsável por monitorar e verificar os alertas de notícias, resumindo-os e atualizando-os, de forma rápida e precisa, e fornecendo tuítes explicando e contextualizando, com precisão, o que está acontecendo em tempo real". Jornalismo. Isso se chama jornalismo.

O processo descrito naquele anúncio de emprego é, essencialmente, o mesmo das equipes de notícias de última hora da *CNN* e da *Fox News*. A diferença é que a *CNN* e a *Fox News* se reconhecem como empresas de mídia. O Twitter não, mas está se movendo para essa função a fim de manter os usuários na plataforma por mais tempo. Como um bônus, controlará ainda mais o que os usuários veem na plataforma.

O Twitter está se tornando apenas mais uma empresa de notícias progressistas - e os primeiros resultados têm sido atrozes. Em janeiro de 2019 o Twitter ajudou a amplificar uma difamação cruel contra um grupo de alunos da Covington Catholic High School, em Lexington, Kentucky. Os meninos, alguns dos quais usavam bonés do Make América Great Again [Torne a América Grande Novamente], estavam em Washington, D.C. para a Marcha pela Vida de 2019. Da forma como a história foi contada, o grupo de meninos cercou um homem idoso nativo americano, Nathan Phillips, e o assediou racialmente, enquanto ele tentava se afastar da Marcha do Povo Indígena no mesmo dia. Um clipe, editado seletivamente, mostrou Phillips batendo seu tambor em frente a uma multidão barulhenta de meninos, e foi alegado que os meninos haviam assediado racialmente o idoso. Com os olhos marejados, Phillips fez um monólogo sobre o triste incidente, e seu significado para a América. Jornalistas bajulavam. Havia apenas um problema: nada disso era verdade. Se algum jornalista tivesse assistido ao vídeo completo, antes de enviar turbas de mídia social para atacar estudantes do ensino médio, perceberia que Phillips estava mentindo.

Longe de se envolver em assédio racialmente motivado, o grupo de adolescentes do sexo masculino, em sua maioria brancos, usando bonés do Make América

Great Again, permaneceu relativamente calmo e contido, apesar de sujeitado a incessantes abusos verbais racistas, homofóbicos e preconceituosos, por membros da bizarra seita religiosa Black Hebrew Israelites, que estavam espreitando nas proximidades. O BHI existe desde o final do século XIX, e é melhor descrito como um movimento de culto nacionalista negro. Seus membros acreditam que são descendentes dos antigos israelitas, e muitas vezes expressam condenação aos brancos, cristãos e gays. Os hebreus negros da área de D.C. são conhecidos por proferirem um preconceito particularmente vil,

escreveu Robby Soave, da revista *Reason*, em um desmascaramento completo do trabalho difamatório da mídia.

Phillips se colocou entre os adolescentes e os nacionalistas negros, cantando e batucando, enquanto marchava direto para o meio do grupo de jovens. Seguiram-se vários minutos de confusão: os adolescentes não conseguiam decidir se Phillips estava do lado deles ou não, mas, timidamente, juntaram-se ao seu canto. Não está nada claro que isso pretendia ser um ato de zombaria, e não de solidariedade.

Soave chamou isso de "um julgamento apressado, tão equivocado quanto a [notoriamente falsa] história da *Rolling Stone*" sobre um suposto estupro coletivo na Universidade da Virgínia. (Ele também foi um dos poucos jornalistas a questionar essa fraude notória).

O Twitter promoveu a narrativa enganosa, sobre os alunos da Covington High School, para seus milhões de usuários, em seu recurso com curadoria, o "Momentos", declarando:

Uma diocese de Kentucky está investigando, depois que um vídeo mostrou alunos da Covington Catholic High School insultando Nathan Phillips, ancião de Omaha e veterano do Vietnã, em um comício em Washington. Muitos dos alunos usavam chapéus "Make America Great Again[228]".

---

[228] STUDENT says he was trying to defuse situation after staredown with Native American. Twitter, [S. l.], 21 jan. 2019. Events, p. 1. Disponível em: https://twitter.com/i/events/1086718692270972929. Acesso em: 5 ago. 2021.

CAPÍTULO 5 | A FARSA DA LIBERDADE DE EXPRESSÃO NO TWITTER

A história ganhou força no Twitter, que adicionou um tuíte do *New York Times*, dizendo:

Vídeo mostrando um grupo de garotos do ensino médio, muitos vestindo roupas "Make America Great Again", cercando e ridicularizando um ancião nativo americano, na Marcha do Povo Indígena em Washington, está atraindo uma condenação generalizada.

O Twitter também incluiu um tuíte da comentarista da *CNN*, Ana Navarro, dizendo:

Ancião nativo americano insultado por adolescentes racistas, usando bonés *Make America Great Again*, fala e chora pela América, país que defendeu e pelo qual se sacrificou, e cujo uniforme vestiu. Pessoas como Nathan Phillips tornam a América grande.

O Twitter não apenas direcionou o ódio contra os alunos do ensino médio, que nunca pediram para serem famosos, mas também ficou parado enquanto Kathy Griffin e outros progressistas proeminentes instavam seus seguidores a identificar publicamente os meninos no vídeo, para que pudessem ser mais profundamente envergonhados. Os esquerdistas logo postaram *online* os nomes, endereços, *e-mails* e números de telefone dos alunos de Covington e de suas famílias. O correio de voz e as caixas de entrada de seus alunos e famílias foram inundados com ódio e ameaças de violência. Eu denunciei Griffin ao Twitter – ela estava claramente violando os termos de serviço do Twitter, e a empresa não fez nada.

O *establishment* de mídia progressista, que as *Big Tech's* querem elevar como fontes "confiáveis", foi culpado pela difamação desses alunos do ensino médio. Quem expôs a verdade foram o tipo de repórteres, ou "jornalistas cidadãos", que as *Big Tech's* querem marginalizar. Para as tais empresas de mídias sociais tais empresas de mídias sociais, a questão não é sobre liberdade de expressão, ou reportagem investigativa verdadeira, ou sobre dizer a verdade – é sobre avançar uma agenda.

O QUE VIRA *TREND*, O QUE NÃO VIRA, POR QUÊ?

A seção de *trending topics* do Twitter tem uma enorme influência sobre seus usuários. Ela direciona a atenção de dezenas de milhões de pessoas para um punhado de tópicos. Quando os usuários do Twitter clicam em um tópico de tendência eles verão tuítes sobre o assunto, de pessoas que seguem, misturados com os principais resultados. Tuitar sobre tópicos de tendências torna os tuites de um usuário mais prováveis de serem vistos, e também significa que quem decide as tendências tem um poder enorme sobre a discussão nacional. Nos primeiros dias do Twitter, as tendências eram determinadas pela rapidez e frequência com que uma *hashtag* era tuitada.

O Twitter acabou expandindo sua seção de tendências para incluir *hashtags* e tópicos, o que transformou o Twitter, parcialmente, em um agregador de notícias: as seções *Moments Trending Topics* são onde os usuários acompanham as conversas nacionais. Então, quem decide o que é tendência, e o que não é? Os jornalistas progressistas do Twitter – aqueles que escrevem artigos de notícias, sem assinatura. Isso lhes dá um enorme poder sobre a discussão nacional.

Quando o falso escândalo de Covington explodiu, o Twitter atiçou as chamas. Entretanto, quando os democratas chamaram a atenção por apoiar abortos tardios e até mesmo o infanticídio, não era um *trending topic* do Twitter. Isso não é uma coincidência. O Twitter não apenas segue ou reflete conversas nacionais, mas tenta direcioná-los.

O equilíbrio político de poder no Twitter mudou substancialmente, desde a eleição de Trump. Muitos dos maiores fãs de direita do presidente no Twitter, deixaram a plataforma. E, dado que o Twitter se tornou apenas mais um braço do *establishment* de mídia esquerdista, sua volta parece improvável. O Twitter não é mais uma plataforma de conversas gratuitas. Ao invés disso, tornou-se parte da grande câmara de ecos da mídia progressista.

CAPÍTULO 6

Capítulo 6

Expurgando os pró-vida

O renomado professor de Princeton, Robert P. George, é conhecido por conduzir seus alunos de graduação através de um experimento mental ao discutir a história da injustiça racial na América, a fim de demonstrar a coragem moral dos abolicionistas. Se vocês fossem brancos e vivessem no antigo sul escravista, pergunta George a seus alunos, quantos de vocês seriam abolicionistas? Invariavelmente, todas as mãos da classe se levantaram. Entretanto, o resultado desequilibrado da votação, afirma George, é o produto de um viés retrospectivo e de ilusões. "Claro, é um absurdo completo. Apenas a menor fração deles, ou de qualquer um de nós, teria falado contra a escravidão, ou levantado um dedo para libertar os escravos. A maioria deles – e de nós – teria, simplesmente, concordado. Muitos teriam apoiado o sistema escravista e, se fosse de seu interesse, participariam como compradores e proprietários, ou vendedores de escravos", explicou George certa vez, quando questionado sobre o exercício[229]. Continuou:

Então, respondo às garantias dos alunos de que teriam sido oponentes ativos da escravidão, ao dizer que vou dar crédito às suas reivindicações se puderem me mostrar evidências do seguinte: que, ao levar suas vidas hoje, tenham abraçado causas impopulares entre seus pares, e se levantado pelos direitos das

---

[229] GEORGE, Robert. Undergraduates Say the darndest things. When discussing the history of racial injustice, I frequently ask them what their position on slavery would have been. [S. l.], 28 abr. 2016. Facebook: Robert George. Disponível em: https://www.facebook.com/robert.p.george.39/posts/10208487901087703.

vítimas de injustiça, cuja própria humanidade é negada e onde o fizeram sabendo *(1)* que isso *os* tornaria impopulares com seus colegas; *(2)* que seriam odiados e ridicularizados por indivíduos e instituições ricos, poderosos e influentes em nossa sociedade; *(3)* que lhes custaria amizades e faria com que fossem abandonados e até denunciados, por muitos de seus amigos; *(4)* que seriam chamados por nomes desagradáveis, e (5) que, possivelmente, teriam negadas valiosas oportunidades educacionais e profissionais como resultado de seu testemunho moral. Em suma, meu desafio para eles é mostrar-me onde eles se levantaram por uma causa, correndo um risco significativo para si próprios e para seus futuros, por um princípio impopular em setores de elite de nossa cultura, hoje.

A coragem moral necessária para ser um abolicionista no Sul, antes da Guerra Civil, é a coragem moral necessária para ser um ativista pró-vida na América, hoje. Se você repassar os cinco pontos de George verá, facilmente, como eles se aplicam aos pró-vida. Na mídia dominante, instituições corporativas e acadêmicas da América, defender o direito de um filho não nascido à vida marca você como um "traidor de gênero", se você for mulher, e como um "misógino", se você for homem. Em muitos casos, você pode esperar pagar um preço, no mínimo em difamação pessoal, e isso é especialmente verdadeiro no mundo das *Big tech's*. Tais empresas de mídias sociais são inabaláveis em seu apoio à Planned Parenthood e a outros grupos de defesa do aborto.

OS RADICAIS

Ativistas do aborto, jornalistas progressistas e *Big Tech's* enquadram o debate sobre o aborto de maneiras altamente enganosas. A cobertura da mídia tradicional retrata, consistentemente, o movimento pró-vida como sendo dominado por extremistas perigosos, enquanto promove organizações radicais de extrema esquerda como a Planned Parenthood e a NARAL Pro-Choice America como meros prestadores de cuidados de saúde.

Na verdade, a Planned Parenthood e seus aliados apoiadores do aborto sob demanda, estão muito fora da corrente política dominante, e os números provam isso. Uma pesquisa Gallup, de junho de 2018, descobriu que 60% dos adultos americanos "acham que o aborto deve ser legal nos três primeiros meses de gravidez. Entretanto, o apoio cai pela metade, para 28%, para abortos reali-

CAPÍTULO 6 | EXPURGANDO OS PRÓ-VIDA

zados nos segundos três meses, e pela metade novamente, para 13%, nos três meses finais"[230]. Essas descobertas foram consistentes com os últimos vinte anos de pesquisas da Gallup sobre o assunto, observou um editor sênior da Gallup. Pesquisas de outros veículos de renome, como o Marist, também mostram que uma grande maioria dos americanos apoia restrições significativas ao aborto[231]. Legalidade à parte, a maioria dos americanos, de forma consistente, durante vinte anos de pesquisas Gallup, considera o aborto moralmente errado[232].

Ainda assim, em janeiro de 2019, quando a legislatura de Nova York aprovou um projeto de lei permitindo o aborto até o nascimento, a Planned Parenthood tuitou um vídeo de ativistas pró-aborto explodindo em aplausos, comemorando algo considerado moralmente errado pela maioria dos americanos e apoiado por apenas 13% dos americanos adultos. A Planned Parenthood vai além do extremismo, até o macabro, com suas campanhas de RP como #ShoutYourAbortion [#GriteSeuAborto], encorajando mulheres a se orgulharem de abortarem.

Discutir as realidades dos abortos no terceiro trimestre – às dez semanas, você pode ouvir o batimento cardíaco do bebê por nascer, em um ultrassom[233]; às vinte e duas semanas, um bebê provavelmente sobreviverá ao parto prematuro[234] — e ter conversas sobre a moralidade de abortos tardios, são o pesadelo do *lobby* do aborto, então, quando possível, eles tentam silenciar pontos de vista opostos. Dentro do Partido Democrata, o apoio ao aborto ilimitado sob demanda tornou-se um teste decisivo, ao qual nenhum político progressista pode se dar ao luxo de fracassar.

---

[230] SAAD, Lydia. Trimesters still key to U.S. abortion views. Gallup News, [S. l.], p. 1-7, 13 jun. 2018. Disponível em: https://news.gallup.com/poll/235469/trimesters-key-abortion-views.aspx. Acesso em: 5 ago. 2021.
[231] AMERICANS' Opinions on Abortion. Knights of Columbus and the Marist College Institute for Public Opinion, [S. l.], jan. 2018. Disponível em: http://kofc.org/un/en/resources/communications/abortion-limits-favored.pdf. Acesso em: 5 ago. 2021.
[232] ABORTION. Gallup News, [S. l.], 1 maio 2019. In Depth: Topics A to Z, p. 1-29. Disponível em: https://news.gallup.com/poll/1576/abortion.aspx. Acesso em: 5 ago. 2021.
[233] PREGNANCY week by week. Mayo Clinic, [S. l.], p. 1-3, 20 jun. 2020. Disponível em: https://www.mayoclinic.org/healthy-lifestyle/pregnancy-week-by-week/in-depth/prenatal-care/art-20045302. Acesso em: 5 ago. 2021.
[234] FETAL Growth and Development. Departamento de Saúde da Dakota do Sul. [S. l.], p. 1-31, 1995. Disponível em: https://web.archive.org/web/20210613151136/https://doh.sd.gov/abortion/assets/fetal.pdf. Acesso em 5 ago. 2021.

Em 2017 e 2018, o braço político da Planned Parenthood deu US$ 6,9 milhões aos comitês eleitorais[235], gastou mais US$ 2,5 milhões em *lobby*, e emitiu cheques de US$ 3,8 milhões adicionais para apoiar candidatos democratas, US$ 4,1 milhões para se opor a candidatos republicanos, e quase US$ 200.000 para minar candidatos democratas, concorrendo às primárias, que não eram suficientemente pró-aborto[236].

Por meio de sua influência financeira, o *lobby* do aborto levou o Partido Democrata ao extremismo. De 1996 a 2004, a plataforma do Partido Democrata repetiu variações da ideia de que o aborto "deve ser seguro, legal e raro". Entretanto, quando Barack Obama foi nomeado em 2008, o partido tirou "raro" da equação e, desde então, o termo não voltou a nenhuma de suas plataformas[237]. A plataforma dos democratas, em 2016, foi a primeira grande plataforma de partido a pedir, explicitamente, a revogação da Emenda Hyde, a qual proíbe o uso de fundos federais para o aborto, exceto em casos de estupro, incesto ou para salvar a vida da mãe[238]. Pouco depois de lançar sua campanha presidencial de 2020, Joe Biden, ex-vice-presidente, sentiu-se obrigado a abandonar seu apoio de décadas à Emenda Hyde.

Como os extremistas costumam fazer, a Planned Parenthood fez causa comum com outras organizações extremistas. Foi um dos poucos grupos de esquerda que defendeu, orgulhosamente, a Marcha das Mulheres, após essa organização ter sido abalada por uma série de escândalos, expondo o antissemitismo em seus níveis mais altos. As líderes da Marcha das Mulheres declararam, publicamente, solidariedade ao líder da Nação do Islã, Louis Farrakhan, notório antissemita, que elogiou Hitler, e descreveu os judeus como "cupins" e "satânicos"[239]. Uma líder da Marcha das Mulheres, Tamika Mallory, inicialmente de-

---

[235] PLANNED Parenthood. OpenSecrets.org, [S. l.], p. 1-7, 20 jun. 2020. Disponível em: https://www.opensecrets.org/orgs//summary?toprecipcycle=2018&contribcycle=2018&lobcycle=2018&outspendcycle=2018&id=D000000591&topnumcycle=2014. Acesso em: 5 ago. 2021.

[236] *Ibid.*

[237] HASSON, Peter. Democratic platform calls for taxpayer-funded abortions. Daily Caller, [S. l.], p. 1-3, 26 jun. 2016. Disponível em: https://dailycaller.com/2016/06/26/democratic-platform-calls-for-taxpayer-funded-abortions/. Acesso em: 5 ago. 2021.

[238] *Ibid.*

[239] HASSON, Peter. Seven Louis Farrakhan quotes on Jews, gays and white people. Daily Caller, [S. l.], p. 1-6, 26 jan. 2018. Disponível em: https://dailycaller.com/2018/01/26/louis-farrakhan-barack-obama-nation-of-islam/. Acesso em: 5 ago. 2021.

CAPÍTULO 6 | EXPURGANDO OS PRÓ-VIDA

fendeu Farrakhan, ao sugerir que líderes religiosos deveriam considerar os judeus seus inimigos[240]. Posteriormente, foi revelado que o grupo havia trabalhado em estreita colaboração com membros da Nação do Islã, inclusive usando-os para segurança[241], e as líderes da Marcha das Mulheres foram citadas, repetidamente, fazendo comentários antissemitas[242]. Contudo, enquanto grupos de esquerda como o SPLC se distanciavam, discretamente, do grupo repleto de escândalos, a Planned Parenthood apoiou a Marcha das Mulheres[243]. Até o Comitê Nacional Democrata cortou relações com a Marcha, por ser muito extrema. A Planned Parenthood, não. A defensora do aborto apoiou orgulhosamente o grupo, e copatrocinou seus eventos em todo o país.

***

Enquanto a Planned Parenthood está silenciando a divergência de sua agenda dentro do Partido Democrata, o *lobby* pró-aborto e seus apoiadores estão tentando fazer o mesmo em nossa cultura em geral. Rossalyn Warren, ativista política e feminista, publicou um artigo no *New York Times*, acusando o Facebook de permitir *"fake news"* em sua plataforma, em outubro de 2017. O crime do Facebook? Não censurar sites de notícias pró-vida, tanto quanto ela gostaria[244]. Warren escreveu:

> O *LifeNews*, que tem pouco menos de um milhão de seguidores no Facebook, é um dos vários grandes sites contra o aborto, podendo obter centenas de milhares

---

[240] HASSON, Peter. Women's March flies into damage control over Farrakhan ties. Daily Caller, [S. l.], p. 1-4, 6 mar. 2018. Disponível em: https://dailycaller.com/2018/03/06/womens-march-tamika-mallory-defends-louis-farrakhan-ties/. Acesso em: 5 ago. 2021.

[241] MCSWEENEY, Leah; SIEGEL, Jacob. Is the Women's March melting down?. Tablet, [S. l.], p. 1-31, 10 dez. 2018. Disponível em: https://www.tabletmag.com/sections/news/articles/is-the-womens-march-melting-down. Acesso em: 5 ago. 2021.

[242] *Ibid.*

[243] KUCINICH, Jackie. Southern Poverty Law Center quietly joins the roster of big groups walking away from the Women's March. Daily Beast, [S. l.], p. 1-5, 11 jan. 2019. Disponível em: https://www.thedailybeast.com/southern-poverty-law-center-quietly-joins-the-roster-of-big-groups-walking-away-from-the-womens-march. Acesso em: 5 ago. 2021.

[244] WARREN, Rossalyn. Facebook is ignoring anti-abortion fake news. *The New York Times*, [S. l.], p. 1-5, 10 nov. 2017. Disponível em: https://www.nytimes.com/2017/11/10/opinion/facebook-fake-news-abortion.html. Acesso em: 5 ago. 2021.

de visualizações em uma única postagem. Esses sites produzem uma grande quantidade de desinformação. A página da organização Live Action no Facebook, por exemplo, tem dois milhões de seguidores na plataforma, e publica vídeos afirmando que há uma correlação entre o aborto e o câncer de mama. E suas histórias geralmente geram mais engajamento do que o conteúdo produzido pelas principais organizações de notícias, disse Sharon Kann, diretora do programa de direitos ao aborto e saúde reprodutiva da Media Matters, um grupo de vigilância. As pessoas no Facebook se envolvem mais com conteúdo antiaborto do que com conteúdo sobre direitos ao aborto, em uma "taxa desproporcional", disse ela, o que, como resultado dos algoritmos da empresa, significa que mais pessoas o veem[245].

Em outras palavras, um artigo de opinião no *New York Times* argumentou que o Facebook deveria equipar seus algoritmos contra conteúdo pró-vida como notícias que, aparentemente, não podem ser divulgadas. Algo semelhante aconteceu na *The Atlantic*, depois da publicação de um artigo da redatora da *National Review*, Alexandra DeSanctis (uma voz infalivelmente corajosa para os nascituros) intitulado "Os Democratas Erram a Mão no Aborto". A autora feminista Jessica Valenti criticou a *The Atlantic*, por ter publicado o artigo de DeSanctis. DeSanctis, disse ela, falhou em considerar "a decisão moral incrivelmente complexa de estender, ou retirar, o cuidado a um prematuro" – isto é, se deve deixar bebês recém-nascidos morrerem, caso tenham problemas de saúde[246]. Em suma, os radicais pró-aborto querem calar as vozes pró-vida e mudar o debate, de forma que mesmo a defesa do direito à vida de *recém-nascidos* seja controversa.

E eles não estão apenas apresentando o caso na mídia impressa, eles estão indo para as ruas. Ativistas pró-aborto começaram a protestar, furiosamente, do lado de fora de clínicas de saúde pró-vida para mulheres[247], e a assediar mulhe-

---

[245] *Ibid.*

[246] VALENTI, Jessica. Whoever edited that *Atlantic* piece on 'late-term abortions' should be embarrassed. [S. l.], 4 fev. 2019. Twitter: @JessicaValenti. Disponível em: https://web.archive.org/web/20190205083932/https://twitter.com/JessicaValenti/status/1092477342855938049. Acesso em 5 ago. 2021.

[247] PALOVICK, Kirstin. 'ThriVes Lies': why pro-choice activists rallied outside a St. Louis anti-abortion clinic. Rewire News, [S. l.], p. 1-4, 10 nov. 2017. Disponível em: https://

CAPÍTULO 6 | EXPURGANDO OS PRÓ-VIDA

res pró-vida que rezam silenciosamente o rosário do lado de fora das clínicas de aborto. Na Pensilvânia, Brian Sims, deputado estadual democrata, gravou-se abordando uma senhora idosa por orar fora de uma clínica da Planned Parenthood, na Filadélfia. Em outro vídeo, postado por Sims nas redes sociais, ele ofereceu uma recompensa de US$ 100 pela identidade de três meninas adolescentes que estavam orando do lado de fora da clínica de aborto[248]. Se você apoia o infanticídio, se acredita em silenciar as vozes populares pró-vida, se assedia mulheres e meninas adolescentes por orarem pacificamente – e se gaba disso – então você está, claramente, do lado errado, o lado extremista. E esse é o lado das *Big tech's*.

AS MULHERES QUE NÃO SERÃO SILENCIADAS

Lila Rose fundou o grupo de defesa pró-vida Live Action, enquanto ainda estava no ensino médio. Seu objetivo original era educar seus pares sobre as realidades do aborto e afirmar a dignidade humana em todas as fases da vida. Ela continuou essa missão durante a faculdade e, hoje, a Live Action tem o maior número de seguidores digitais de qualquer organização pró-vida nos EUA. Entre as contas de Rose, e as contas do Live Action, eles têm mais de duzentos mil seguidores no Twitter, e três milhões de seguidores no Facebook. Porém, como Rose me disse em uma entrevista, seu sucesso aconteceu apesar dos esforços das *Big tech's* para enterrar sua mensagem:

O Twitter já baniu completamente nossas contas de anúncios por mais de dois anos, tanto a conta do Live Action quanto a minha própria conta. Disseram que fomos proibidos de fazer qualquer tipo de publicidade em sua plataforma porque violamos sua política de ódio e tópicos delicados. Quando conversamos com os representantes da equipe de política do Twitter, fomos informados de que, para anunciar na plataforma, precisaríamos excluir todo o conteúdo do nosso site, bem como o *feed* do Twitter explicando o que é aborto,

rewirenewsgroup.com/article/2017/02/13/thrive-lies-pro-choice-activists-rallied-outside-st--louis-anti-abortion-clinic/. Acesso em: 5 ago. 2021.

[248] HASSON, Peter. Pennsylvania Democrat Brian Sims slammed for non-apology attacking pro-lifers. Daily Caller, [S. l.], p. 1-5, 8 maio 2019. Disponível em: https://dailycaller.com/2019/05/08/pennsylvania-brian-sims-pro-life/. Acesso em: 5 ago. 2021.

criticando a Planned Parenthood e mostrando imagens de um ultrassom no contexto da luta pró-vida.

O Live Action foi submetido a "exigências extremas da administração do Twitter, para que pudéssemos anunciar em sua plataforma. Enquanto isso, a Planned Parenthood e outros grupos a favor do aborto continuam a anunciar sem problemas", acrescentou Rose.

O Twitter até ordenou que Rose excluísse um tuíte citando Thomas Jefferson. O tuíte ofensivo incluía um ultrassom de uma criança ainda não nascida, e continha a legenda: "'Cuidar da vida humana e da felicidade, e não de sua destruição, é o primeiro, e único, objeto de um bom governo.'–Thomas Jefferson". Esse foi todo o tuíte "ofensivo" – uma imagem de um ultrassom, e uma citação de um pai fundador, pedindo "o cuidado da vida humana e da felicidade". Nenhuma pessoa honesta consideraria essa citação de Jefferson ofensiva, porém, uma vez apresentada no contexto de um argumento pró-vida, ultrapassou o limite dos ideólogos do Twitter. Certamente, o "problema" não era o conteúdo da citação que Lila Rose tuitou: o problema era o fato de *Lila Rose* ter tuitado. Aparentemente, a história é uma zona proibida para pessoas professando a humanidade de crianças por nascer.

Anúncios digitais ajudam empresas e organizações a alcançarem pessoas que, de outra forma, não conheceriam seus produtos, missões ou mensagens. E ativistas pró-aborto têm a intenção de manter esse reino para si próprios. Disse-me Rose:

> Fiquei muito animada com a ascensão das novas mídias nos últimos dez anos, porque agora a mídia tradicional não é mais a guardiã de ideias que tem sido, juntamente com instituições como o sistema escolar, que é cada vez mais esquerdista, e na academia. Contudo, se as empresas de tecnologia também se tornarem guardiãs de ideias, ao mesmo tempo fazendo isso de forma secreta, teremos um grande problema em nossas mãos,

E acrescentou:

> Informação é o que muda corações e mentes. Se as pessoas não têm acesso a essas ideias revolucionárias, ficarão presas em uma bolha de pensamento que, infelizmente, é uma visão de mundo muito cruel, pró-aborto e contra a vida. Estamos lutando exatamente contra isso.

CAPÍTULO 6 | EXPURGANDO OS PRÓ-VIDA

"Estou muito preocupado com essas tendências [pró-censura] dessas plataformas".

"Não há dúvidas de que o Twitter escolheu uma ideologia pró-aborto, embora eles não admitam isso publicamente", disse-me Rose.

> Jack Dorsey – na frente de um comitê do congresso – disse "nós não discriminamos com base no ponto de vista político", mas discriminar com base no ponto de vista é exatamente o que estão fazendo agora, ao proibir o Live Action de fazer qualquer publicidade e continuar a permitir grupos pró-aborto [anunciarem sem restrições].

"À medida que o Live Action cresceu, se tornou mais formidável e expandiu o alcance de nossa plataforma, temos experimentado uma hostilidade crescente de empresas de mídia social", disse Rose. Essa hostilidade parece se refletir na mudança dos algoritmos das empresas de mídia social, pois cada mudança levou a níveis mais baixos de engajamento com a mídia Live Action.

Os algoritmos são secretos, mas às vezes a supressão é óbvia. Em janeiro de 2019, o YouTube excluiu um vídeo da Live Action sobre a Planned Parenthood. Curiosamente, o vídeo supostamente ofensivo esteve disponível no site por quase oito anos, sem problemas, antes de ser removido repentinamente. O YouTube avisou o Live Action que seu conteúdo supostamente impróprio merecia um "aviso" (*strike*), e que outros "avisos" poderiam resultar no encerramento permanente de sua conta. A Live Action apelou da decisão, mas o YouTube a rejeitou prontamente. O YouTube somente restabeleceu o vídeo e reverteu o aviso contra a conta do Live Action depois que Rose publicou a exclusão e a consequente negação do recurso do Live Action. A realidade do aborto é enervante – é natural ficar indignado com o massacre de um bebê humano – e é algo que você não aprenderá com as fontes do *establishment* de mídia, cujos jornalistas aceitam prêmios em banquetes da Planned Parenthood[249]. Portanto, não surpreende que vídeos pró-vida atraiam atenção no YouTube. Em dezembro de

---

[249] DAVIS, Sean. Now we know why reporters won't cover the Planned Parenthood videos. The Federalist, [S. l.], p. 1-3, 20 ago. 2015. Disponível em: https://thefederalist.com/2015/08/20/now-we-know-why-reporters-wont-cover-the-planned-parenthood-videos/. Acesso em: 5 ago. 2021.

2018, um redator do site esquerdista Slate escreveu um artigo histérico, recla-mando que o YouTube não estava (ainda) banindo os resultados pró-vida de seus principais resultados de pesquisa por "aborto"[250]. Se as *Big tech's* não inter-ferirem, o argumento pró-vida sempre superará o argumento pró-aborto. É exatamente por isso que tais empresas insistem em atrapalhar.

Imediatamente após o artigo do Slate, o YouTube manipulou os resulta-dos das pesquisas sobre "aborto" para substituir os vídeos pró-vida, na primeira página, por conteúdo pró-aborto[251]. De acordo com documentos internos, va-zados em janeiro de 2019, após o envio de um *e-mail* de um repórter do Slate ao YouTube a respeito do vídeo, o termo "aborto" foi, supostamente, adicionado a uma lista de termos "polêmicos", descrita por um engenheiro como uma "lista negra"[252]. Os resultados da pesquisa para todos os termos da lista priorizam, automaticamente, os vídeos considerados "confiáveis" pelo YouTube. Em ou-tras palavras, priorizava vídeos de veículos de notícias aprovados pelo YouTube. O YouTube permitirá vídeos da *EWTN* (uma rede católica fundada por freiras) através do filtro, de maneira a alegar que não é tendencioso, enquanto esconde a maioria das vozes pró-vida, incluindo os vídeos pró-vida identificados pelo repórter do Slate. Eventualmente, o YouTube alegou que os vídeos pró-vida em questão eram problemáticos porque "continham desinformação ao lado de imagens fortes" e, portanto, precisaram ser retirados da primeira página[253]. Ambas as partes dessa explicação são enganosas. Os vídeos em questão eram precisos – eles apenas contavam verdades claras, das quais o *lobby* pró-aborto não gosta – e apenas um dos vídeos poderia ser objetivamente descrito como "explícito", sem ser mais explícito do que muitos outros vídeos da plataforma[254]. O YouTube, por exemplo, tem vídeos explícitos de cirurgia cardíaca. A diferen-

---

[250] GLASER, April. YouTube's search results for "abortion" show exactly what anti-abortion activists want women to see. Slate, [S. l.], p. 1-4, 21 dez. 2018. Disponível em: https:/slate.com/technology/2018/12/youtube-search-abortion-results-pro-life.html. Acesso em: 5 ago. 2021.
[251] *Ibid.*
[252] https://www.breitbart.com/tech/2019/01/16/google-youtube-search-blacklist-smoking--gun/. Acesso em: 5 ago. 2021.
[253] BOKHARI, Allum. YouTube admits it meddled with abortion search results - but calls down-ranked videos 'misinformation'. Breitbart, [S. l.], p. 1-4, 17 jan. 2019. Disponível em: https://www.breitbart.com/tech/2019/01/17/youtube-admits-it-meddled-with-abortion-search-re-sults-but-calls-downranked-videos-misinformation/. Acesso em: 5 ago. 2021.
[254] *Ibid.*

CAPÍTULO 6 | EXPURGANDO OS PRÓ-VIDA

ça é que as imagens relacionadas ao aborto não são apenas gráficas, mas perturbadoras; elas revelam a verdadeira natureza do aborto, que envolve o assassinato de um bebê ainda não nascido. Você não pode ver um braço humano na bandeja de um abortista e sair com qualquer outra conclusão. Essa é a diferença entre o tratamento díspar, por empresas de tecnologia, a imagens de cirurgia cardíaca e imagens de aborto: a última é uma realidade que as empresas de mídia progressista não mostrarão a você. Como disse o político britânico, e evangelista cristão, William Wilberforce à Câmara dos Comuns, em um de seus discursos contra o comércio de escravos: "Você pode escolher olhar para o outro lado, mas nunca poderá dizer novamente que não sabia"[255]. Esconder intencionalmente do público a verdade sobre um mal moral, como o YouTube escolhe fazer, é uma vergonhosa demonstração de covardia moral.

BIG TECH'S VS. SUSAN B. ANTHONY

A Lista de Susan B. Anthony (Lista SBA) é uma rede nacional de mais de setecentos mil americanos pró-vida[256]. A presidente do grupo, Marjorie Dannenfelser, lançou-a como uma forma de ajudar mulheres pró-vida a conquistarem cargos eletivos[257]. O Facebook excluiu vários anúncios da lista de Susan B. Anthony pouco antes das eleições de meio de mandato de 2018. Um dos anúncios contrastou o apoio do candidato democrata ao Senado, Phil Bredesen, ao aborto financiado pelo contribuinte, com o apoio da candidata republicana Marsha Blackburn, para acabar com o aborto por nascimento parcial. Disse, à época, a presidente da lista da SBA, Marjorie Dannenfelser[258]:

---

[255] WILLIAM Wilberforce. BBC, [S. l.], 5 jul. 2011. Religions, p. 1-5. Disponível em: http://www.bbc.co.uk/religion/religions/christianity/people/williamwilberforce_1.shtml. Acesso em: 5 ago. 2021.
[256] ABOUT Susan B. Anthony List. Susan B. Anthony List, [S. l.], p. 1-3, s. d. Disponível em: https://www.sba-list.org/about-susan-b-anthony-list. Acesso em: 5 ago. 2021.
[257] *Ibid.*
[258] QUIGLEY, Mallory. Facebook STILL censoring pro-life ads. Susan B. Anthony List, [S. l.], p. 1-2, 1 nov. 2018. Disponível em: https://www.sba-list.org/newsroom/press-releases/facebook-still-censoring-pro-life-ads. Acesso em: 6 ago. 2021.

A Lista SBA enfrentou censura repetida nas últimas semanas, e agora nosso anúncio de apoio a Marsha Blackburn foi reprovado, mesmo depois de mais de 90 mil o terem assistido. O Facebook deve parar imediatamente com a censura ao discurso pró-vida. Todas as informações apresentadas em nossos anúncios foram factuais, embora surpreendentes, para aqueles que não estão dispostos a enfrentar a realidade do extremismo pró-aborto. O Facebook está censurando a verdade e a liberdade de expressão política.

O Facebook também bloqueou outros dois anúncios da Lista SBA. Os vídeos compartilham as histórias de dois bebês, Charlotte e Micah, sobreviventes de partos prematuros. O Facebook os denunciou por violarem as políticas contra conteúdo "sensacionalista"[259]. Com relação aos anúncios pró-vida, eles eram bem genéricos, mas ainda assim radicais demais para a polícia de discurso do Facebook. Foi somente depois de intensa pressão pública da mídia conservadora que o Facebook reverteu o curso, desculpando-se pelo "erro".

Em outubro de 2017 o Twitter bloqueou a veiculação de um anúncio da Lista SBA porque continha as palavras "matando bebês"[260]. Como Dannenfelser relatou: "Nenhum anunciante está autorizado a usar a frase 'matando bebês'. Foi o que o Twitter nos disse, quando censurou um de nossos vídeos"[261]. A verdade objetiva sobre o aborto é a de que ele mata um bebê ainda não nascido. O Twitter preferia que as pessoas não vissem essa verdade.

Algumas organizações parecem determinadas a censurar a mensagem pró-vida. As pessoas que dirigem essas megaempresas manipulam a discussão nacional para moldá-la conforme suas inclinações políticas, e usam suas plataformas para orientar a opinião pública a seu favor,

---

[259] ADAMS, Becket. Facebook censoring pro-life political ads, again. *Washington Examiner*, [S. l.], p. 1-2, 1 nov. 2018. Disponível em: https://www.washingtonexaminer.com/opinion/facebook-censoring-pro-life-political-ads-again. Acesso em: 6 ago. 2021.

[260] ERTELT, Steven. Twitter censors pro-life group: "no advertiser is permitted to use the phrase ' killing babies'". LifeNews.com, [S. l.], p. 1-2, 24 out. 2017. Disponível em: https://www.lifenews.com/2017/10/24/twitter-censors-pro-life-group-no-advertiser-is-permitted-to-use-the--phrase-killing-babies/. Acesso em: 6 ago. 2021.

[261] *Ibid.*

CAPÍTULO 6 | EXPURGANDO OS PRÓ-VIDA

advertiu o congressista republicano do Arizona, Andy Biggs, em um artigo de opinião, em janeiro de 2018[262]. Desde então, apenas piorou.

O Facebook impediu os produtores do filme *Roe vs. Wade* de comprarem anúncios promovendo seu filme[263]. O filme notabilizou-se por ter uma perspectiva pró-vida, e contra a Planned Parenthood[264]. Mais uma vez, os aliados da Planned Parenthood vieram em seu socorro. Eles têm feito isso repetidamente.

Em 2017, o Twitter bloqueou um vídeo da campanha de Marsha Blackburn, escondendo-se "atrás do argumento ridículo de que sua retórica pró-vida era 'inflamatória', e poderia 'evocar uma forte reação negativa'", observou Becket Adams, do *Washington Examiner*[265]. Enquanto, ao mesmo tempo, o Twitter permitiu à ReproAction, um grupo político pró-aborto, comprar anúncios inflamados, instando o Twitter a impedir Blackburn de comprar anúncios pró-vida[266]. O grupo pró-vida Human Coalition, sediado no Texas viu, repetidamente, seu conteúdo ser censurado por empresas de tecnologia. Em 21 de fevereiro de 2018, o Twitter removeu três anúncios pró-vida da Human Coalition, por supostamente violarem as políticas da empresa contra "conteúdo impróprio", e colocou os privilégios de publicidade do grupo "sob revisão". O Twitter informou à Human Coalition que o grupo receberia um *e-mail* "quando a revisão fosse concluída". Esse *e-mail* veio em 22 de março: a conta da Human Coalition foi suspensa da veiculação de anúncios – quaisquer anúncios – no Twitter. A Human Coalition apelou, mas sem sucesso. Cinco dias depois, entrei em contato com a equipe de imprensa do Twitter e fiz três perguntas:

---

[262] BIGGS, Andy. Blocked: How the pro-life movement is being censored on social media. *The Hill*, [S. l.], p. 1-2, 24 jan. 2018. Disponível em: https://thehill.com/blogs/congress-blog/technology/370455-blocked-how-the-pro-life-movement-is-being-censored-on-social. Acesso em: 6 ago. 2021.

[263] BERRY, Susan. Facebook blocks crowdfunding site for 'Roes v. Wade' movie. Breitbart, [S. l.], p. 1-5, 11 jan. 2018. Disponível em: https://www.breitbart.com/entertainment/2018/01/11/nick-loeb-producing-roe-v-wade-movie-crowdfund-site-blocked-facebook/. Acesso em: 6 ago. 2021.

[264] *Ibid.*

[265] *Op. cit.*

[266] TWITTER: Stop Aiding Pro-Life Lies. ReproAction [S. l.], Petição, p. 1-3, s. d. Disponível em: https://actionnetwork.org/petitions/twitter-stop-aiding-pro-life-lies/. Acesso em: 6 ago. 2021.

- Qual foi, especificamente, a violação da política que levou a essa ação?
- É de meu entendimento que a Planned Parenthood (@PPFA) é elegível para veicular anúncios. É esse o caso?
- Em caso afirmativo, qual é a diferença entre @PPFA e @HumanCoalition?

Duas horas depois de meu *e-mail* ao Twitter, a Human Coalition recebeu uma atualização surpresa: o Twitter havia revertido sua suspensão, liberando-os para veicular anúncios novamente. O momento foi uma coincidência, garantiu-me o Twitter. Qualquer pessoa familiarizada com a forma como as *Big Tech's* lidam com a censura saberia a realidade.

Entre os parceiros de verificação de fatos do Facebook (mais sobre isso no próximo capítulo) está um canal de esquerda, chamado Health Feedback. Para dar um exemplo de como esse viés se manifesta nas checagens de fatos, considere o que aconteceu quando o Health Feedback avaliou um vídeo do Live Action, que afirmava, "o aborto nunca é clinicamente necessário"[267]. Para "checar os fatos" dessa afirmação, o checador de fatos de esquerda recorreu a – quem mais? – abortistas esquerdistas. Entre eles: dra. Jennifer Gunter, abortista e defensora aberta da censura *online* aos pró-vida, que atacou Lila Rose, chamando-a de "ignorante e má"[268]. Uma investigação da International Fact-Checking Network [Rede Internacional de Checagem de Fatos] (sim, isso existe) descobriu que a checagem de fatos da Health Feedback para com o Live Action ao Facebook "ficou aquém" dos padrões da IFCN[269].

O ACONCHEGO DAS BIG TECH'S COM O LOBBY DO ABORTO

A hostilidade das *Big Tech's* para com os pró-vida não é terrivelmente surpreendente, à luz de quão perto estão da Planned Parenthood e do restante

---

[267] OLOHAN, Mary Margaret. In check on Live Action, fact checkers cited doctor who openly spewed hate for anti-abortion groups. Daily Caller, [S. l.], p. 1-4, 19 set. 2019. Disponível em: https://dailycaller.com/2019/09/19/live-action-fact-check-biased/. Acesso em: 6 ago. 2021.
[268] *Ibid.*
[269] OLOHAN, Mary Margaret. Fact check of Live Action content 'fell short' of international fact checking network standards. Daily Caller, [S. l.], p. 1-4, 27 set. 2019. Disponível em: https://dailycaller.com/2019/09/27/live-actions-fact-checkers-abortion/. Acesso em: 6 ago. 2021.

CAPÍTULO 6 | EXPURGANDO OS PRÓ-VIDA

da indústria do aborto. Os funcionários do Google apoiam abertamente a Planned Parenthood, e arrecadam fundos para ela dentro da empresa.

> Os funcionários do Google se organizaram para arrecadar fundos para a Planned Parenthood, e lançaram iniciativas internas na campanha Tech Stands With Planned Parenthood [A Tecnologia Apóia a Planned Parenthood],

observou o relatório anual da Planned Parenthood, de 2016-2017. Disse o relatório:

> Muitos outros apoiadores das empresas de tecnologia continuaram a mostrar seu apoio, através de parcerias locais com afiliados da Planned Parenthood, promovendo campanhas de correspondência de doações e muito mais", disse o relatório[270].

Sheryl Sandberg, do Facebook, é uma doadora de longa data para a Planned Parenthood, e doou um milhão de dólares para a gigante do aborto no início de 2017[271]. Em junho de 2019, Sandberg anunciou que estava fazendo outra doação de um milhão de dólares, desta vez para o braço político da Planned Parenthood. Sandberg citou a recente onda de projetos de lei pró-vida, em nível estadual, como o motivo da doação. "Acho que este é um momento muito urgente, onde os direitos, as escolhas, e a saúde básica das mulheres mais vulneráveis – mulheres marginalizadas, muitas vezes mulheres de cor – estão em jogo", disse a executiva do Facebook ao *HuffPost*. "E então, todos nós precisamos fazer nossa parte para lutar contra essas leis draconianas"[272]. Evidentemente, Sandberg não está sozinha no Facebook. Mark Zuckerberg e sua esposa doaram

---

[270] 2016–2017 Annual Report. Planned Parenthood [S. l.], p. 1-44, 29 dez. 2017. Disponível. https://www.plannedparenthood.org/uploads/filer_public/d4/50/d450c016-a6a9-4455-bf7f-711067db5ff7/20171229_ar16-17_p01_lowres.pdf. Acesso em: 6 ago. 2021.

[271] O'BRIEN, Sara Ashley. Sheryl Sandberg gives $1 million to Planned Parenthood. CNN Business, [S. l.], p. 1-2, 1 fev. 2017. Disponível em: https://money.cnn.com/2017/02/01/technology/sheryl-sandberg-planned-parenthood/index.html. Acesso em: 6 ago. 2021.

[272] FANG, Marina. Sheryl Sandberg donates $1 million to Planned Parenthood's advocacy efforts. HuffPost, [S. l.], p. 1-4, 28 jun. 2019. Disponível em: https://www.huffpost.com/entry/sheryl-sandberg-planned-parenthood-donation-abortion-laws_n_5d151134e4b07f6ca57a55c1. Acesso em: 6 ago. 2021.

US$ 992 milhões, em ações do Facebook, para a Silicon Valley Community Foundation, uma rede progressista de doadores que distribui milhões de dólares para a Planned Parenthood e suas afiliadas, todos os anos[273].

Lila Rose me disse isso porque Sandberg está

> se alinhando publicamente com a maior corporação pró-aborto do país, uma organização repleta de escândalos e extrema em seu *lobby* político para expandir o aborto neste país... não é de se admirar que a confiança nas palavras dessas plataformas seja baixa.

Para as *Big Tech's*, a Planned Parenthood e o aborto são sacrossantos, e devem ser promovidos e protegidos, a todo custo. Entretanto, quando se trata de grupos pró-vida, que se esforçam para informar as pessoas sobre a realidade do aborto, e sobre o argumento moral para defender a vida humana, as *Big Tech's* acham que precisam ser silenciados.

---

[273] RETURN of Exempt Organization - Public Disclosure Copy. Silicon Valley Community Foundation, [S. l.], p. 1-426, 31 dez. 2017. Disponível em: https://www.siliconvalleycf.org/sites/default/files/documents/financial/2017-irs-form-990.pdf. Acesso em: 6 ago. 2021.

CAPÍTULO 7

CAPÍTULO 7

Policiamento do discurso

Ativistas progressistas estão trabalhando arduamente, para evitar que as empresas anunciem em programas de televisão e sites conservadores. Eles transformam cada anúncio veiculado em um programa remotamente conservador em uma declaração política, independentemente da intenção das empresas de publicidade. Se uma empresa anuncia na *Fox News* às 20h15 em uma noite da semana, ela não é mais tratada pelo que é: uma simples tentativa de vender um produto para o grande público que sintoniza Tucker Carlson. Ao invés disso, ativistas progressistas distorcem a decisão de uma empresa de comercializar seu produto, em endossos de fato, a tudo o que é dito por um apresentador em um programa. É um padrão ridículo, aplicado apenas à mídia conservadora.

Em abril de 2018, detetives da *Internet* desenterraram e publicaram uma série de postagens homofóbicas, escritas pela analista de esquerda Joy Reid em seu blog, antes de entrar para a *MSNBC*. Reid respondeu à história mentindo, alegando que suas contas nas redes sociais haviam sido *hackeadas*. Entretanto, os detetives da *Internet* continuaram encontrando mais postagens ofensivas publicadas com o nome de Reid e arquivos, documentando que as postagens do *blog* não eram o resultado de *hackers*. Se essa controvérsia envolvesse uma apresentadora conservadora da *Fox News*, os ativistas de esquerda teriam, sem dúvida, instigado uma multidão indignada exigido sua renúncia e lançado uma campanha de pressão contra todos os seus anunciantes. Cada anunciante no programa de Reid teria sido forçado a responder a alguma versão da seguinte pergunta:

"Joy Reid tem um histórico de postagens contra gays, e tentou mentir para escapar disso. Você vai continuar anunciando no programa dela"? Uma vez que uma empresa dissesse "não", outras a seguiriam. Jornalistas de esquerda publicariam listas de empresas que boicotassem seu programa e empresas que permanecessem, e que "estavam do lado errado da história". E a campanha terminaria com Reid sendo despedida.

Entretanto, nada disso aconteceu, porque Joy Reid faz parte do *establishment* da mídia de esquerda. Para ser claro, não quero que Reid perca o emprego. Contudo, o fato de os ativistas de esquerda não mostrarem interesse em aplicar a ela os mesmos padrões que aplicariam a um apresentador da *Fox News*, fala por si só. Eles são assassinos políticos inescrupulosos, cujo trabalho é silenciar a oposição. É uma estratégia cínica e desonesta. Porém, é eficaz.

Após a eleição de 2016, o grupo ativista de esquerda Sleeping Giants lançou uma campanha para convencer as empresas a pararem de anunciar no site pró-Trump, *Breitbart News*. Nos primeiros dois meses de 2017, *90%* dos anunciantes da *Breitbart* cederam à pressão da esquerda e colocaram o site na lista negra[274]. Os Sleeping Giants não desistiram. O grupo instou universidades e outras instituições a boicotarem um fundo *hedge*, porque seu presidente, Robert Mercer, era um dos principais investidores na *Breitbart*. Não demorou muito para Mercer renunciar ao fundo[275].

O fundador do Sleeping Giants, Matt Rivitz, permaneceu anônimo até julho de 2018, quando o identifiquei após uma extensa investigação[276]. (No final das contas, Rivitz estava trabalhando como executivo de publicidade). Mais de três anos depois de Trump assumir o cargo, a campanha de boicote dos Sleeping Giants continua a abater, lentamente, os demais anunciantes do *Breitbart*.

---

[274] BHATTARAI, Abha. Breitbart lost 90% of its advertisers in two months: who's still there?. *The Washington Post*, [S. l.], p. 1-5, 8 jun. 2017. Disponível em: https://www.washingtonpost.com/news/business/wp/2017/06/08/breitbart-lost-90-percent-of-its-advertisers-in-two-months--whos-still-there/. Acesso em: 6 ago. 2021.

[275] RAYMOND, Adam. Robert Mercer, Billionaire Bannon Booster, quits hedge fund, sells Breitbart stake. *New York Magazine*, [S. l.], 2 nov. 2017. Intelligencer, p. 1-5. Disponível em: http://nymag.com/intelligencer/2017/11/robert-mercer-quits-hedge-fund-sells-breitbart-stake.html. Acesso em: 6 ago. 2021.

[276] HASSON, Peter. Sleeping Giant's anonymous founder unmasked; Top ad writer boycott campaign targeting Breitbart, Ingraham. Daily Caller, [S. l.], p. 1-6, 16 jul. 2018. Disponível em: https://dailycaller.com/2018/07/16/sleeping-giants-founder-rivitz/. Acesso em: 6 ago. 2021.

CAPÍTULO 7 | POLICIAMENTO DO DISCURSO

Os ativistas de esquerda usam táticas semelhantes com as *Big Tech's* quando se trata de policiamento do discurso. Os ativistas têm influência significativa porque Facebook, Twitter e Google (e, portanto, YouTube), dependem fortemente de anúncios para obter receita e, é claro, as *Big Tech's* são amplamente simpáticas ao objetivo dos ativistas de tornarem as corporações responsáveis por limitar a liberdade de expressão. Isso significa, na prática, que se espera das empresas a garantia de não financiar, através de publicidade, discursos considerados inaceitáveis pelos progressistas. A tática não é nova, mas está ganhando força rapidamente. O grupo esquerdista Media Matters (fundado pelo capanga dos progressistas, David Brock)[277] vem travando boicotes publicitários contra a *Fox News* há anos, e outros grupos de esquerda empreenderam campanhas semelhantes contra conservadores populares *online*. As corporações têm dobrado o joelho, repetidamente, para ativistas de esquerda.

O SPLC[278]

Grupos como o Southern Poverty Law Center (SPLC) auxiliam regularmente nessas campanhas. O SPLC, que um dia já foi respeitado, é um órgão fiscalizador da discriminação. Porém, há muito tempo se transformou em um poço de arrecadação de fundos para a difamação[279]. O SPLC rotula, de forma rotineira, os conservadores tradicionais como "extremistas", e as organizações cristãs como "grupos de ódio".

---

[277] ROSS, Chuck. David Brock finally apologizes to Bernie Sanders in desperate open letter. Daily Caller, [S. l.], p. 1-3, 10 jan. 2017. Disponível em: https://dailycaller.com/2017/01/10/david--brock-finally-apologizes-to-bernie-sanders-in-desperate-open-letter/. Acesso em: 6 ago. 2021.

[278] Grupo de advogados sem fins lucrativos que defendem indivíduos em situação de vulnerabilidade social; se notabilizou, principalmente, após sair vitorioso em várias ações judiciais contra organizações supremacistas dos EUA. Foi fundado em 1971 por Morris Dees, Joseph J. Levin Jr. e Julian Bond, no Alabama. Em 2019 vários escândalos de assédio sexual e racial no interior da organização ganharam notoriedade na mídia norte americana. O grupo, então, sofreu várias acusações públicas e judiciais, o que acarretou na demissão de Morris Dees, seguido da renúncia de Richard Cohen, que na ocasião atuava como presidente da organização. (N. E.)

[279] O'NEIL, Tyler. SPLC's 'hate goup' accusation outed as scam, more than 60 groups considering lawsuits. PJ Media, [S. l.], p. 1-6, 10 abr. 2019. Disponível em: https://pjmedia.com/trending/splcs-hate-group-accusation-outed-as-a-scam-more-than-60-groups-considering-lawsuits/. Acesso em: 6 ago. 2021.

O SPLC nem mesmo finge policiar a esquerda: uma porta-voz da empresa admitiu ao *Politico*, em uma reportagem de junho de 2017, que o SPLC está "focado, quer as pessoas gostem ou não, na direita radical"[280]. E milionários progressistas jogam seu dinheiro no SPLC, exatamente por essa razão – para provar o quão progressistas eles são. É ridículo usar o SPLC como árbitro, como fazem as *Big Tech's*: ele não tem a pretensão de ser imparcial e seus "fatos" estão, muitas vezes, errados. Em novembro de 2016, o SPLC publicou uma lista de extremistas "anti-muçulmanos" tão imprecisa que seria engraçada, caso as *Big Tech's*, a mídia progressista e os legisladores democratas não promovessem o SPLC como uma voz confiável. A lista de supostos islamofóbicos incluía Ayaan Hirsi Ali, famosa ativista de direitos humanos, que sobreviveu à prática bárbara de mutilação genital feminina e trabalha, incessantemente, para salvar outras meninas muçulmanas de sofrer um destino semelhante. Ninguém familiarizado com Hirsi Ali poderia argumentar que ela é outra coisa senão uma heroína e uma defensora dos direitos das mulheres. Apesar disso, o SPLC casualmente a incluiu em uma lista de supostos extremistas ligados ao incitamento à violência contra muçulmanos. "Essa desinformação e essa retórica cheia de ódio têm consequências. Quando um grande número de americanos acredita que a maioria dos muçulmanos é terrorista, ou simpatizante do terrorismo, dificilmente pode ser uma surpresa que alguma porcentagem deles se envolva em ataques de crimes de ódio", advertiu o guia SPLC. "Afinal, sua crença sobre a ameaça representada pelos muçulmanos veio de fontes apresentadas pela mídia como especialistas confiáveis".

Esse raciocínio é absurdo em pelo menos três pontos: primeiro, ele nega que os muçulmanos individuais sejam responsáveis por suas próprias ações. Em segundo lugar, Ayaan Hirsi Ali é muito mais confiável, no assunto da mutilação genital feminina, do que qualquer pessoa do SPLC. Terceiro, há muito mais evidências ligando o SPLC à violência odiosa do que qualquer ligação entre Hirsi Ali – premiada ativista dos direitos humanos – e a violência contra qualquer pessoa, menos ainda contra muçulmanos (embora islâmicos radicais tenham ameaçado *ela*). Em 2011, um esquerdista fervoroso chamado Floyd Lee

---

[280] SCHRECKINGER, Ben. Has a civil rights stalwart lost its way?. *Politico*, [S. l.], p. 1-9, jul./ago. 2017. Disponível em: https://www.politico.com/magazine/story/2017/06/28/morris-dees-splc-trump-southern-poverty-law-center-215312. Acesso em: 6 ago. 2021.

CAPÍTULO 7 | POLICIAMENTO DO DISCURSO

Corkins entrou no Conselho de Pesquisas da Família, planejando atirar nos funcionários conservadores que trabalhavam lá e, depois de matá-los, esfregar sanduíches do Chick-fil-A em seus rostos. Um heroico guarda de segurança impediu um massacre. Após sua prisão, Corkins disse às autoridades que escolheu a organização conservadora sem fins lucrativos da lista de "grupos de ódio" do SPLC[281]. Entretanto, apesar da caracterização imprecisa do SPLC de um grupo cristão quase ter causado o assassinato em massa de seus funcionários, o SPLC ainda teve a ousadia de acusar Ayaan Hirsi Ali de ser uma "extremista", incitadora da violência. E quando o SPLC foi repreendido por suas falsidades o grupo se recusou a admitir o erro.

Em abril de 2018 o SPLC finalmente removeu a lista de "extremistas anti-muçulmanos", que estava em seu site há quase dois anos. Isso aconteceu por causa de ameaças de ação legal de outro indivíduo da lista, Maajid Nawaz, ele próprio um muçulmano. Heidi Beirich, do SPLC, fez um discurso na Universidade Duke onde afirmou que Nawaz "acredita que todas as mesquitas devem ser vigiadas. Em outras palavras, sua opinião é que todos os muçulmanos são terroristas em potencial". Ambas as afirmações são falsas e, além de Nawaz não ser uma extremista, o combate ao extremismo tem sido um ponto focal de sua carreira[282]. As mentiras do SPLC foram tão flagrantes que o grupo concordou em fazer um acordo com Nawaz, por US$ 3,3 milhões em danos, além de remover o nome de Nawaz de seu site e se desculpar publicamente com ele. O SPLC ainda não ofereceu um pedido de desculpas semelhante a Hirsi Ali.

Os trabalhos de difamação contra Hirsi Ali e Nawaz não foram incidentes isolados. O SPLC difama, rotineiramente, conservadores e outros críticos da política identitária de esquerda porque é assim que o grupo ganha dinheiro. Esquerdistas ultra ricos escrevem cheques maciços para o SPLC, para demonstrarem que estão "despertos", porque o SPLC está para a política identitária assim como a Planned Parenthood está para o aborto. Em agosto de 2017, o

---

[281] BEDARD, Paul. Support for Southern Poverty Law Center links Scalise, Family Research Council shooters. *Washington Examiner*, [S. l.], p. 1-2, 14 jun. 2017. Disponível em: https://www.washingtonexaminer.com/support-for-southern-poverty-law-center-links-scalise-family-research-council-shooters. Acesso em: 6 ago. 2021.

[282] HASSON, Peter. SPLC pulls controversial 'Anti-Muslim Extremist' list after legal threats [VIDEO]. Daily Caller, [S. l.], p. 1-5, 19 abr. 2018. Disponível em: https://dailycaller.com/2018/04/19/splc-maajid-nawaz-muslim-extremist/. Acesso em: 6 ago. 2021.

OS MANIPULADORES

CEO da Apple, Tim Cook, prometeu US$ 2 milhões ao SPLC, o que levou Hirsi Ali a criticar Cook em um artigo do *New York Times*, dizendo que o SPLC era "uma organização que havia perdido o rumo", atualmente envolvida em "difamar pessoas que lutam pela liberdade"[283]. Entretanto, o alarmismo do SPLC é uma operação lucrativa e isenta de impostos. O SPLC possui mais de US$ 400 milhões em ativos, incluindo US$ 90 milhões armazenados em fundos no exterior[284]. Os doadores progressistas continuam assinando cheques e o SPLC continua espalhando difamação como se fosse o trabalho deles – porque é.

Em fevereiro de 2018, o SPLC tentou difamar a respeitada acadêmica feminista – e progressista – Christina Hoff Sommers como extremista, porque ela é uma crítica aberta da política identitária de esquerda. Relatou a *Weekly Standard*:

> Um relatório sobre "Supremacia Masculina", uma ideologia, segundo o grupo, "defensora da subjugação das mulheres", incluía a acadêmica do Instituto Americano de Empreendedorismo, Christina Hoff Sommers, chamando-a de alguém "que dá uma face respeitável e *mainstream* a algumas questões do [Ativismo Pelos Direitos dos Homens]," relatou a *Weekly Standard* [285]].

"Este é um grupo que eu admirava. Antes eles iam atrás dos membros da Ku Klux Klan e de nazistas, e agora... [eles perseguem] pessoas como Ben Carson e Ayaan Hirsi Ali. É um absurdo", disse Sommers à *Standard*, acrescentando: "Eles agora colocam na lista negra ao invés de se envolverem com argumentos. Eles colocam você na lista negra ao invés de tentar refutá-lo"[286]. O dr. Ben Carson, que agora atua como Secretário de Habitação e Desenvolvimento

---

[283] ALI, Ayaan HIrsi. Why is the Southern Poverty Law Center targeting Liberals?. *The New York Times*, [S. l.], p. 1-4, 24 ago. 2017. Disponível em: https://www.nytimes.com/2017/08/24/opinion/southern-poverty-law-center-liberals-islam.html. Acesso em: 6 ago. 2021.

[284] SCHOFFSTALL, Joe. Southern Poverty Law Center has more than $90 million in offshore funds. The Washington Free Beacon, [S. l.], p. 1-3, 20 jun. 2018. Disponível em: https://freebeacon.com/politics/southern-poverty-law-center-90-million-offshore-funds/. Acesso em: 6 ago. 2021.

[285] RUBENSTEIN, Adam. SPLC targets feminist scholar Christina Hoff Sommers. *Washington Examiner*, [S. l.], p. 1, 27 fev. 2018. Disponível em: https://www.weeklystandard.com/adam-rubenstein/splc-targets-feminist-scholar-christina-hoff-sommers. Acesso em: 6 ago. 2021.

[286] *Ibid.*

CAPÍTULO 7 | POLICIAMENTO DO DISCURSO

Urbano sob o presidente Trump, foi rotulado de "extremista" anti-gay pelo SPLC em outubro de 2014, por ter declarado sua crença de que o casamento é um sacramento religioso entre um homem e uma mulher[287]. Para a maioria das pessoas, Carson não é um extremista, mas um exemplo inspirador do sonho americano na vida real. Ele foi criado no centro de Detroit por uma mãe solteira e poderia, facilmente, ter acabado na prisão: aos quatorze anos, por exemplo, ele tentou esfaquear um colega de classe[288]. Ele, porém, se reformou, superou as adversidades e se tornou um neurocirurgião premiado, graças ao apoio de sua mãe, que incentivou seus filhos a priorizarem a educação e sua fé cristã. Resumindo, Ben Carson é uma história de sucesso americana, que deveria inspirar cada um de nós. Entretanto, ele também foi rotulado de extremista, simplesmente por ter declarado a crença cristã tradicional no casamento como a união sacramental entre um homem e uma mulher. O SPLC manteve o nome de Carson em sua lista de "extremistas" durante quatro meses, antes que a publicidade negativa o convencesse a, finalmente, removê-lo[289].

Embora os difamadores do SPLC tenham mentido repetidamente a respeito dos conservadores, eles também mentiram sobre si mesmos e o que eles representam. Isso se tornou aparente em março de 2019, quando o SPLC demitiu seu cofundador, Morris Dees, por "questões de conduta" não especificadas. Duas semanas depois, o presidente do SPLC, Richard Cohen, renunciou. Funcionários atuais e antigos do SPLC acusaram a organização de fechar os olhos à corrupção, assédio sexual e discriminação racial, dentro de suas próprias fileiras[290]. Em um ensaio contundente, publicado na *The New Yorker*, o ex-funcio-

---

[287] ROSS, Chuck. Southern Poverty Law Center apologizes to Ben Carson for putting him on its 'Extremist' list. Daily Caller, [S. l.], p. 1-4, 11 fev. 2015. Disponível em: https://dailycaller.com/2015/02/11/southern-poverty-law-center-apologizes-to-ben-carson-for-putting-him-on--its-extremist-list/. Acesso em: 6 ago. 2021.

[288] 16 things to know about... Ben Carson. PBS, [S. l.], 11 fev. 2015. Washington Week, p. 1-3. Disponível em: https://www.pbs.org/weta/washingtonweek/blog-post/16-things-know-about--ben-carson. Acesso em: 6 ago. 2021.

[289] *Op. cit.*

[290] HASSON, Peter. SPLC President Richard Cohen resigns from embattled left-wing nonprofit. Daily Caller, [S. l.], p. 1-4, 22 mar. 2019. Disponível em: https://dailycaller.com/2019/03/22/splc-richard-cohen-resigns/. Acesso em: 6 ago. 2021. HASSON, Peter. 'Highly profitable scam': Southern Poverty Law Center 'ripping off donors,' former staffer sayss. Daily Caller, [S. l.], p. 1-4, 21 mar. 2019. Disponível em: https://dailycaller.com/2019/03/21/southern-poverty-law-center-scam-morris-dees/. Acesso em: 6 ago. 2021.

nário do SPLC, Bob Moser, descreveu a instituição como um "golpe altamente lucrativo" que estava "enganando seus doadores"[291]. Trabalhar no SPLC, escreveu Moser, vinha com

> a culpa que você não podia deixar de sentir, a respeito das legiões de doadores que acreditavam que seu dinheiro estava sendo usado, bem e fielmente, para fazer a obra do Senhor, no coração do Sul dos EUA. Éramos parte do golpe, e sabíamos disso[292].

Apesar de tudo isso, o Google ainda usa o SPLC para ajudar a policiar o discurso de ódio no YouTube, como parte do programa "Moderador de Confiança" da plataforma. O SPLC e outros grupos terceirizados trabalham em estreita colaboração com os funcionários do YouTube, para reprimir o conteúdo "extremista" de duas maneiras. Primeiro, os sinalizadores são equipados com ferramentas digitais, permitindo-lhes "sinalizar em massa" o conteúdo para revisão, pelo pessoal do YouTube. Em segundo lugar, os grupos atuam como guias para os monitores de conteúdo e engenheiros do YouTube, os quais projetam os algoritmos que policiam a plataforma de vídeo. O Google também ajuda a financiar o SPLC, incluindo US$ 250 mil, dados ao grupo em 2016, para promover a "inclusão" e patrocinar "um redesenho total do site [do SPLC] Ensinando Tolerância, para garantir que os professores possam acessar e integrar o conteúdo, com mais facilidade, em suas aulas"[293]. Entre outras coisas, o programa "Ensinando Tolerância" do SPLC promove o terrorista doméstico de esquerda Bill Ayers (anteriormente do Weather Underground) como "uma figura altamente respeitada, no campo da educação multicultural"[294].

Assim como o SPLC tem um relacionamento especial com o Google, também possui um relacionamento especial com a Amazon. Ela concede ao

---

[291] MOSER, Bob. The reckoning of Morris Dees and the Southern Poverty Law Center. *The New Yorker*, [S. l.], p. 1-2, 21 mar. 2019. Disponível em: https://www.newyorker.com/news/news-desk/the-reckoning-of-morris-dees-and-the-southern-poverty-law-center. Acesso em: 6 ago. 2021.
[292] *Ibid.*
[293] OUR Society Is Strongest When We Stand Against Bias and Inequity. Google.org, [S. l.], p. 1-5, 26 mar. 2017. Disponível em: https://web.archive.org/web/20170326125926/https://www.google.org/our-work/inclusion/. Acesso em 6 ago. 2021.
[294] PULLIAM, Mark. A demagogic bully. *City Journal*, [S. l.], p. 1-11, 27 jul. 2017. Disponível em: https://www.city-journal.org/html/demagogic-bully-15370.html. Acesso em: 6 ago. 2021.

CAPÍTULO 7 | POLICIAMENTO DO DISCURSO

SPLC amplo poder de policiamento sobre seu programa de caridade Amazon Smile, que permite aos clientes identificarem uma instituição de caridade para receber 0,5% dos rendimentos de suas compras na Amazon. Os clientes doaram mais de US$ 8 milhões para instituições de caridade por meio do programa, desde 2013, de acordo com a Amazon. Apenas uma organização tanto participa do programa Amazon Smile quanto pode determinar quem mais tem permissão para ingressar: o SPLC. "Removemos organizações consideradas inelegíveis pelo SPLC", disse-me uma porta-voz da Amazon, em maio de 2018[295]. A Amazon concede ao SPLC esse poder "porque não queremos ser tendenciosos de forma alguma", disse ela, embora não pudesse comentar se a Amazon considera o SPLC justo e imparcial.

Claro, a realidade é que o SPLC é totalmente partidário e injusto. Por exemplo, grupos jurídicos cristãos como a Alliance Defending Freedom [Aliança Pela Defesa da Liberdade] (ADF) estão proibidos de participar do programa Amazon Smile, enquanto grupos abertamente antissemitas estão incluídos[296]. Em janeiro de 2019, o Center for Immigration Studies [Centro Para Estudos de Imigração] (CIS), um *think tank* apartidário, apoiador da redução da imigração, processou o SPLC por considerá-lo um "grupo de ódio"[297]. O processo observou que a designação de "grupo de ódio", por parte do SPLC, impedia a CIS de participar do programa Amazon Smile, o que poderia muito bem ter sido parte da questão.

Para onde o Google e a Amazon vão, outros sites da *Internet* e de mídia social os seguem. Até o Spotify fez parceria com o SPLC para policiar "conteúdo de ódio"[298]. E, claro, o Facebook também. O SPLC está em uma lista de "especialistas e organizações externas" com os quais o Facebook trabalha, "para

---

[295] HASSON, Peter. Prominent christian legal group barred from Amazon program while openly anti-semitic groups remain. Daily Caller, [S. l.], p. 1-5, 5 maio 2018. Disponível em: https://dailycaller.com/2018/05/05/amazon-smile-liberal-splc-anti-semitic-groups/. Acesso em: 6 ago. 2021.

[296] *Ibid.*

[297] CENTER for Immigrant Studies files a Civil RICO lawsuit against the President of Southern Poverty Law Center. Center for Immigrations Studies, [S. l.], p. 1, 16 jan. 2019. Disponível em: https://cis.org/Press-Release/CIS-RICO-Lawsuit-SPLC. Acesso em: 6 ago. 2021.

[298] HASSON, Peter. The left-wing SPLC is now policing what music you can listen to on Spotify. Daily Caller, [S. l.], p. 1-4, 11 maio 2018. Disponível em: https://dailycaller.com/2018/05/11/splc-policing-music-on-spotify/. Acesso em: 6 ago. 2021.

informar nossas políticas de discurso de ódio", disse-me Ruchika Budharaja, porta-voz do Facebook, em junho de 2018[299]. Publicamente, o SPLC censurou o Facebook por não fazer o suficiente para policiar o "discurso de ódio" na plataforma. "A retórica prejudicial e odiosa no Facebook tem consequências", afirmou um relatório do SPLC de maio de 2018[300]. O relatório não divulgou a parceria de trabalho do SPLC com o Facebook.

O Twitter listou o SPLC como um "parceiro de segurança", que trabalha com a empresa de tecnologia para combater "conduta odiosa e assédio". O SPLC não é o único grupo de esquerda que traçou um caminho de intimidação para influenciar as políticas de discurso do Twitter. O Twitter tem parceria com dezenas de outras organizações, como parte de sua iniciativa "Confiança e Segurança". Quase todas elas são de esquerda. O Dangerous Speech Project [Projeto do Discurso Perigoso], por exemplo, é membro do "Conselho de Confiança e Segurança" do Twitter. O objetivo do grupo, você ficará chocado ao saber, é combater o "discurso perigoso". Feminist Frequency, um grupo político de esquerda, é outro dos "parceiros de segurança *online*" do Twitter. Os parceiros de "conduta odiosa e assédio" do Twitter – um conselho separado do "Conselho de Confiança e Segurança" – incluem o Dangerous Speech Project (novamente) e o Hollaback! (grupo feminista apoiador de maior censura *online*).

Para seu crédito, o Twitter cortou laços com o SPLC em março de 2019, mas Facebook, Amazon e Google, não.

O VERIFICADOR DE FATOS FACTUALMENTE PREJUDICADO

O Snopes é uma publicação *online* de esquerda, com um péssimo histórico de checagem de fatos políticos – exatamente o oposto do que você deseja de um verificador de fatos políticos neutro. O Snopes é bom para desmascarar

---

[299] HASSON, Peter. Exclusive: Facebook, Amazon, Google and Twitter all work with left-wing SPLC. Daily Caller, [S. l.], p. 1-7, 6 jun. 2018. Disponível em: http://dailycaller.com/2018/06/06/splc-partner-google-facebook-amazon/. Acesso em: 3 ago. 2021.

[300] SHANMUGASUNDARAM, Swathi. The persistence of anti-Muslim hate on Facebook. Southern Poverty Law Center, [S. l.], p. 1-6, 5 maio 2018. Disponível em: https://www.splcenter.org/hatewatch/2018/05/05/persistence-anti-muslim-hate-facebook. Acesso em: 6 ago. 2021.

CAPÍTULO 7 | POLICIAMENTO DO DISCURSO

histórias de tabloides, sobre OVNIs sendo vistos no Haiti[301], ou cientistas criando híbridos meio humanos e meio animais na selva amazônica[302], mas, quando se tratam de notícias sérias, o Snopes tem dificuldades. Parte do problema é que o Snopes contrata pessoas da periferia da blogosfera de esquerda e suas checagens de fatos políticos se assemelham, consistentemente, a uma defesa de narrativas esquerdistas[303]. Por exemplo, o Snopes defendeu os democratas depois destes terem sido criticados pela falta de bandeiras americanas no palco, no primeiro dia da Convenção Nacional Democrata em julho de 2016. Bandeiras foram exibidas para o Juramento de Fidelidade e o hino nacional, e então levadas para fora do palco. No segundo dia da convenção, em resposta às críticas, os democratas encheram o palco com bandeiras americanas. Esses são os fatos. Eles são incontestáveis. Entretanto, o *Snopes* atuou como *spin doctor* democrata. Ele classificou a alegação de que "Nenhuma bandeira americana estava exposta na Convenção Nacional Democrata de 2016" como "falsa" e usou como prova uma imagem do segundo dia da convenção, tentando fazê-la passar por uma imagem do primeiro dia[304]. Isso não é verificar fatos – é inventá-los.

Snopes prestou um serviço semelhante para os democratas em março de 2017. Durante o primeiro discurso do presidente Trump no Congresso, ele prestou homenagem a Carrie Owens, a viúva do Navy SEAL Ryan Owens, morto em ação dias antes do discurso. Owens recebeu duas ovações separadas: durante o tributo do presidente à coragem de seu marido, e ao sacrifício de sua família. Dois membros democratas do Congresso, Keith Ellison de Minnesota e Debbie Wasserman Schultz, da Flórida, permaneceram sentados durante a segunda ovação de pé. De novo – esses são, simplesmente, os fatos.

---

[301] MIKKELSON, David. Does footage show UFOs flying over Haiti and the Dominican Republic?. Snopes, [S. l.], p. 1-3, 12 ago. 2007. Disponível em: https://www.snopes.com/fact-check/ufos-over-haiti/. Acesso em: 6 ago. 2021.

[302] MIKKELSON, David. The young family. Snopes, [S. l.], p. 1-2, 6 maio 2005. Disponível em: https://www.snopes.com/fact-check/the-young-family/. Acesso em: 6 ago. 2021.

[303] HASSON, Peter. Fact-checking Snopes: website's political 'fact-checker' is just a failed liberal blogger. Daily Caller, [S. l.], p. 1-4, 17 jun. 2016. Disponível em: https://dailycaller.com/2016/06/17/fact-checking-snopes-websites-political-fact-checker-is-just-a-failed-liberal--blogger/. Acesso em: 6 ago. 2021.

[304] HASSON, Peter. Snopes caught lying about lack of American flags at Democratic Convention. Daily Caller, [S. l.], p. 1-3, 28 jul. 2016. Disponível em: https://dailycaller.com/2016/07/28/snopes-caught-lying-about-lack-of-american-flags-at-democratic-convention/. Acesso em: 6 ago. 2021.

O vídeo do discurso é indiscutível. Entretanto, segundo o Snopes, as afirmações de que Ellison e Wasserman Schultz haviam se sentado durante a *segunda* ovação de pé eram "falsas", porque eles tinham se levantado e batido palmas durante a *primeira* ovação de pé. Após críticas, o Snopes revisou significativamente sua "checagem de fatos", mas não anexou uma nota do editor reconhecendo seu erro anterior[305].

Em fevereiro de 2017 o Snopes fracassou em uma checagem de fatos de dois ex-funcionários da Planned Parenthood, que declararam – oficialmente – que a Planned Parenthood oferecia bônus a seus funcionários caso atingissem certas cotas de aborto. Em uma tentativa de minar uma das alegações dos ex-funcionários, *Snopes* disse que um deles havia perdido recentemente um processo contra a Planned Parenthood, alegando fraude generalizada no Medicaid. Isso estava errado: o processo estava em andamento[306].

O *Snopes* tem demonstrado, repetidamente, sua falta de confiabilidade como verificador de fatos políticos. Entretanto, o *Snopes* ainda é um verificador de fatos para o Google, dando a ele uma colocação prioritária nos resultados de pesquisa, e é um parceiro oficial de verificação de fatos para o Facebook. O Google Notícias inclui o *Snopes* em uma barra especial, destacando seus parceiros de checagem de fatos aprovados, e o Facebook marca os *stories* do *Snopes* com um emblema de "verificador de fatos"[307]. Quando entrei em contato com o Facebook, em dezembro de 2016, uma porta-voz da empresa enfatizou que a parceria com o *Snopes* era um projeto piloto[308]. Mais de dois anos depois, o a

---

[305] HASSON, Peter. Snopes caught playing defense for Democrats who sat during Navy SEAL tribute. Daily Caller, [S. l.], p. 1-4, 2 mar. 2017. Disponível em: https://dailycaller.com/2017/03/02/snopes-caught-playing-defense-for-democrats-who-sat-during-navy-seal-tribute/. Acesso em: 6 ago. 2021.

[306] HASSON, Peter. Fact-check: Snopes gets facts wrong while defending Planned Parenthood. Daily Caller, [S. l.], p. 1-6, 17 fev. 2017. Disponível em: https://dailycaller.com/2017/02/17/fact-check-snopes-gets-facts-wrong-while-defending-planned-parenthood/. Acesso em: 6 ago. 2021.

[307] HASSON, Peter. Snopes, fact-checker for Facebook and Googles, botches fact check. Daily Caller, [S. l.], p. 1-7, 6 dez. 2018. Disponível em: https://dailycaller.com/2018/12/06/snopes-facebook-google-fact-check/. Acesso em: 6 ago. 2021.

[308] PFEIFFER, Alex; HASSON, Peter. Snopes, which will be fact-checking for Facebook, employs leftists almost exclusively. Daily Caller, [S. l.], p. 1-6, 16 dez. 2016. Disponível em: https://dailycaller.com/2016/12/16/snopes-facebooks-new-fact-checker-employs-leftists-almost-exclusively/. Acesso em: 6 ago. 2021.

CAPÍTULO 7 | POLICIAMENTO DO DISCURSO

referida empresa de checagem ainda é um árbitro da verdade para o Facebook, mesmo que seus erros continuem se acumulando.

Em março de 2018, por exemplo, o Facebook ameaçou suprimir o *Babylon Bee*, um site satírico popular, comparável ao *The Onion*, depois que o *Snopes* "verificou" um de seus artigos satíricos, intitulado "*CNN* Compra Máquina de Lavar de Tamanho Industrial Para Centrifugar Notícias Antes da Publicação". O *Snopes* estava tão ansioso para proteger a *CNN* que "checou os fatos" deste artigo, declarando-o falso, e levando o Facebook a ameaçar o fundador do *Babylon Bee*, Adam Ford, com desmonetização e redução de visualizações, caso o site satírico continuasse publicando "informações discutíveis". Mais tarde, o Facebook retirou a ameaça e pediu desculpas, mas continua a confiar no pouco confiável *Snopes*[309].

Em dezembro de 2018 uma imagem circulou, no Twitter, de Trump em pé com membros de seu governo e republicanos do Congresso. Muitos dos retratados tinham um X vermelho estampado em seus rostos, o que, segundo o *Snopes*, significava que haviam perdido suas propostas de reeleição de meio de mandato de 2018, por terem votado pela revogação do Obamacare. Entretanto, não apenas muitos daqueles marcados com um X ganharam a reeleição, como alguns sequer eram membros do Congresso[310].

O *Snopes* afirmou, ridiculamente, que sua postagem ainda era "em grande parte verdadeira", porque o número de Xs era aproximadamente equivalente ao número de republicanos derrotados que haviam votado pela revogação do Obamacare. O repórter Jake Sherman, do *Politico*, observou que a precisão de *Snopes* "não era realmente uma questão", porque "estava quase 100% errada"[311]. Entretanto, o Facebook marcou o artigo enganoso do *Snopes* com o emblema azul de "verificador de fatos", e o *Google Notícias* o destacou em sua página inicial.

---

[309] HAGSTROM, Anders. Facebok used Snopes 'fact check' to Christian satire site by mistake. Daily Caller, [S. l.], p. 1-4, 2 mar. 2018. Disponível em: https://dailycaller.com/2018/03/02/facebook-snopes-fact-checks-demonitize-christian-satire/. Acesso em: 6 ago. 2021.

[310] *Op. cit.*

[311] SHERMAN, Jake. yeah, it's not really a question. the thing was nearly 100% wrong. [S. l.], 7 dez. 2018. Twitter: @JakeSherman. Disponível em: https://twitter.com/JakeSherman/status/1071055823135215616. Acesso em 6 ago. 2021.

Um mês depois, o *Snopes* fez isso novamente. Nathan Phillips, o ativista nativo americano que, comprovadamente, mentiu sobre ter sido assediado por um grupo de alunos do ensino médio da Escola Católica de Covington, na Marcha pela Vida de 2019, também mentiu sobre outra coisa: seu histórico militar. Em entrevistas, Phillips se descreveu como um "veterano da época do Vietnã", e em um vídeo do Facebook de 2018 afirmou, explicitamente, que era um veterano do Vietnã, que havia atuado "no teatro". Ele disse à *Vogue*: "Sabe, sou dos tempos do Vietnã. Sou o que eles chamam de patrulheiro de reconhecimento. Esse era o meu papel"[312]. Registros militares mostraram que Phillips nunca foi para o Vietnã, passou a maior parte do serviço militar como técnico de geladeiras e se ausentou, sem licença, três vezes. Ele também tinha antecedentes criminais, incluindo agressão[313].

As mentiras de Phillips foram um constrangimento para o *establishment* esquerdista, que se desfez em elogios a Phillips e em condenações aos alunos do ensino médio de Covington. Porém, o *Snopes* foi ao resgate, rotulando a alegação falsa de Phillips, de ter sido um veterano do Vietnã, como "não comprovado". E, mais uma vez, o emblema azul de "verificador de fatos" do Facebook acompanhou a "verificação de fatos" imprecisa do *Snopes*.

O padrão se repetiu em outubro de 2019, quando o *Snopes* falseou sua checagem de fatos, sobre uma difamação de esquerda ao Chick-fil-A[314]. Um usuário de esquerda do Twitter culpou falsamente a Chick-fil-A pela legislação proposta (e rapidamente rejeitada) em Uganda, que teria previsto a pena de morte para a homossexualidade.

Hoje, Uganda anunciou um projeto de lei para legalizar o assassinato de gays. A National Christian [Foundation] pagou um pregador para ir a Uganda e ajudar

---

[312] HASSON, Peter. Snopes, fact-checker for Facebook and Google, botches Nathan Phillips fact check. Daily Caller, [S. l.], p. 1-4, 24 jan. 2019. Disponível em: https://dailycaller.com/2019/01/24/snopes-nathan-phillips-vietnam/. Acesso em: 6 ago. 2021.

[313] GOODMAN, Alana. Native American activist Nathan Phillips has violent criminal record and escaped from jail as teenager. *Washington Examiner*, [S. l.], p. 1-3, 23 jan. 2019. Disponível em: https://www.washingtonexaminer.com/politics/native-american-activist-nathan-phillips-has--violent-criminal-record-and-escaped-from-jail-as-teenager. Acesso em: 6 ago. 2021.

[314] HASSON, Peter. Snopes butchers fact check of viral smear of Chick-Fil-A. Daily Caller, [S. l.], p. 1-4, 16 out. 2019. Disponível em: https://dailycaller.com/2019/10/16/chick-fil-a-uganda-fact-check/. Acesso em: 6 ago. 2021.

CAPÍTULO 7 | POLICIAMENTO DO DISCURSO

seus legisladores com o projeto de lei. A Chick-fil-a financia a National Christian Org. Se você comer no Chick-fil-a, é para onde seu dinheiro irá", afirma o tuíte. Isso era falso, mas o tuíte se tornou viral rapidamente nos círculos esquerdistas do Twitter, obtendo mais de 57 mil retuítes[315].

A NCF, para fins de contexto, é uma das maiores organizações cristãs sem fins lucrativos do país e fornece financiamento para milhares de instituições de caridade e igrejas cristãs, inclusive algumas que operam em Uganda. Não há evidências para apoiar a alegação de que a NCF estivesse orquestrando a legislação proposta, e não havia evidência de que a Chick-fil-A estivesse financiando a NCF. Entretanto, o Snopes classificou o falso tuíte como uma "mistura" de verdade e fato, em sua "checagem de fatos". De maneira chocante, o artigo do Snopes ignorou fatos básicos ao alegar que a Fundação WinShape, uma instituição de caridade fundada pelos proprietários do restaurante de frango, estava financiando a NCF. Eu verifiquei os documentos fiscais da Fundação WinShape disponíveis ao público, e eles mostraram que a NCF doou à Fundação WinShape em 2017 (ano mais recente disponível), e não o contrário[316]. Longe de desmascarar a desinformação, o *Snopes* a amplificou. As *Big Tech's* não estão fazendo nada para aumentar a credibilidade da mídia – ou sua própria credibilidade – ao substituírem "verificadores de fatos" partidários, como *Snopes*. É o equivalente jornalístico de contratar um alcoólatra consumado para cuidar de seu engradado de cerveja.

MEDIA MATTERS

O Media Matters é um grupo ativista de extrema esquerda, com o objetivo de amordaçar conservadores proeminentes. Uma das especialidades do Media Matters é estimular boicotes de anunciantes contra apresentadores da *Fox News*, como Sean Hannity, Tucker Carlson e Laura Ingraham. Também liderou o esforço, bem-sucedido, de fazer com que o escritor conservador

---

[315] *Ibid.*
[316] *Ibid.*

Kevin Williamson fosse demitido do *The Atlantic*, poucos dias depois de ter sido contratado[317].

Como o SPLC, o Media Matters está inteiramente focado em atacar as pessoas da direita. Assim como o SPLC, é hipócrita. Por exemplo, o presidente do Media Matters, Angelo Carusone, tem seu próprio rastro de postagens *online* ofensivas, depreciando uma série de grupos minoritários[318]. Em uma postagem, Carusone escreveu que seu namorado era atraente, "apesar de seu judaísmo". Em outro, discorreu sobre um artigo a respeito de uma gangue de "travestis" em Bangladesh:

Uhhh. Você notou a palavra atraente? Que porra isso está fazendo aí? Será o escritor um amante de travestis também? Ou talvez ele esteja tentando justificar como esses travestis enganaram esse bangladeshiano em primeiro lugar? Olha cara, não precisamos saber se eles eram ou não atraentes. O maldito cara era de Bangladesh. E enquanto estamos aqui, o que diabos ele estava fazendo com US$ 7.300 em coisas. O cara é bangladeshi! [sic][319].

Se eu acho que essas postagens em blog deveriam desqualificar Carusone de uma carreira na mídia? Não, eu não. A realidade da natureza humana é que as pessoas têm falhas, e cometem erros. Entretanto, pelo padrão Media Matters, Carusone deveria ser permanentemente barrado da discussão pública, devido a essas postagens, mas ele não é. Ao invés disso, Carusone usa sua posição para incitar boicotes de vozes de centro-direita, usando um critério pelo qual ele mesmo não poderia passar[320].

A organização de Carusone escolheu como alvo a apresentadora da *Fox News*, Laura Ingraham, por tuitar um artigo sobre David Hogg, o estudante de

---

[317] HASSON, Peter. What Ingraham, Sinclair and Williamson have in common. Daily Caller, [S. l.], p. 1-5, 5 abr. 2018. Disponível em: https://dailycaller.com/2018/04/05/kevin-williamson--laura-ingraham-sinclair-media-matters-boycott/. Acesso em: 6 ago. 2021.

[318] HOWLEY, Patrick. Media Matters executive wrote racist, anti-semitic, anti-'trany' blog posts. Daily Caller, [S. l.], p. 1-5, 6 out. 2014. Disponível em: https://dailycaller.com/2014/10/06/media-matters-executive-wrote-racist-anti-semitic-anti-tranny-blog-posts/. Acesso em: 6 ago. 2021.

[319] CARUSONE, Angelo. Tranny Paradise. Angelocarusone.com, [S. l.], p. 6, 14 nov. 2005. Disponível em: http://web.archive.org/web/20060216022915/http://www.angelocarusone.com:80/. Acesso em: 6 ago. 2021.

[320] CARUSONE, Angelo. Facebook caves in to pressure from conservatives. CNN, [S. l.], p. 1-3, 26 jun. 2018. Disponível em: https://edition.cnn.com/2018/06/25/opinions/facebook-caves--to-conservatives-carusone/index.html. Acesso em: 6 ago. 2021.

CAPÍTULO 7 | POLICIAMENTO DO DISCURSO

Parkland, que se tornou ativista pelo controle de armas, e reclamou por não ter sido aceito em faculdades como a UCLA. Ingraham acrescentou "e reclama sobre isso", dizendo que o resultado era previsível, considerando-se as taxas de aceitação da UCLA. Mais tarde, ela se desculpou com Hogg e o convidou para seu programa. (Ele rejeitou tanto o convite quanto o pedido de desculpas). O tuíte dela foi insensível? Certamente. Entretanto, se você fizesse uma lista de coisas ofensivas ditas por apresentadores de notícias a cabo ao longo dos anos, o tuíte de Ingraham não chegaria aos 100 principais. A apresentadora da *MS-NBC*, Mika Brzezinski, mais tarde caracterizou o secretário de Estado, Mike Pompeo, como um "capacho" de ditador, em rede nacional, e ninguém veio atrás de seus anunciantes. O comentarista da *CNN*, Bakari Sellers, disse que Nick Sandmann, estudante da Covington, merecia ser "socado na cara[321]". Um colega da *CNN* de Sellers, Symone Sanders, zombou de Sandmann por seu desempenho em uma entrevista[322]. Nem a Media Matters, nem qualquer outra pessoa lançou um boicote aos anunciantes da *CNN*. Mesmo assim, Hogg e o Media Matters exigiram das empresas um boicote ao programa de Ingraham. A participação de Hogg era desculpável, considerando que ele estava no último ano do ensino médio, entretanto, não há desculpa para os adultos, que forçaram um adolescente a fazer seu trabalho político sujo em seu lugar.

O Media Matters está expandindo sua campanha de boicote desonesta para além das notícias da tv a cabo. Em um memorando de janeiro de 2017, distribuído aos doadores, o Media Matters delineou uma estratégia para evitar a reeleição do presidente Donald Trump em 2020, recrutando as *Big Tech's* para ajudarem a destruir a mídia conservadora. "Alvos importantes da direita verão sua influência diminuída, como resultado do nosso trabalho", garantiu o memorando aos doadores. De acordo com documentos vazados, o Media Matters pretende pressionar o Google (incluindo o YouTube) e o Facebook a trabalhar com eles, visando sufocar a mídia conservadora[323]. Em abril de 2018, o Media

---

[321] ATHEY, Amber. CNN silent on contributor fantasizing about punching Covington boy. CNN, [S. l.], p. 1-3, 22 jan. 2019. Disponível em: https://dailycaller.com/2019/01/22/cnn-bakari-sellers-punching-covington-nicholas-sandmann/. Acesso em: 6 ago. 2021.

[322] MOREFIELD, Scott. CNN's Symone Sanders doubles down after being criticized for mocking Covington student's TV interview. Daily Caller, [S. l.], p. 1-5, 22 jan. 2019. Disponível em: https://dailycaller.com/2019/01/22/cnn-symone-sanders-nick-sandmann-covington/. Acesso em: 6 ago. 2021.

[323] SCHOFFSTALL, Joe. Media Matter: force policy changes at tech companies to fight 'fake

Matters informou aos doadores de esquerda e aos figurões democratas a respeito das mudanças que deseja impor ao Facebook, Google e YouTube[324].

Um de seus sucessos foi conseguir uma promessa do Facebook, após meses de disputa, de rebaixar a classificação de grupos e páginas "provocadoras" do Facebook. Pelos padrões do Media Matters, qualquer conservador pode ser considerado "provocador", quando não "extremista". O Media Matters publicou uma lista de supostas "figuras extremistas" presentes na cúpula de mídia social da Casa Branca de Trump, em julho de 2019. A lista incluía a Heritage Foundation, um proeminente *think tank* conservador[325]. Para qualquer pessoa familiarizada com a Heritage, a acusação de "extremismo" era risível. A Heritage é sinônimo de *establishment* conservador. Na verdade, a Heritage *é o establishment* conservador. Se eles são "extremistas", então todo mundo à direita de Mitt Romney também é.

O MOMENTO ALEX JONES

Então, há Alex Jones. Jones, para quem não o conhece, é o fundador do site de teorias da conspiração *Infowars*, e uma pessoa terrível, de maneira geral. Ele espalhou mentiras sobre as famílias das crianças assassinadas na Escola Primária Sandy Hook, em 2012, acusando-as de encenar a coisa toda. Ele sabia muito bem que estava contando mentiras sobre pessoas em sofrimento, e o fez mesmo assim. Quando a ex-esposa de Jones trouxe à tona seu comportamento descontrolado, em uma disputa de custódia, sua defesa legal foi que não quis dizer as coisas malucas que havia dito pois, assim como um lutador profissional, adota uma "persona" pública[326] – tornando as mentiras contadas por ele sobre

---

news'. The Washington Free Beacon, [S. l.], p. 1-3, 19 abr. 2018. Disponível em: https://freebea-con.com/issues/media-matters-force-policy-changes-tech-companies-fight-fake-news/. Acesso em: 6 ago. 2021.

[324] *Ibid.*

[325] STOLTZFOOS, Rachel. Media Matters offers absurd justifications for right-wing 'Extremists' list. Dailly Caller, [S. l.], p. 1-4, 11 jul. 2019. Disponível em: https://dailycaller.com/2019/07/11/media-matters-right-wing-extremists-list/. Acesso em: 6 ago. 2021.

[326] HASSON, Peter. It turns out Alex Jones is just pretending. Daily Caller, [S. l.], p. 1-3, 17 abr. 2017. Disponível em: https://dailycaller.com/2017/04/17/it-turns-out-alex-jones-is-just-pre-tending/. Acesso em: 6 ago. 2021.

CAPÍTULO 7 | POLICIAMENTO DO DISCURSO

as pessoas ainda piores. Resumindo: Alex Jones é uma pessoa profundamente imoral. Porém, ele não entrou em cena em 2016 – ele tem estado presente há muito tempo. Pessoas com objeções morais ao que ele vem dizendo durante décadas não tentaram silenciá-lo. Na batalha pela liberdade de expressão *online*, o comportamento grotesco de Jones se tornou uma ferramenta nas mãos de esquerdistas em busca de uma nova forma de operação para as empresas de mídia social.

No espaço de um dia, em agosto de 2018, YouTube, Facebook e Apple baniram Jones de suas plataformas, permanentemente. Os primeiros a se moverem contra Jones foram o YouTube e o Facebook. A Apple foi a primeira grande plataforma a bani-lo totalmente e, nesse ponto, a maioria das outras empresas de tecnologia a seguiram[327]. O Twitter mostrou relativamente mais moderação do que seus colegas gigantes da tecnologia, pois a empresa esperou um mês antes de banir Jones da plataforma, permanentemente[328].

Não sinto compaixão por Alex Jones (exceto por sua alma), e ele não tem o direito absoluto de usar a plataforma de uma empresa. Entretanto, a questão preocupante sobre o expurgo de Alex Jones de várias plataformas é *como* ele foi banido – por ativistas de esquerda; e pela mídia esquerdista, exigindo que as *Big Tech's* agissem como censoras. A melhor maneira de responsabilizar Alex Jones por difamação é levá-lo ao tribunal, como fizeram as famílias de Sandy Hook em um processo que está em andamento. Se, no entanto, você quiser usar Alex Jones para mudar a forma como as mídias sociais funcionam, você destaca o quanto ele é revoltante, e o tamanho de seu público, como prova de que as empresas de tecnologia precisam mudar as regras. "Não vai parar em Alex Jones", disse uma fonte do Facebook.

É sem princípios, e não deriva de coisa alguma, então está apenas sujeito a diferentes exemplos concretos, como "ah, olha, isso aconteceu, e esse grupo

---

[327] MCHUGH, Molly. A timeline of vacilation: how Twitter came to suspend Alex Jones. The Ringer, [S. l.], p. 1-10, 16 ago. 2018. Disponível em: https://www.theringer.com/tech/2018/8/16/17705492/a-timeline-of-vacillation-how-twitter-came-to-suspend-alex-jones. Acesso em: 6 ago. 2021.

[328] SCHNEIDER, Avie. Twitter bans Alex Jones and InfoWars; Cites abusive behavior. NPR, [S. l.], p. 1-3, 6 set. 2018. Disponível em: https://www.npr.org/2018/09/06/645352618/twitter-bans-alex-jones-and-infowars-cites-abusive-behavior. Acesso em: 6 ago. 2021.

está chateado com isso, e eles têm uma petição" e, eventualmente, isso leva a um lugar onde você não tem permissão para dizer nada 'ofensivo' a ninguém na plataforma.

E quem determina o que é ofensivo? Turbas raivosas de esquerda.

Jones é, inegavelmente, uma figura tóxica, de maneira única. Difamar as famílias de Sandy Hook, sugerindo que seus filhos mortos não passavam de "atores de crise", foi grotesco. E Jones tem uma longa história de palhaçadas incluindo, mas não se limitado, ao conspiracionismo do 11 de setembro. Porém, eu não posso apoiar bani-lo de plataformas aparentemente neutras, em termos de conteúdo; quem se recusa a ver isso como o primeiro passo em direção a uma campanha mais agressiva de remoção de conservadores de plataformas, está sendo obtuso,

afirmou o editor do *Washington Free Beacon*, Sonny Bunch, em um artigo de opinião, após o expurgo de Jones.

A matemática aqui é simples: há uma crença crescente de que o discurso pode ser considerado violência, que o discurso racista é, por definição, violência, e que o pensamento conservador é inerentemente racista. Eu não preciso de um quadro branco nem de reptilianos para conectar os pontos[329].

Observou o colunista britânico, Brendan O'Neill, na revista *Spiked*:

Portanto, agora estamos confiando na classe capitalista, corporações massivas e irresponsáveis, para decidir em nosso nome, o que podemos ouvir e falar? Esta é a mensagem para se levar para casa, a terrível mensagem, da expulsão da rede *Infowars* de Alex Jones da Apple, Facebook e Spotify, e dos gritos selvagens de alegria gerados por essa proibição sumária entre os chamados progressistas: que as pessoas agora acham bom permitir ao capitalismo global governar a esfera

---

[329] BUNCH, Sonny. The untenable tension between freedom of speech and freedom of association. *The Washington Post*, [S. l.], p. 1-5, 8 ago. 2018. Disponível em: https://www.washingtonpost.com/news/act-four/wp/2018/08/08/the-untenable-tension-between-freedom-of-speech-and--freedom-of-association/?noredirect=on. Acesso em: 6 ago. 2021.

CAPÍTULO 7 | POLICIAMENTO DO DISCURSO

pública, decretando o que pode ser dito, e o que é indizível. Censura corporativa, a nova onda favorita dos progressistas – que bizarro.

Adicionou O'Neill:

Não importa o que você pensa de Jones. Não importa se você acha ele louco, excêntrico e dado a abraçar teorias malucas sobre tiroteios em escolas serem falsificados. Você ainda deve se preocupar com o que aconteceu com ele, porque confirma nossa entrada em uma nova era de censura terceirizada. Isso demonstra que, agora, as empresas fazem o que antes era feito pelo Estado. A limpeza antiliberal e intolerante da vida pública, de ideias consideradas ofensivas ou perigosas, deixou de ser coisa do Estado, para ser coisa da elite empresarial.[330].

Escreveu, posteriormente, o cientista político americano Francis Fukuyama:

O Facebook exerce, hoje, poderes de censura semelhantes aos do governo, apesar de ser uma empresa privada. O *New York Times* ou o *Wall Street Journal* podem, na verdade, censurar Alex Jones, recusando-se a divulgar seu conteúdo. Entretanto, porque existe um mercado pluralista e competitivo na mídia impressa tradicional, isso não importa, os seguidores de Jones podem, simplesmente, escolher diferentes meios de comunicação. O mesmo não é verdade no espaço de mídia social de hoje.

Pessoalmente, acho Alex Jones completamente tóxico, e não estou infeliz em ver sua visibilidade reduzida; isso será bom para a nossa democracia. Contudo, também me sinto muito desconfortável com um quase-monopólio privado, como o Facebook, tomando esse tipo de decisão[331].

No entanto, aqueles que expressaram preocupação com a proibição de Jones estavam em minoria entre a classe política e da mídia.

---

[330] O'NEIL, Brendan. Alex Jones and the rise of corporate censorchip. Spiked, [S. l.], p. 1-4, 7 ago. 2018. Disponível em: https://www.spiked-online.com/2018/08/07/alex-jones-and-the-rise-of-corporate-censorship/#.W3DoXNhKjq1. Acesso em: 6 ago. 2021.

[331] FUKUYAMA, Francis. Social media and censorship. *The American Interest*, [S. l.], p. 1-3, 8 ago. 2018. Disponível em: https://www.the-american-interest.com/2018/08/08/social-media-and-censorship/. Acesso em: 6 ago. 2021.

Pouco depois do precedente de Jones ser estabelecido, ativistas de esquerda e políticos democratas, exigiram sua aplicação de forma mais ampla. Chris Murphy, senador democrata de Connecticut, aproveitou a oportunidade para pressionar as *Big Tech's* a irem ainda mais longe em sua censura. "O *Infowars* é a ponta de um iceberg gigante, de ódio e mentiras, que usa sites como Facebook e YouTube para separar nossa nação. Essas empresas devem fazer mais do que derrubar um site", escreveu Murphy no Twitter. "A sobrevivência de nossa democracia", insistiu ele, "depende da censura extrema das *Big Tech's*[332].

STEVEN CROWDER

Para entender como será aplicada a fórmula de Jones, veja o que aconteceu com Steven Crowder, o comediante conservador. Em 30 de maio de 2019, Carlos Maza, escritor da Vox, um ex-funcionário do Media Matters, postou uma compilação de insultos improvisados que Crowder dirigiu a ele em dezenas de vídeos. "Então, eu tenho uma pele muito dura quando se trata de assédio *online*, mas algo tem realmente me incomodado", começou Maza. "Desde que comecei a trabalhar na Vox, Steven Crowder tem feito vídeo após vídeo, 'desmascarando' Strikethrough [série de vídeos de Maza]. Cada vídeo inclui ataques, repetidos e abertos, à minha orientação sexual e etnia". Se Maza quisesse reclamar sobre Crowder chamando-o de "bicha sibilante" e "gay latino da Vox", estaria dentro de seu direito de fazê-lo. A melhor maneira de enfrentar o discurso do qual você não gosta é mais discurso, e não censura. Entretanto, Maza não estava procurando refutar Crowder – ele estava procurando silenciá-lo. Maza e jornalistas afins lançaram uma campanha de defesa completa, exigindo do YouTube o banimento total de Crowder da plataforma. Originalmente, o YouTube havia decidido que os vídeos de Crowder não violavam suas

---

[332] MURPHY, Chris. Infowars is the tip of a giant iceberg of hate and lies that uses sites like Facebook and YouTube to tear our nation apart. These companies must do more than take down one website. The survival of our democracy depends on it. [S. l.], 6 ago. 2018. Twitter: @ChrisMurphyCT. Disponível em: https://twitter.com/ChrisMurphyCT/status/1026580187784404994. Acesso em: 6 ago. 2021.

CAPÍTULO 7 | POLICIAMENTO DO DISCURSO

políticas. Após seis dias de *lobby* da mídia e de funcionários esquerdistas do YouTube[333], a plataforma desmonetizou o canal de Crowder.

ELES VIRÃO ATRÁS DE BEN SHAPIRO

Se existe uma certeza nas batalhas do discurso digital, é essa: a multidão virá atrás de Ben Shapiro. Ben é, de longe, a voz mais eficaz da direita. Ele preenche, melhor do que ninguém, a lacuna entre o conservadorismo *think tank* e o conservadorismo populista. Congressistas leem seu trabalho e ouvem seu *podcast*, mas o mesmo acontece com as pessoas fora do mundo político. Eu conheço pessoas de dentro de D.C. que ouvem o *podcast* de Ben todos os dias – e conheço paramédicos no Texas que também ouvem. Ben alcança a todos – do *establishment* político até a fronteira. Por isso, a esquerda ativista fará todo o possível para removê-lo das plataformas. Eles já estão lançando as bases, com esforços de difamação de má-fé.

O *Washington Post* publicou um artigo de opinião da pesquisadora do Media Matters, Talia Lavin, que atacou Shapiro e outros, em um artigo intitulado: "How the Far Right Spread Politically Convenient Lies about the Notre Dame Fire" [Como a Extrema Direita Espalhou Mentiras Convenientes Sobre o Incêndio de Notre Dame]. (Lavin, é importante notar, juntou-se à Media Matters depois de perder seu emprego de checagem de fatos na revista *New Yorker*, por ter acusado falsamente um oficial de Imigração e Alfândega de ser um nazista)[334]. Em seu artigo de opinião, Lavin não conseguiu apontar nenhuma mentira contada por Shapiro, porém, afirmou que alguns de seus tuítes, mencionando valores judaico-cristãos, "evocaram o espectro de uma guerra entre o Islã e o Ocidente, que já faz parte de várias narrativas de extrema direita". Na verdade, Shapiro simplesmente não mencionou o Islã nos tuítes, mas por que deixar os fatos atrapalharem uma boa narrativa? Afinal, não se trata de

---

[333] WHITE, Chris. Google employees are mad YouTube didn't lower the boom on Steven Crowder. Daily Caller, [S. l.], p. 1-4, 7 jun. 2019. Disponível em: https://dailycaller.com/2019/06/07/youtube-steven-crowder-censor/. Acesso em: 6 ago. 2021.

[334] KRAYDEN, David. New Yorker fact checker resigns after falsely accusing ICE officer of having Nazi tattoo. Daily Caller, [S. l.], p. 1-2, 25 jun. 2018. Disponível em: https://dailycaller.com/2018/06/25/new-yorker-fact-checker-resigns-ice-officer-tattoo/. Acesso em: 6 ago. 2021.

avaliar honestamente os fatos – trata-se de silenciar as vozes mais eficazes da direita.

Em agosto de 2019, o Media Matters publicou uma compilação de vídeos, com o objetivo de retratar o site Daily Wire, de Shapiro, como extremista. Ben, contudo, sabendo como o Media Matters e outros meios semelhantes operam, estava um passo à frente dos difamadores. Em julho de 2018 ele postou um artigo no Daily Wire, intitulado: "Então, Aqui Está Uma Lista Gigante de Todas as Coisas Idiotas que Eu Já Fiz (Não se Preocupe, Continuarei Atualizando)"[335]. Nele, listou tudo – cada comentário, cada artigo, cada tuíte – que difamadores esquerdistas poderiam tentar usar contra ele. Dividiu-o em quatro categorias: "Coisas Estúpidas/Imorais que Eu Disse (E Normalmente Me Retratei Várias Vezes)", "Coisas que a Esquerda Está Tirando de Contexto", "Coisas que a Esquerda Não Gosta que Sejam Verdade", e "Opiniões Controversas, que a Esquerda Simplesmente Não Gosta". Foi uma jogada brilhante, mas não será o suficiente para impedir os ativistas de esquerda de tentarem – e talvez conseguirem – censurar a ele e ao Daily Wire. A Media Matters paga às pessoas para ouvirem o *podcast* diário de Ben e editar clipes de seu programa seletivamente, para fazê-lo parecer mal.

MUDE OS TERMOS

Seis grupos de esquerda, liderados pelo SPLC e pelo Center for American Progress (financiado por mega doadores progressistas, como George Soros)[336], formaram uma coalizão a favor da censura, em outubro de 2018. A coalizão "Change the Terms" [Mude os Termos] tenta pressionar todas as empresas de tecnologia de hospedagem de serviços a estabelecer regras contra o "discurso de ódio" – não apenas no Facebook, Google e Twitter, mas em sites

---

[335] SHAPIRO, Ben. So, here's a giant list of all the dumb stuff I've ever done (don't worry, I'll keep updating it). Daily Caller, [S. l.], p. 1-7, 20 jul. 2018. Disponível em: https://web.archive.org/web/20180720204111/https://www.dailywire.com/news/33362/so-heres-giant-list-all-dumb--stuff-ive-ever-done-ben-shapiro. Acesso em: 6 ago. 2021.

[336] CENTER for American Progress (CAP). Influence Watch, [S. l.], p. 1-5, 20 jul. 2018. Disponível em: https://www.influencewatch.org/non-profit/center-for-american-progress-cap/. Acesso em: 6 ago. 2021.

CAPÍTULO 7 | POLICIAMENTO DO DISCURSO

de financiamento coletivo e empresas de hospedagem de sites, como a GoDaddy. "As empresas de *Internet* devem fazer mais para garantir que estão fazendo sua parte no combate ao extremismo e ao ódio, e levando ameaças de ódio e extremismo, em suas plataformas, mais a sério", disse Heidi Beirich, do SPLC, durante o anúncio sobre a nova coalizão de censura. O SPLC se comprometeu a perseguir plataformas de mídia social, visando a conformidade.

> Para garantir que as empresas estejam fazendo sua parte, ajudando a combater a conduta odiosa em suas plataformas, o SPLC e outras organizações acompanharão, nesta campanha, o progresso das principais empresas de tecnologia – especialmente plataformas de mídia social – para adotar e implementar essas políticas corporativas modelo. Então, no ano seguinte, as organizações fornecerão boletins informativos a essas empresas, sobre suas políticas e sua execução,

prometeu o anúncio do SPLC. A coalizão exigiu que todas as empresas de tecnologia sigam o exemplo do Google, no estabelecimento de "moderadores confiáveis", para sinalizar indivíduos, organizações e declarações questionáveis. Mais do que isso, querem que as empresas de tecnologia neguem suas plataformas a pessoas envolvidas em comportamentos inaceitáveis *fora da plataforma*[337].

Em outras palavras, o SPLC e uma variedade de outros grupos de esquerda, querem acesso privilegiado às alavancas de poder das *Big Tech's*, de forma a policiar o comportamento de seus oponentes fora da plataforma. Os termos também exigem que as empresas de tecnologia "estabeleçam uma equipe de especialistas em atividades odiosas, com a autoridade necessária para treinar e apoiar os programadores e avaliadores que trabalham para fazer cumprir atividades contra o ódio, elementos dos termos de serviço, desenvolver materiais e programas de treinamento, como criar um meio de rastrear a eficácia de quaisquer ações tomadas, de forma a responder a atividades odiosas". A demanda é essencialmente para que as empresas de tecnologia adotem as equipes "anti- -viés", agora populares nos *campi* universitários.

---

[337] ADOPT the Terms. Change the Terms, [S. l.], Petição, p. 1- 2, s. d. Disponível em: https:// www.changetheterms.org/terms. Acesso em: 7 ago. 2021.

Criar um comitê de consultores externos, com experiência na identificação e rastreamento de atividades odiosas, responsáveis por produzir um relatório anual sobre a eficácia das medidas tomadas pela empresa.

As *Big Tech's* já respondem aos picaretas de esquerda do SPLC, mas os picaretas querem garantia por escrito.

E dê esse crédito a eles: está funcionando. No final de 2018, o site de arrecadação de fundos Patreon (usado por Jordan Peterson e outros) concordou em implementar as recomendações do "Mude os Termos". Então, os esquerdistas entraram em ação identificando pessoas que, segundo eles, estavam violando as novas regras. É uma jogada astuta, que pretendem replicar em todas as plataformas até tornarem a *Internet* semelhante a um painel gigante da *MSNBC* – com esquerdistas e progressistas enfrentando alguns conservadores moderados (do tipo aprovado pelo *New York Times* e pelo *Washington Post*) que, espera-se, concordarão com eles.

É SOBRE PODER

O fato de grandes empresas, como Google e Facebook, trabalharem com picaretas partidários desonestos, como o *Snopes* e o SPLC, mostra o quão pouco eles realmente se preocupam com problemas como desinformação e extremismo político. Não se trata dessas coisas - trata-se de poder. Por isso que os progressistas entram em pânico sempre que os conservadores se aproximam de qualquer tipo de influência dentro das *Big Tech's*: eles sabem, exatamente, quanto dano você pode infligir aos seus inimigos políticos ao trabalhar essas alavancas cruciais de poder. Por esse motivo que os esquerdistas do Facebook trabalharam tão furiosamente para tentar tirar Joel Kaplan de seu trabalho como vice-presidente do Facebook, e por esse motivo eles pretendem garantir que o Facebook só faça parceria com organizações terceirizadas, seguidoras da linha esquerdista.

Em 2018, o Facebook estava reformulando, lentamente, suas políticas de conteúdo e, em um esforço para tirar os críticos conservadores de suas costas, contratou a Refiners, braço de relações públicas da firma de pesquisa de oposição republicana, America Rising. A Refiners apontou para a mídia conservado-

CAPÍTULO 7 | POLICIAMENTO DO DISCURSO

ra que vários grupos críticos ao Facebook tinham sido financiados pelo bilionário esquerdista George Soros[338].. Isso era verdade, mas também irrelevante: os conservadores realmente deveriam parar de criticar o Facebook, por seu viés anti-conservador, só porque ativistas financiados por Soros também o estavam criticando? Na realidade, o Facebook conseguiu que a principal empresa de pesquisa da oposição republicana deixasse de ser uma de suas críticas. Enquanto isso, o Media Matters, apoiado por Soros, reclamou que o Facebook não estava sendo esquerdista o suficiente e lançou uma petição, exigindo que a *Weekly Standard* fosse retirada como verificadora de fatos para a plataforma, porque a revista intelectual (e republicana, do *establishment* anti-Trump) era, supostamente, uma "publicação de direita, com um histórico de mentiras partidárias"[339]. A petição afirmava que "o Facebook não deve fazer parceria com o meio de comunicação, para fornecer análises neutras e independentes". Para o Media Matters, veículos de esquerda como *Snopes* são apartidários, mas veículos de centro-direita, como o *Weekly Standard*, são "de direita" e não confiáveis, apesar de serem suficientemente independentes para criticarem Trump enormemente.

A Media Matters, sem dúvida, se sentiu vingada quando a *Weekly Standard* verificou e derrubou o blog de esquerda *ThinkProgress*, apoiado por Soros. Durante as audiências de confirmação para o juiz da Suprema Corte Brett Kavanaugh, a *ThinkProgress* publicou um artigo intitulado "Brett Kavanaugh Disse que Derrubaria *Roe vs. Wade* na Semana Passada, e Quase Ninguém Notou". O título é basicamente o argumento do artigo, mas não inclui nenhuma evidência de Kavanaugh dizendo que anularia a decisão da Suprema Corte. A checagem de fatos da *Standard* rotulou a afirmação de "falsa" e os escritores do *ThinkProgress* começaram a ter um colapso, assim como a maior parte do *establishment* de mídia progressista.

Contudo, William Saletan, escrevendo para o Slate.com, fez uma observação crucial:

---

[338] MAC, Ryan; BERNSTEIN, Joseph; WARZEL, Charlie; HONAN, Mat. This document is some of the research Facebook commissioned on George Soros. BuzzFeed News, San Francisco, p. 1-5, 1 dez. 2018. Disponível em: https://www.buzzfeednews.com/article/ryanmac/soros-facebook-definers-research. Acesso em: 7 ago. 2021.

[339] RESULTADOS de busca por 'Facebook Weekly Standard'. Media Matters for America, [S. l.], p 1-7, 2018. Disponível em: https://www.mediamatters.org/search?search=facebook%20weekly%20standard&page=3. Acesso em: 7 ago. 2021.

Então, a checagem de fatos da *Standard* está correta. Por si só, esse é um pequeno ponto. Entretanto, a *ThinkProgress* e seus aliados transformaram a disputa em algo muito maior. Ao atacar a checagem de fatos como tendenciosa, baseando-se no fato de que uma revista conservadora a publicou, eles provaram o oposto do que pretendiam. Eles confirmaram que a imprensa está cheia de jornalistas de esquerda, que às vezes não conseguem ver ou reconhecer falsidades congênitas e demonstraram como esses jornalistas se unem, quando desafiados, em um coro tribal, para acusar os conservadores de tentar "censurá-los". Em suma, eles demonstraram por que precisamos de jornalistas conservadores para ajudar a verificar os fatos[340].

Isso é, obviamente, verdade. Porém, em grande parte das *Big Tech's* e certamente dentro do *establishment* da mídia progressista também é controverso, porque ninguém realmente se preocupa com reportagens neutras ou com uma avaliação honesta dos fatos. Eles se preocupam muito mais com o avanço de uma narrativa ideológica. É sobre política. É sobre poder. E a esquerda não quer seu domínio da mídia desafiado.

---

[340] SALETAN, William. The Weekly Standard's Kavanaugh fact check was correct. Slate, [S. l.], p. 1-4, 12 set. 2018. Disponível em: https://slate.com/news-and-politics/2018/09/thinkprogress-weekly-standard-facebook-fact-check-kavanaugh.html. Acesso em: 7 ago. 2021.

CAPÍTULO 8

Capítulo 8

A narrativa

O *establishment* de mídia progressista tem um grande incentivo para controlar ou ser o maior *player* nas redes sociais. A revolução digital tornou irrelevantes algumas das funções da grande mídia. As pessoas não precisam comprar um jornal ou assistir ao noticiário da noite para saber como estará o tempo amanhã. Elas podem verificar a previsão do tempo em seus telefones, em três segundos. As pessoas não precisam mais comprar anúncios classificados em um jornal. Eles podem fazer o mesmo no Craigslist gratuitamente, ou por quase nada. As empresas de mídia social representam uma ameaça direta às empresas da grande mídia, ao devorar a atenção dos consumidores (atenção que poderia ser direcionada para a *MSNBC* ou *CNN*) e a receita de publicidade que advém dela. Mesmo assim, as empresas da mídia tradicional estão em desvantagem.

Como as empresas de tecnologia constantemente absorvem seus dados, os anunciantes podem se direcionar para demografias altamente específicas, em plataformas de mídia social. Essa vantagem é crucial. Comprar tempo na *MSNBC* permite às empresas anunciarem para as pessoas que assistem Rachel Maddow. Porém, comprar anúncios no Twitter ou Facebook lhes permite atingir o subgrupo específico de fãs de Rachel Maddow com maior probabilidade de comprar seus produtos. Jornais, redes a cabo, e empresas de mídia digital, simplesmente não podem competir com esse modelo de anúncio. O melhor que podem fazer é tentar ter sucesso, ou jogar sujo.

O mercado de publicidade digital se enquadra em duas categorias: *1)* Google e Facebook *2)* todos os demais. Juntos, Google e Facebook respondem

OS MANIPULADORES

por quase 60% do mercado de publicidade digital[341]. Enormes quantias de dinheiro estão em jogo: em 2023, a indústria de publicidade digital deverá valer US$ 230 bilhões – bilhões, com um "b"[342]. E as empresas de mídia do *establishment* se sentem com direito à receita de publicidade das *Big Tech's*. Não só isso, também exigem que as *Big tech's* impeçam os meios de comunicação conservadores de lucrarem com sua plataforma. O tamanho do mercado de publicidade digital é um contexto crucial ao considerar a cobertura das empresas de mídia corporativa do Google e do Facebook. A cobertura da mídia de desinformação generalizada ou "discurso de ódio" em plataformas de tecnologia inflige danos às receitas de publicidade do Google e do Facebook. A solução sempre envolve as *Big Tech's* dando à grande mídia uma maior participação de mercado.

Em junho de 2019, o *New York Times*, por exemplo, atacou o *Google Notícias*, com uma história que beirava a propaganda. A história foi intitulada: "Google Ganhou US$ 4,7 Bilhões Com a Indústria de Notícias em 2018, Afirma Estudo", e argumentou que o Google era uma sanguessuga da mídia de notícias tradicional[343]. Entretanto, a história foi notoriamente enganosa. Mathew Ingram, redator da *Columbia Journalism Review*, observou:

> Acontece que o relatório foi publicado pela News Media Alliance, um grupo de *lobby* da indústria de mídia, anteriormente conhecido como Newspaper Association of America, e o número citado pelo *Times* – sem qualquer avaliação crítica – parece ser baseado, quase inteiramente, em extrapolações matemáticas questionáveis de um comentário feito por um antigo executivo do Google, há mais de uma década[344].

---

[341] DANG, Sheila. Google, Facebook have tight grip on growing U.S. online ad market: report. Reuters, [S. l.], p. 1-2, 5 jun. 2019. Disponível em: https://www.reuters.com/article/us-alphabet-facebook-advertising/google-facebook-have-tight-grip-on-growing-u-s-online-ad-market-report-idUSKCN1T61IV. Acesso em: 7 ago. 2021.

[342] *Ibid.*

[343] TRACY, Marc. Google made $4.7 billion from the News Industry in 2018, study says. *The New York Times*, [S. l.], p. 1-5, 9 jun. 2019. Disponível em: https://www.nytimes.com/2019/06/09/business/media/google-news-industry-antitrust.html. Acesso em: 7 ago. 2021.

[344] INGRAM, Matthew. NYT promotes questionable study on Google and the media. *Columbia Journalism Review*, [S. l.], p. 1-3, 10 jun. 2019. Disponível em: https://www.cjr.org/the_new_gatekeepers/nyt-google-media.php. Acesso em: 7 ago. 2021.

CAPÍTULO 8 | A NARRATIVA

A News Media Alliance, o grupo de interesse especial por trás do estudo fraudulento estava, ao mesmo tempo, fazendo *lobby* a favor de uma lei isentando as empresas de mídia impressa e *online* das regulamentações antitruste. Entre os membros do grupo de interesse especial: o *New York Times*. O artigo lixo do jornal "foi publicado em um momento que fornecia o máximo de publicidade para um projeto de lei que a New Media Alliance vem promovendo no Congresso, chamado de Lei de Concorrência e Preservação do Jornalismo", observou Ingram. O projeto de lei

> permitiria às empresas de notícias impressas e *online* se cartelizarem, em uma frente unida contra o Google e o Facebook. [...] Sob a nova lei, que expiraria em quatro anos, o cartel poderia reter coletivamente conteúdo do Google, Facebook e outros sites, e negociar os termos sob os quais os dois gigantes da tecnologia poderiam usar seu trabalho. Atualmente, a lei antitruste proíbe tal conluio envolvendo todo o setor,

observou Jack Shafer, do *Politico*[345]. Em outras palavras, o *Times* fez *lobby*, disfarçado de artigo de notícias, com base em dados de má qualidade de um grupo de interesse especial, cujos membros incluem o *Times*, por um projeto de lei beneficiando os interesses do jornal. Foi uma jogada grosseira, mas esclarecedora, ao demonstrar como os interesses de negócios da grande mídia estão interligados com sua cobertura das *Big Tech's*.

A mídia social forneceu aos jornalistas a capacidade de alcançar milhões de pessoas que não podiam alcançar antes, mas deu a todos essa capacidade também – um efeito democratizante, bom para os meios de comunicação alternativos, mas ruim para os gigantes da grande mídia, acostumados a ter uma vantagem institucional. Também foi ruim para os repórteres do *establishment*, desconectados da realidade, que se sentem com direito à confiança dos americanos, quer eles a tenham conquistado ou não. A mídia social representa uma ameaça direta para as empresas de mídia tradicional, e muitos jornalistas se ressentem abertamente do Facebook e do Google por causa disso.

---

[345] SHAFER, Jack. Newspapers' embarrassing lobbying campaign. *Politico*, [S. l.], p. 1-3, 10 jun. 2019. Disponível em: https://www.politico.com/magazine/story/2019/06/10/newspapers--embarrassing-lobbying-campaign-227100. Acesso em: 7 ago. 2021.

Eles se ressentem não apenas pela perda de receita de publicidade, mas também pela perda de poder. A eleição de 2016 mostrou que os jornalistas da grande mídia não controlavam mais a discussão nacional como achavam que deveriam. A mídia nacional estava tão uniformemente "com ela", que viu a perda de Clinton como uma prova positiva de que os eleitores devem ter sido enganados por outras fontes de notícias. A mídia social é a maior razão pela qual os meios de comunicação do *establishment* não têm o nível sufocante de influência de que desfrutavam antes, e foram necessárias as eleições de 2016 para perceberem isso.

Quando as empresas do *establishment* de mídia alimentam o medo de que as plataformas de mídia social sejam fontes de desinformação, elas o fazem por interesse próprio. Na década de 1930, os jornais tinham os mesmos incentivos para desacreditar a rádio. O caso mais famoso foi, provavelmente, a famosa transmissão de rádio de Orson Welles, de *A Guerra dos Mundos*, que incluiu um jornalista fictício alertando sobre uma invasão alienígena. Diz a lenda que, em todo o país, ao ouvir a transmissão, as pessoas entraram em pânico, em massa. Entretanto, isso foi exagero dos jornais: não aconteceu realmente dessa maneira.

"O suposto pânico foi praticamente impossível de medir, de tão pequeno, na noite da transmissão. Apesar das repetidas afirmações em contrário, nos programas da PBS e NPR, quase ninguém se deixou enganar pela transmissão de Welles", escreveram Jefferson Pooley e Michael J. Socolow, em um artigo do *Slate* de 2013[346].

> Como começou a história de ouvintes em pânico? Culpe os jornais da América. O rádio havia desviado a receita de publicidade da mídia impressa durante a Depressão, prejudicando gravemente a indústria jornalística. Portanto, os jornais aproveitaram a oportunidade apresentada pelo programa de Welles para desacreditar a rádio como fonte de notícias. A indústria jornalística foi sensacionalista quanto ao pânico, para provar aos anunciantes e reguladores que a gestão da rádio era irresponsável e não era confiável.

---

[346] POOLEY, Jefferson; SOCOLOW, Michael J. The myth of the War of the Worlds panic. Slate, [S. l.], p. 1-7, 28 out. 2013. Disponível em: https://slate.com/culture/2013/10/orson-welles-war-of-the-worlds-panic-myth-the-infamous-radio-broadcast-did-not-cause-a-nationwide-hysteria.html. Acesso em: 7 ago. 2021.

CAPÍTULO 8 | A NARRATIVA

Agora, considere o tratamento alarmista da grande mídia aos pequenos sites de *fake news*.

FAKE NEWS SOBRE *FAKE NEWS*

Dois dias após a eleição de 2016, o *The Guardian* publicou um artigo, intitulado "Fracasso do Facebook: *Fake News* e Política Polarizada Elegeram Trump?". O subtítulo: "A empresa está sendo acusada de abdicar de sua responsabilidade de reprimir as *fake news* e de se opor à câmara de ecos que definiu esta eleição". Sutil. O artigo alarmista foi compartilhado mais de 26 mil vezes[347]. "A maneira mais óbvia pela qual o Facebook possibilitou a vitória de Trump foi sua incapacidade (ou recusa) de resolver o problema de boatos, ou notícias falsas", afirmou Max Read, da *New York Magazine*[348]. Um mês após a vitória de Trump, Brian Williams, do *MSNBC*, informou confiantemente a seus telespectadores que "as *fake news* desempenharam um papel na eleição". A pesquisa real sobre o assunto, ao invés da histeria partidária, considera muito, muito, *muito* improvável a influência das "*fake news*" na eleição[349]. As pessoas que compartilham notícias falsas não são eleitores indecisos: são os apoiadores mais obstinados de todos. São as pessoas que *querem* acreditar em notícias falsas. Entretanto, se você só obtém suas notícias de fontes do *establishment*, você provavelmente tem uma imagem muito diferente da influência (inexistente) das *fake news*.

Tanto o *New York Times* quanto o *Washington Post* citaram o site de notícias falsas DenverGuardian.com, em dezembro de 2016, como um exemplo assustador dos perigos de um Facebook não policiado. Na época, DenverGuardian.

---

[347] SOLON, Olivia. Facebook's failure: did fake news and polarized politics get Trump elected. *The Guardian*, San Francisco, p. 1-9, 10 nov. 2016. Disponível em: https://www.theguardian.com/technology/2016/nov/10/facebook-fake-news-election-conspiracy-theories. Acesso em: 7 ago. 2021.

[348] READ, Max. Donald Trump won because of Facebook. *New York Magazine*, [S. l.], 9 nov. 2016. Intelligencer, p. 1-4. Disponível em: http://nymag.com/intelligencer/2016/11/donald-trump--won-because-of-facebook.html. Acesso em: 7 ago. 2021.

[349] NYHAN, Brendan. Fake news and bots may be worrisome but their political power is overblown. *The New York Times*, [S. l.], p. 1-4, 13 fev. 2018. Disponível em: https://www.nytimes.com/2018/02/13/upshot/fake-news-and-bots-may-be-worrisome-but-their-political-power-is--overblown.html. Acesso em: 7 ago. 2021.

com não estava entre os top 91.000 sites, classificados por tráfego da *web*, nos Estados Unidos, de acordo com a Alexa, empresa de análise da *web*. Para colocar esse número em perspectiva: o site que, supostamente, havia ajudado a eleger o presidente Trump, estava a mais de 84.000 posições abaixo do site da Northern Virginia Community College. O *New York Times* dedicou cobertura de primeira página a outro site de notícias falsas, chamado "Patriot News Agency". A história do *Times* enfatizou gravemente que "os operadores do Patriot News tinham uma motivação explicitamente partidária: conseguir eleger Trump". Contudo, a Patriot News Agency era ainda menos popular do que o DenverGuardian. com, atingindo a colocação número 184.898 no ranking de sites da Alexa, nos Estados Unidos. E a página do site no Facebook tinha apenas 100 curtidas na época, dando a ela aproximadamente o mesmo alcance no Facebook que a sua cafeteria local[350]. Esses fatos, obviamente, não fizeram parte da cobertura da mídia.

Em um estudo publicado dois anos depois, professores de Princeton e da Universidade de Michigan forneceram mais uma confirmação de que as "*fake news*", essencialmente, não foram um problema nas eleições de 2016 e 2018[351]. O professor da Universidade de Michigan, Brendan Nyhan, principal cientista político do estudo, observou em fevereiro de 2019:

> acontece que muitas das conclusões iniciais às quais os observadores chegaram, sobre o escopo do consumo de notícias falsas e seus efeitos em nossa política foram exageradas, ou incorretas. Relativamente poucas pessoas consumiram esse tipo de conteúdo diretamente, durante a campanha de 2016, e menos ainda antes da eleição de 2018.

Nyhan acrescentou: "não há evidências de que notícias falsas tenham mudado o resultado da eleição de 2016". Nyhan disse que seria melhor para a mídia se

---

[350] HASSON, Peter. Despite Media Freak-Out, Data Shows Fake News Sites Have Tiny Audience. Daily Caller, [S. l.], p. 1-3, 16 dez. 2016. Disponível em: https://dailycaller.com/2016/12/18/despite-media-freak-out-data-shows-fake-news-sites-have-tiny-audience/. Acesso em: 30 jul. 2021.
[351] NYHAN, Brendan. Why Fears of Fake News Are Overhyped. Gen.medium.com, [S. l.], p. 1-6, 4 fev. 2019. Disponível em: https://gen.medium.com/why-fears-of-fake-news-are-overhyped-2ed9ca0a52c9. Acesso em: 30 jul. 2021.

CAPÍTULO 8 | A NARRATIVA

concentrar na "desinformação da elite", ao invés de "*fake news*". Entretanto, para a grande mídia, a verdadeira questão era retomar o controle da discussão nacional.

Quando os apresentadores da *CNN* e os comentaristas da mídia do *establishment* progressista falam sobre a eleição de 2016 e "desinformação", é óbvio sobre quais eleitores eles acreditam estarem "mal informados". Eles não se referem aos eleitores de Hillary Clinton, mas aos eleitores que pensam de forma diferente deles. A equivalência quase universal na grande mídia entre "desinformação" e eleitores de direita, ignora o fato de haver muitas evidências de desinformação generalizada na esquerda. Por exemplo: a maioria dos eleitores democratas, como as pesquisas têm mostrado consistentemente, acredita que a Rússia tenha alterado os totais de votação para dar a Trump uma vitória fraudulenta, o que, dadas todas as evidências e declarações do governo em contrário, são notícias falsas ao nível de Alex Jones[352]. Ainda assim, você nunca ouve esse fato citado na *CNN*, ou coberto pelo *Washington Post*, ou pelo *New York Times*.

Em abril de 2018, o *Business Insider* publicou uma história registrada por muitos meios de comunicação, inclusive o *Washington Post*, alegando que "*bots*" russos (contas automatizadas) estavam se reunindo em torno da apresentadora da *Fox News*, Laura Ingraham[353]. Bret Schafer, diretor de comunicações da bipartidária Alliance for Securing Democracy [Aliança para Garantir a Democracia] me disse, em abril de 2018, que a maior parte das reportagens sobre a história eram "inerentemente imprecisas". E ele deve saber, porque a história do *Business Insider* citou o Hamilton 68 Dashboard, da própria Alliance, que rastreia informações incorretas *online*. "Mais notavelmente, e este é o erro mais comum, não rastreamos *bots* ou, mais especificamente, os *bots* são apenas uma pequena parte da rede que monitoramos", disse Schafer.

---

[352] HASSON, Peter. ALTERNATE REALITY: 58 Percent Of Dems Think Russia Rigged Vote Count To Get Trump Elected. Daily Caller, [S. l.], p. 1-2, 31 maio 2017. Disponível em: https://dailycaller.com/2017/05/31/alternate-reality-58-percent-of-dems-think-russia-rigged-vote-count-to-get-trump-elected/. Acesso em: 30 jul. 2021.

[353] HASSON, Peter. 'We Don't Track Bots': What The Media's Russian Bot Coverage Is Getting All Wrong. Daily Caller, [S. l.], p. 1-9, 9 abr. 2018. Disponível em: https://dailycaller.com/2018/04/09/hamilton-68-russian-bots-media-coverage/. Acesso em: 30 jul. 2021.

> Tentamos deixar esse ponto claro em todos os nossos relatórios publicados, mas a maioria dos relatórios de terceiros sobre o Dashboard continua a aparecer com alguma variação do título "Os *bots* russos estão alavancando X",

disse ele. Na verdade, a suposta enxurrada de tuítes gerados por *bots* russos em apoio a Ingraham, muitas vezes, não superou algumas dezenas de tuítes[354].

Entretanto, as histórias de *bots* russos são doces para o público de esquerda e úteis para as narrativas da grande mídia. A *CNN* enviou um cinegrafista e um repórter para o quintal de uma apoiadora idosa de Trump, cujo grupo havia sido promovido por *trolls* russos da *Internet*[355]. Ela não tinha ideia do envolvimento de um grupo russo, mas, após a cobertura da *CNN*, recebeu uma enxurrada de ameaças e mensagens cruéis[356]. Curiosamente, a rede não deu o mesmo tratamento ao cineasta de esquerda Michael Moore, que foi enganado para participar de um protesto anti-Trump, organizado por russos após a eleição[357]. Na verdade, a *CNN* não apenas não emboscou Moore em sua casa, como também não cobriu a história. Nem a *CNN* cobriu o fato de um braço da Marcha das Mulheres também ter sido enganado, de forma a promover propaganda russa[358].

A mídia oficial tem uma narrativa – por exemplo, que os eleitores de Trump estão mal informados, que os *bots* russos estão apoiando apresentadores pró-Trump da *Fox News* e que os apoiadores de Trump são inerentemente racistas – e se apegam a ela. Essa é uma das razões pelas quais a mídia nacional bagunçou a história da escola católica de Covington de forma tão catastrófica. Eles

---

[354] *Ibid.*

[355] ROSS, Chuck. Trump Supporter Says CNN Reporter 'Ambushed' Her In Interview About Russian Troll Group. Daily Caller, [S. l.], p. 1-5, 26 fev. 2018. Disponível em: https://dailycaller.com/2018/02/26/drew-griffin-cnn-donald-trump-florida-robert-mueller/. Acesso em: 30 jul. 2021.

[356] CARUSO, Justin. Elderly Trump Supporter Woman Exposed To Vicious Harassment Following CNN Report. Daily Caller, [S. l.], p. 1-7, 21 fev. 2018. Disponível em: https://dailycaller.com/2018/02/21/elderly-woman-cnn-threatened/. Acesso em: 30 jul. 2021.

[357] HUNTER, Derek. Michael Moore Participated In Russia-Sponsored Anti-Trump Rally. Daily Caller, [S. l.], p. 1-3, 19 fev. 2018. Disponível em: https://dailycaller.com/2018/02/19/michael-moore-russian-anti-trump-rally/. Acesso em: 30 jul. 2021.

[358] HASSON, Peter. Women's March Promoted Russian Propaganda. Daily Caller, [S. l.], p. 1-5, 23 out. 2017. Disponível em: https://dailycaller.com/2017/10/23/womens-march-promoted--russian-propaganda/. Acesso em: 30 jul. 2021

CAPÍTULO 8 | A NARRATIVA

estavam predispostos a presumir que estudantes conservadores do ensino médio, usando bonés Make America Great Again, precisavam ser os malvados quando, na verdade, *eles* tinham sido as vítimas de assédio. Também por essa razão, extremistas de esquerda - incluindo a violenta Antifa, de extrema esquerda - recebem cobertura mínima, ou até simpática. Tanto na TV quanto nas redes sociais, Chris Cuomo, da *CNN*, afirmou que os críticos da Antifa eram muito duros com o grupo. Em um tuíte, Cuomo realmente comparou os bandidos da Antifa aos soldados americanos do Dia D (ambos, argumentou, estavam lutando contra o fascismo)[359]. Entretanto, quando um grupo de bandidos da Antifa atacou dois fuzileiros navais na Filadélfia, em dezembro de 2018, Cuomo não comentou a história. Os agressores supostamente lançaram calúnias raciais contra os fuzileiros navais, ambos mexicano-americanos, enquanto os espancavam até sangrar. Na (espécie de) defesa de Cuomo, ele não estava sozinho: toda a rede *CNN* ignorou o ataque da Antifa. Não se encaixava na narrativa da grande mídia, sobre extremistas existirem apenas na direita.

O Facebook removeu centenas de contas em agosto, depois que investigadores de segurança cibernética identificaram agentes iranianos executando uma campanha secreta de influência, semelhante à travada por *trolls* russos em 2016. Entre as descobertas dos investigadores: *trolls* iranianos estavam tentando promover o senador Bernie Sanders, de Vermont[360]. A *CNN* cobriu o fato de o Facebook ter removido as contas iranianas. Entretanto, sua cobertura omitiu o apoio dos iranianos a Bernie, que tem apoiado, abertamente, o muito criticado acordo do governo Obama com o Irã. A história proporcionou um contraste impressionante com a cobertura histérica da *CNN* a respeito dos *trolls* russos.

O silêncio do *establishment* de mídia sobre as campanhas de desinformação da esquerda é a regra, não a exceção. Em 2018, quando os democratas de Dakota do Norte realizaram uma campanha de desinformação para impedir que os caçadores votassem[361], a *CNN* não cobriu. Quando Reid Hoffman, o bilioná-

---

[359] ATHEY, Amber. Antifa Accused Of Attacking Marines. CNN's Don Lemon And Chris Cuomo Once Excused Antifa Violence. Daily Caller, [S. l.], p. 1-3, 17 dez. 2018. Disponível em: https://dailycaller.com/2018/12/17/antifa-hispanic-marines-cnn-don-lemon-chris-cuomo/. Acesso em: 30 jul. 2021.

[360] HASSON, Peter. Iran Caught Using Fake Social Media Accounts To Push Anti-Trump, Pro-Bernie Propaganda. Daily Caller, [S. l.], p. 1-5, 22 ago. 2018. Disponível em: https://dailycaller.com/2018/08/22/iran-fake-social-media-accounts/. Acesso em: 30 jul. 2021.

[361] SCHALLHORN, Kaitlyn. North Dakota Democratic Party discourages hunters from voting,

rio de esquerda, financiou uma campanha de desinformação para impulsionar os democratas nas eleições especiais de 2017, no Alabama, e nas eleições de meio de mandato de 2018, a *CNN* não se interessou. Na eleição especial, ativistas financiados por Reid encenaram uma operação auto descrita como "sinal falso", de forma a vincular Roy Moore, candidato republicano ao Senado, a "*bots* russos", e criaram páginas enganosas no Facebook, ligando Moore a proibicionistas do álcool. O ex-funcionário do governo Obama, Mikey Dickerson, desempenhou um papel fundamental na organização da operação de desinformação, intitulada "Projeto Birmingham". Tudo isso soa muito interessante, entretanto, a *CNN* não dedicou um segundo de tempo à história ou publicou uma única história em seu site sobre ela[362]. Quando se soube que agentes financiados por Reid haviam obtido milhões de impressões no Facebook, durante as eleições de meio de mandato de 2018, a *CNN* novamente ignorou a história. Afinal, a narrativa da mídia do *establishment* progressista insiste que a desinformação é apenas um problema da direita. Quanto mais a grande mídia e a mídia de esquerda puderem tornar "desinformação" e conservadorismo sinônimos, mais elas podem exigir ao Facebook a exclusão de organizações de notícias conservadoras. Em julho de 2018, em uma reunião entre o Facebook e várias empresas de mídia nacionais, Ben Smith, editor do *Buzzfeed*, lamentou o fato de metade dos veículos representados se inclinarem à direita. A editora-chefe do *HuffPost*, Lydia Polgreen, concordou com Smith, e ambos apontaram o Daily Caller como um veículo que o Facebook deveria ter excluído da reunião. Esta reunião deveria ter sido extraoficial, mas os detalhes vazaram para o *Wall Street Journal*, que publicou uma matéria intitulada "Executivos de Imprensa Argumentam que o Facebook é Excessivamente Deferente a Conservadores"[363].

---

claims they could lose out-of-state licenses. Fox News, [S. l.], p. 1-3, 2 nov. 2018. Disponível em: https://www.foxnews.com/politics/north-dakota-democratic-party-discourages-hunts-from--voting-claims-they-could-lose-out-of-state-licenses. Acesso em: 30 jul. 2021.

[362] HASSON, Peter; SIMONSON, Joe. If You Only Get Your News From CNN, You Have No Idea This Story Happened. Daily Caller, [S. l.], p. 1-4, 27 dez. 2018. Disponível em: https://dailycaller.com/2018/12/27/cnn-democrat-russian-false-flag/. Acesso em: 30 jul. 2021.

[363] MULLIN, Benjamin; SEETHARAMAN, Deepa. Publishing Executives Argue Facebook Is Overly Deferential to Conservatives: Critique comes just before social-media executives are to appear before House committee. *Wall Street Journal*, [S. l.], p. 1-3, 17 jul. 2018. Disponível em: https://www.wsj.com/articles/publishing-executives-argue-facebook-is-overly-deferential-to-conservatives-1531802201. Acesso em: 30 jul. 2021.

CAPÍTULO 8 | A NARRATIVA

O acesso de raiva de Smith veio menos de três meses depois de Zuckerberg ter garantido a ele que o Facebook, lentamente, "aumentaria" a supressão de alguns canais, enquanto impulsionaria outros[364]. O pecado do Facebook foi não ter dado aos canais de esquerda tratamento preferencial suficientemente rápido.

O *BuzzFeed* e o *HuffPost* são abertamente partidários. O *HuffPost*, por exemplo, publicou um artigo de notícias – não uma coluna de opinião, um artigo de notícias – conclamando os democratas a aumentarem o número de juízes da Suprema Corte quando retomassem o poder político[365].

> É hora de o Partido Democrata parar de fingir que as palavras de homens como [o ex-juiz da Suprema Corte Anthony] Kennedy são tão importantes quanto suas ações. A Suprema Corte, o Congresso e o ramo executivo do governo dos EUA são instrumentos de poder político. Todos os três estão atualmente sendo usados para fazer avançar a ideologia e a agenda do fascismo internacional,

escreveu o repórter sênior do *HuffPost*, Zach Carter, presumivelmente com uma cara séria[366]. Enquanto isso, o *Buzzfeed* cancelou anúncios do Comitê Nacional Republicano e usou dados coletados por seus próprios usuários para ajudar a criar anúncios apoiando os democratas[367]. Uma análise de 2016, feita pelo órgão esquerdista de vigilância de mídia, Fairness and Accuracy In Reporting (FAIR), concluiu que a cobertura do *BuzzFeed* sobre Obama foi "quase uniformemente acrítica e muitas vezes bajuladora", a ponto de ser "99% acrítica – e praticamente assustadora"[368].

---

[364] HASSON, Peter. Facebook plans to 'dial up' suppression of certain news outlets. Daily Caller, [S. l.], p. 1-2, 1 maio 2018. Disponível em: https://dailycaller.com/2018/05/01/facebook-newsfeed-trusted-sources-dial-up/. Acesso em: 30 jul. 2021.

[365] CARTER, Zachary. Hey, Democrats: Pack The Court: 'Eleven Justices' is the next 'Abolish ICE.'. HuffPost, [S. l.], p. 1-4, 29 jun. 2018. Disponível em: https://www.huffpost.com/entry/hey-democrats-pack-the-court_n_5b33f7a8e4b0b5e692f3f3d4. Acesso em: 30 jul. 2021.

[366] *Ibid.*

[367] KERR, Andrew. How BuzzFeed's 'Data-Monster' Leveraged User Data To Fuel Super PACs, Target Voters. Daily Caller, [S. l.], p. 1-10, 6 maio 2018. Disponível em: https://dailycaller.com/2018/05/06/buzzfeeds-data-political-advertisements/. Acesso em: 30 jul. 2021.

[368] JOHNSON, Adam. BuzzFeed's Obama Coverage Is 99 Percent Uncritical–and Borderline Creepy. Fair & Accuracy In Reporting, [S. l.], p. 1-4, 30 jun. 2016. Disponível em: https://fair.org/home/buzzfeeds-obama-coverage-is-99-percent-uncritical-and-borderline-creepy/. Acesso em: 30 jul. 2021.

Simultaneamente à tentativa de descartar os meios de comunicação conservadores, como fontes de "desinformação", a grande mídia progressista está trabalhando intensamente, promovendo-se como árbitro neutro da verdade, baseada em fatos. "Como os bombeiros que correm para um incêndio, os jornalistas correm atrás de uma história", disse a apresentadora do *MSNBC*, Katy Tur, em uma divulgação de *network* amplamente ridicularizada. A *CNN* construiu uma campanha de marketing em torno do slogan "Fatos em Primeiro Lugar". O *Washington Post* adotou o slogan "a democracia morre nas trevas". O *New York Times* criou seu próprio slogan para a era Trump: "Verdade. É mais importante agora do que nunca". (A implicação óbvia: a verdade não é tão importante, quando os progressistas ganham as eleições).

Porém, na verdade, a mídia estabelecida baixou drasticamente o nível de precisão e um número impressionante de "bombas" da era Trump acabaram se revelando um fracasso. Em janeiro de 2017, o *Washington Post* divulgou uma história sensacionalista, informando aos leitores que os russos haviam invadido a rede elétrica dos Estados Unidos através de uma empresa em Vermont. Porém, eles não o fizeram. Um *malware* foi encontrado em um único *laptop* da empresa, que não estava conectado à rede elétrica. Os repórteres do *Post* não contataram as empresas de energia antes de publicar seu relatório alarmista. Era apenas uma daquelas histórias boas demais para verificar, e além disso, envolvia, supostamente, hackers russos[369]. Em maio de 2017, a *CNN* informou que Jeff Sessions, procurador-geral, havia deixado, erroneamente, de divulgar reuniões com russos, em sua qualidade de senador. Seis meses depois, a *CNN* voltou atrás naquele relatório: na verdade, Sessions não havia feito nada impróprio[370].

Em junho de 2017 a *CNN* liderou a matilha de lobos da mídia com um furo obsceno: James Comey, ex-diretor do FBI, em seu depoimento ao Congresso, refutaria a alegação de Trump, de que Comey havia lhe dito, em três ocasiões diferentes, que ele não estava sob investigação. Entretanto, a reportagem exclu-

---

[369] PFEIFFER, Alex. The Washington Post's Incredibly Botched Story On 'Russian' Hacking. Daily Caller, [S. l.], p. 1-3, 3 jan. 2017. Disponível em: https://dailycaller.com/2017/01/03/the-washington-posts-incredibly-botched-story-on-russian-hacking/. Acesso em: 30 jul. 2021.

[370] ATHEY, Amber. CNN Walks Back Jeff Sessions-Russia Bombshell. Daily Caller, [S. l.], p. 1-4, 11 dez. 2017. Disponível em: https://dailycaller.com/2017/12/11/cnn-walks-back-jeff-sessions-russia-bombshell/. Acesso em: 30 jul. 2021.

CAPÍTULO 8 | A NARRATIVA

siva da *CNN* era imprecisa – ao invés disso, Comey havia confirmado a afirmação de Trump[371]. Mais tarde naquele mês, a *CNN* publicou outro furo explosivo: o conselheiro de Trump, Anthony Scaramucci, estava sendo investigado por laços com operações de influência russa. O problema com a história, é claro, era que Scaramucci não estava sob uma investigação desse tipo, ou mesmo sob qualquer investigação. Três repórteres da *CNN* perderam seus empregos por causa daquela história malfeita[372]. Em setembro de 2017, a *NBC News* informou que as notas do ex-presidente da campanha de Trump, Paul Manafort, incluíam a palavra "doação", perto das palavras "Comitê Nacional Republicano"[373], alimentando especulações de que os russos haviam canalizado dinheiro para apoiar a campanha de Trump. Entretanto, a história era besteira, baseada em fontes anônimas e aparentemente mal informadas[374].

Em dezembro de 2017, Brian Ross, da *ABC News*, teve sua própria bomba-que-não-era, quando relatou que o antigo conselheiro de Trump, Michael Flynn, estava preparado para testemunhar que Trump havia ordenado um contato com os russos antes das eleições de 2016. O relatório de Ross chocou o mundo político e fez as bolsas de valores despencarem. Contudo, havia uma falha na história: não era verdade[375]. Este tiro pela culatra foi tão flagrante que a *ABC* precisou suspender Ross durante quatro semanas.

Naquele mesmo mês, a *Bloomberg* lançou sua própria bomba: o promotor Robert Mueller estava focado em Trump, e intimou seus registros bancários e os de membros de sua família[376]. Essa história também estava incorreta. Mais tarde, a *Bloomberg* voltou atrás em seu relatório, dizendo, ao invés disso, que al-

---

[371] ATHEY, Amber. BuzzFeed's Trump Story Latest In Long List Of Russia Bombshells That Weren't. Daily Caller, [S. l.], p. 1-6, 18 jan. 2019. Disponível em: https://dailycaller.com/2019/01/18/buzzfeed-cohen-media-russia-bombshells/. Acesso em: 30 jul. 2021.

[372] HASSON, Peter. Three CNN Employees Resign Over Botched Trump-Russia Story. Daily Caller, [S. l.], p. 1-2, 26 jun. 2017. Disponível em: https://dailycaller.com/2017/06/26/three-cnn-employees-resign-over-botched-trump-russia-story/. Acesso em: 30 jul. 2021.

[373] HASSON, Peter. Yet Another Anonymously Sourced Trump-Russia Story Falls Apart. Daily Caller, [S. l.], p. 1-3, 7 set. 2017. Disponível em: https://dailycaller.com/2017/09/07/yet-another-anonymously-sourced-trump-russia-story-falls-apart/. Acesso em: 30 jul. 2021.

[374] *Ibid.*

[375] *Op. Cit.*

[376] ATHEY, Amber. The Definitive List Of Media Screw-Ups On The Trump-Russia Story. Daily Caller, [S. l.], p. 1-5, 3 maio 2018. Disponível em: https://dailycaller.com/2018/05/03/media-failure-russia-trump-story/. Acesso em: 30 jul. 2021.

guém do círculo de Trump havia tido seus registros bancários intimados -- uma revelação não exatamente chocante, no contexto de uma investigação do FBI. Para não ficar para trás, a *CNN* fracassou em sua própria bomba, de dezembro de 2017. A rede relatou que Donald Trump Jr. havia visto *e-mails* roubados por hackers russos dez dias antes de sua divulgação pelo WikiLeaks – porém, descobriu-se que ele não havia feito isso[377]. Em janeiro de 2019, o *BuzzFeed* relatou que Robert Mueller tinha documentos em sua posse segundo os quais Trump havia instruído seu antigo advogado pessoal, Michael Cohen, a mentir para o Congresso a respeito do desejo de Trump de construir um hotel em Moscou, durante a campanha de 2016[378]. Cabeças falantes na *CNN* e *MSNBC* discutiram se Trump deveria sofrer um *impeachment*, com base no relatório do *BuzzFeed*[379]. Entretanto, o *BuzzFeed* entendeu errado. O escritório de Robert Mueller, conhecido entre os repórteres por seu silêncio consistente quanto às histórias sobre a investigação, tomou a medida quase sem precedentes de emitir uma declaração pública, derrubando o relatório do *BuzzFeed*.

A agitação em torno do livro de Michael Wolff sobre a Casa Branca de Trump, *Fogo e Fúria*, fornece mais um estudo de caso da hipocrisia da mídia. Membros proeminentes da grande mídia aceitaram prontamente o livro de Wolff, quando ele foi lançado em janeiro de 2018, embora o próprio Wolff tenha minado a precisão de suas fontes, ao admitir em uma nota, no início do livro, que partes dele tinham uma "frouxidão geral com a verdade, senão com a própria realidade"[380]. Essa admissão foi, sem dúvida, a parte mais verdadeira do livro de Wolff, o qual estava cheio de erros e inverdades. Uma anedota fofoquei-

---

[377] ROSS, Chuck. CNN Botches Major 'Bombshell' Alleging Contacts Between Don Jr. And WikiLeaks. Daily Caller, [S. l.], p. 1-5, 8 dez. 2017. Disponível em: https://dailycaller.com/2017/12/08/cnn-botches-major-bombshell-alleging-contacts-between-don-jr-and-wikileaks/. Acesso em: 30 jul. 2021.

[378] ROSS, Chuck. Mueller's Office Disputes BuzzFeed's Report. Daily Caller, [S. l.], p. 1-2, 18 jan. 2019. Disponível em: https://dailycaller.com/2019/01/18/muellers-office-disputes-buzz-feeds-report/. Acesso em: 30 jul. 2021.

[379] ATHEY, Amber. CNN And MSNBC Repeatedly Floated Impeachment Over Disputed BuzzFeed Report. Daily Caller, [S. l.], p. 1-3, 18 jan. 2019. Disponível em: https://dailycaller.com/2019/01/18/cnn-msnbc-impeach-trump-buzzfeed-mueller/. Acesso em: 30 jul. 2021.

[380] CORCORAN, Kieran. The author of the explosive new Trump book says he can't be sure if parts of it are true. *Business Insider*, [S. l.], p. 1-5, 5 jan. 2018. Disponível em: https://www.businessinsider.com/michael-wolff-note-says-he-doesnt-know-if-trump-book-is-all-true-2018-1. Acesso em: 30 jul. 2021.

CAPÍTULO 8 | A NARRATIVA

ra afirmava que o líder da maioria no Senado, Mitch McConnell, havia cancelado uma reunião com o presidente Trump para cortar o cabelo. Dezenas de jornalistas políticos ouviram esse boato muito antes do livro de Wolff ser lançado, inclusive eu. Eu investiguei pessoalmente a mesma dica meses antes, e descobri que não era verdade. Entretanto, Wolff decidiu seguir em frente e escreveu o resto de seu livro da mesma maneira.

Porções de *Fogo e Fúria* foram distribuídas antecipadamente para o *The Guardian*, que publicou artigos de tirar o fôlego a respeito das alegações de Wolff. Nas palavras de Marty Steinberg, da *CNBC* (que mostrou mais ceticismo do que a maioria), seguiu-se um "frenesi jornalístico"[381]. Brooke Baldwin, da *CNN*, falou sobre os "detalhes bombásticos", e "a miríade de informações chocantes" no livro[382]. Sua rede dedicou repetidos segmentos para questionar a aptidão do presidente ao cargo, com base em relatórios do livro de Wolff[383]. Uma minoria de jornalistas notou os erros de Wolff. Matt Drudge, como sempre, estava à frente da multidão, chamando o trabalho de Wolff de "besteirol fabricado"[384]. A correspondente do *New York Times* na Casa Branca, Maggie Haberman, mais ou menos concordou: "Os detalhes estão, frequentemente, errados. E eu posso ver vários trechos no livro que estão errados"[385]. Entretanto, a maior parte da grande mídia seguiu com a narrativa do "falso, mas preciso". Joe Scarborough, da

---

[381] STEINBERG, Marty. Michael Wolff's 'Fire and Fury': Some of the facts just don't stack up. CNBC, [S. l.], p. 1-5, 8 jan. 2018. Disponível em: https://www.cnbc.com/2018/01/07/michael-wolffs-fire-and-fury-some-of-the-facts-just-dont-stack-up.html. Acesso em: 30 jul. 2021.

[382] TRUMP: Bannon Has "Lost His Mind", Has No Influence in White House; Book: Bannon Calls Trump Tower Meeting "Treasonous". CNN Newsroom, [S. l.], 3 jan. 2018. Transcripts, p. 1-13. Disponível em: https://transcripts.cnn.com/show/cnr/date/2018-01-03/segment/05. Acesso em: 9 ago. 2021.

[383] NEW Book Raises Questions on Trump's Mindset; December Jobs Report Posted 148,000; The Trump Russia Investigation. CNN Newsroom, [S. l.], 5 jan. 2018. Transcripts, p. 1-14. Disponível em: https://transcripts.cnn.com/show/nday/date/2018-01-05/segment/06. Acesso em: 9 ago. 2021.

[384] HASSON, Peter. Matt Drudge Slams Michael Wolff's 'Fabricated Bull***t' — Trump 'In Fine Form'. Daily Caller, [S. l.], p. 1-2, 23 jan. 2018. Disponível em: https://dailycaller.com/2018/01/23/matt-drudge-donald-trump-michael-wolff-fire-and-fury/. Acesso em: 30 jul. 2021.

[385] EXPLOSIVE Book Outlines Bannon-Kushner Rivalry; New Revelations on Trump White House. CNN Newsroom, [S. l.], 5 jan. 2018. Transcripts, p. 9. Disponível em: https://transcripts.cnn.com/show/nday/date/2018-01-05/segment/02. Acesso em: 9 ago. 2021.

MSNBC, disse a seus mais de um milhão de espectadores[386] que, independentemente da precisão dos fatos, o livro "soa verdadeiro"[387]. Sua colega da *MSNBC*, Katy Tur, observou que, apesar das críticas, o livro de Wolff "parecia verdadeiro". Segundo ela, "muito" do livro "se lê como verdade, parece verdade"[388]. "Há decepção com os erros no texto, mas o livro, em si, se mantém", acrescentou Brian Stelter, da *CNN*, apresentador de um programa chamado "Fontes Confiáveis"[389]. O livro de Wolff era sensacionalismo de nível de tabloide, cheio de meias-verdades e falsidades absolutas. Era, em suma, desinformação. Entretanto, membros proeminentes da grande mídia ajudaram a impulsionar *Fogo e Fúria* para o topo da lista de mais vendidos do *New York Times*, onde permaneceu durante semanas.

Mostrou, caso houvesse alguma dúvida, que o *establishment* de mídia progressista tem a intenção de controlar a narrativa nacional. E a grande mídia quer que sua narrativa controle também as redes sociais.

---

[386] KATZ, A. J. 2018 Ratings: MSNBC Was the Only Top 25 Cable Network to Post Double-Digit Audience Growth. TVNewser, [S. l.], p. 1-6, 2 jan. 2019. Disponível em: https://www.adweek.com/tvnewser/2018-ratings-msnbc-was-the-only-top-25-cable-network-to-post-double-digit-audience-growth/387956/. Acesso em: 30 jul. 2021.

[387] NISTA, Julia. Scarborough Says Wolff's Claims About Trump In New Book 'Ring True'. Daily Caller, [S. l.], p. 1-4, 4 jan. 2018. Disponível em: https://dailycaller.com/2018/01/04/scarborough-says-wolffs-claim-about-trump-in-new-book-ring-true/. Acesso em: 30 jul. 2021.

[388] RUTZ, David. Media Is Cool With Fake but Accurate 'Fire and Fury'. The Washington Free Beacon, [S. l.], p. 1-3, 9 jan. 2018. Disponível em: https://freebeacon.com/politics/media-cool-fake-accurate-fire-fury/. Acesso em: 30 jul. 2021.

[389] *Ibid.*

CAPÍTULO 9

CAPÍTULO 9

O que vem a seguir

Na Europa e em estados autoritários como a China e a Venezuela, as empresas de tecnologia já estão usando seu incrível poder para sufocar o fluxo de informações, em alguns casos, para silenciar a dissidência política e manter felizes as autoridades favoráveis à censura.

***

Colônia, Alemanha: durante as celebrações do Ano Novo, nas primeiras horas de 2016, cerca de 1.200 mulheres e meninas alemãs foram vítimas de violência sexual. Os perpetradores eram, em sua maioria, jovens migrantes do sexo masculino de países árabes e do norte da África[390]. Isso é um fato, e não uma declaração política.

O assédio, e abuso sexual desenfreado, foi um resultado previsível da política de imigração de "portas abertas" da chanceler alemã Angela Merkel, para refugiados sírios e iraquianos, argumentou James Kirchick, membro do Instituto Brookings, em seu livro de 2017, *The End of Europe* [O Fim da Europa].

---

[390] MASCOLO, Georg; VON DER HILDE, Britta. 1200 Frauen wurden Opfer von Silvester--Gewalt. *Süddeutsche Zeitung*, [S. l.], p. 1-3, 10 jul. 2016. Disponível em: https://www.sueddeutsche.de/politik/uebergriffe-in-koeln-1200-frauen-wurden-opfer-von-silvester-gewalt-1.3072064. Acesso em: 30 jul. 2021.

Nenhuma mulher que já tenha caminhado pelas ruas de uma grande cidade árabe – nem qualquer homem que já a tenha acompanhado – poderia ter expressado choque com esta reviravolta. O assédio flagrante nas ruas é, simplesmente, a norma em grande parte do mundo árabe,

observou Kirchick, um respeitado correspondente estrangeiro e não extremista em questões de imigração. Segundo Kirchick,

um estudo de 2013, conduzido pela Entidade das Nações Unidas Para a Igualdade de Gênero e o Empoderamento das Mulheres, descobriu que 99,3% das mulheres no Egito – o país árabe mais populoso – sofreram assédio sexual – metade delas, diariamente. A violência sexual participativa é tão prevalente, em massa, nesta parte do mundo, que existe uma palavra para isso, *taharrush*, com a qual os europeus se tornaram dolorosamente familiarizados, pois esta patologia, distintamente árabe, foi importada para suas ruas[391].

Ataques sexuais em massa por milhares de migrantes, recém-chegados à Alemanha sem terem sido investigados, contra mulheres e meninas alemãs, foi politicamente desastroso para Merkel e seu partido, que haviam apostado sua credibilidade em sua polêmica política de portas abertas. Os ataques, inegavelmente, não teriam ocorrido se Merkel não tivesse rompido com a política de imigração de longa data e autorizado a entrada em massa. Assim, ao invés de discutir abertamente o incidente, as autoridades de Colônia tentaram manter o público no escuro a respeito do estupro em massa politicamente inconveniente e da agressão sexual de suas esposas, irmãs e filhas. Contudo, esses fatos começaram a gotejar lentamente, gota a gota, e o número de vítimas aumentou cada vez mais. Demorou mais de seis meses para que o público soubesse de toda a história. Um relatório policial, obtido pelo jornal alemão *Süddeutsche Zeitung*, em julho de 2016, finalmente revelou a escala total, e horripilante, dos ataques em massa.

Avance dois anos, para a véspera de Ano Novo de 2018, na Alemanha. Quando o relógio bateu meia-noite, entrou tanto o ano novo, quanto a vigência de uma nova lei de censura alemã, exigindo das empresas de mídia social a ex-

---

[391] KIRCHICK, James. The End of Europe: Dictators, Demagogues, and the Coming Dark Age. New Haven: Yale University Press, 2017. Kindle Ebook, Localização 2229 - 2235.

CAPÍTULO 9 | O QUE VEM A SEGUIR

clusão do "discurso de ódio ilegal", imediatamente – dentro de 24 horas após a postagem – com risco de multa de 50 milhões de euros[392]. O departamento de polícia de Colônia, tentando honestamente evitar uma repetição dos ataques em massa contra as mulheres na cidade, tuitou boletins de segurança em árabe. Isso não caiu bem para Beatrix von Storch, membro de direita do Parlamento alemão[393]. A sra. von Storch atacou a polícia nas redes sociais, acusando-a de favorecer "hordas de homens muçulmanos bárbaros, que estupram em gangue". Sua mensagem foi inflamada, mas não veio do nada – von Storch estava abordando um problema real, que havia afetado, irreparavelmente, a vida de milhares de alemães. Gangues de estupros agrediram seiscentas mulheres, somente em Colônia, em uma única noite[394]. E o problema não foi contido em uma única noite: segundo um estudo divulgado em janeiro de 2018, jovens refugiados do sexo masculino estão causando um aumento de crimes violentos por toda a Alemanha[395].

Porém, o fato de um problema ser real não significa que o Facebook permitirá a você uma conversa real sobre ele. As empresas de tecnologia rapidamente excluíram as postagens de von Storch, bem como postagens citando as postagens de von Storch. Até mesmo comediantes, que postaram tuítes satíricos sobre as postagens censuradas de von Storch foram, eles próprios, censurados[396].

---

[392] OLTERMANN, Philip; COLLINS, Pádraig. Two members of Germany's far-right party investigated by state prosecutor: Beatrix von Storch's tweet calling Muslim men 'gang-raping' and 'barbaric' backed up by AfD MP Alice Weidel. *The Guardian*, [S. l.], p. 1-4, 2 jan. 2018. Disponível em: https://www.theguardian.com/world/2018/jan/02/german-far-right-mp-investigated-anti-muslim-social-media-posts. Acesso em: 30 jul. 2021.

[393] WINTER, Chase. AfD politician 'censored' under new German hate speech law for anti-Muslim tweet. DW News, [S. l.], p. 1-3, 2 jan. 2018. Disponível em: https://www.dw.com/en/afd-politician-censored-under-new-german-hate-speech-law-for-anti-muslim-tweet/a-41992679. Acesso em: 30 jul. 2021.

[394] NOACK, Rick. Leaked document says 2,000 men allegedly assaulted 1,200 German women on New Year's Eve. *The Washington Post*, [S. l.], p. 1-2, 11 jul. 2016. Disponível em: https://www.washingtonpost.com/news/worldviews/wp/2016/07/10/leaked-document-says-2000-men-allegedly-assaulted-1200-german-women-on-new-years-eve/?noredirect=on. Acesso em: 30 jul. 2021.

[395] ALKOUSAA, Riham. Violent crime rises in Germany and is attributed to refugees. Reuters, [S. l.], p. 1-3, 3 jan. 2018. Disponível em: https://www.reuters.com/article/us-europe-migrants-germany-crime/violent-crime-rises-in-germany-and-is-%20attributed-to-refugees-idUSKBN1ES16J. Acesso em: 30 jul. 2021.

[396] MARTIN, David. German satire magazine *Titanic* back on Twitter following 'hate speech' ban. DW News, [S. l.], p. 1-3, 6 jan. 2018. Disponível em: https://www.dw.com/en/

OS MANIPULADORES

Von Storch não foi a única mulher no Parlamento a tropeçar nas novas regras de discurso. Alice Weidel, outra política de direita, ficou igualmente enojada com o que considerou ser uma concessão da polícia de Colônia. Ela escreveu no Twitter: "Nossas autoridades se submetem a hordas importadas de imigrantes saqueadores, apalpadores, espancadores e esfaqueadores". O Twitter também excluiu a postagem de Weidel. Aparentemente, neste caso, a posição progressista sobre o discurso de ódio era considerar errada a indignação das mulheres com os estupros de gangue em massa. E as empresas de tecnologia com fins lucrativos, buscando evitar multas pesadas, concordaram.

Para aqueles preocupados com a liberdade de expressão, foi fácil ver a censura chegando. O Repórteres Sem Fronteiras, uma organização de liberdade de imprensa, expressou alarme sobre o projeto de lei alemão quando ele foi proposto.

> O curto prazo para remoção, juntamente com a ameaça de multas pesadas, muito provavelmente levará as redes sociais a removerem mais conteúdo do que o legalmente justificado. Mesmo as publicações jornalísticas enfrentarão um perigo real de serem afetadas por este tipo de bloqueio excessivo, sem o devido processo,

disse o diretor executivo da organização na Alemanha, Christian Mihr. Ele implorou aos políticos alemães o arquivamento da legislação, dizendo:

> Este projeto de lei, elaborado às pressas, deveria ser adiado e decidido somente após as eleições nacionais do próximo outono, e após consultas completas com a sociedade civil. Isso se aplica, especialmente, à questão crucial, com relação às condições sob as quais o conteúdo precisará ser removido[397].

Seus avisos foram ignorados.

---

german-satire-magazine-titanic-back-on-twitter-following-hate-speech-ban/a-42046485. Acesso em: 30 jul. 2021.

[397] REPÓRTERES SEM FRONTEIRAS. German "Facebook Law" creates risk of over-blocking. Reporters Without Borders, [S. l.], p. 1-4, 10 jul. 2017. Disponível em: https://rsf.org/en/news/german-facebook-law-creates-risk-over-blocking. Acesso em: 30 jul. 2021.

CAPÍTULO 9 | O QUE VEM A SEGUIR

Não há indicação de que as autoridades alemãs planejem mudar alguma coisa, mesmo com as empresas de tecnologia engajadas em censura excessivamente ampla como resultado da nova lei. Da forma como está, é um grande golpe para a liberdade de expressão na Alemanha, um país apontado por alguns eruditos aparentemente inteligentes como o atual líder do mundo livre[398].

***

O resto da Europa está seguindo o exemplo da Alemanha, na tentativa de controlar o discurso *online* de seus cidadãos. Como observou, com aprovação, o memorando do Google do "bom censor":

> os governos estão tomando medidas para tornar os espaços *online* mais seguros, regulamentados e mais semelhantes às suas leis *offline*. Protegido contra o discurso de ódio na rua? Agora, na rede, você também está.

No Reino Unido, os policiais agora policiam o discurso *online* de forma a combater o "discurso de ódio". Esse termo, tão amplo, inclui a postagem de letras de rap e o não cumprimento das ordens de pronomes trans.

Como é isso? Markus Meechan, um YouTuber escocês, foi condenado, em março de 2018, por um crime de ódio. Ele treinou o *pug* de sua namorada para fazer saudações nazistas e reagir a frases antissemitas, como "gás nos judeus", em um vídeo postado por ele no YouTube. Meechan, conhecido *online* como Conde Dankula, explicou seu objetivo: transformar o cachorrinho de sua namorada, na "coisa menos fofa que eu poderia imaginar" – um pug antissemita[399]. Após um longo processo judicial, Meechan foi multado no equivalente a US$ 1.100[400].

---

[398] SHEPP, Jonah. Angela Merkel won reelection, but is she still the leader of the free world?. *New York Magazine*, [S. l.], 25 set. 2017, Intelligencer, p. 1-4. Disponível em: https://nymag.com/intelligencer/2017/09/is-angela-merkel-still-the-leader-of-the-free-world.html?gtm=top>m=top. Acesso em: 30 jul. 2021.

[399] PALMER, Ewan. YouTuber Count Dankula Who Taught Dog Nazi Salute Faces Jail for Hate Crime. *Newsweek*, [S. l.], p. 1-4, 20 mar. 2018. Disponível em: https://www.newsweek.com/youtuber-count-dankula-who-taught-dog-nazi-salute-faces-jail-hate-crime-853470. Acesso em: 2 ago. 2021.

[400] PF v. Mark Meechan. Judiciário da Escócia, [S. l.], Julgamentos e Sentenças, p. 1-3, 23 abr.

OS MANIPULADORES

Por uma questão de lei, o teste não é se o vídeo foi ofensivo, mas se foi grosseiramente ofensivo. Esse é o padrão objetivo, ao qual devo aplicar os padrões de uma sociedade multirracial aberta e justa, levando em consideração o contexto e as circunstâncias relevantes, aplicando padrões contemporâneos razoavelmente iluminados, considerando se a mensagem é suscetível de ofender, grosseiramente, aqueles a quem se refere: neste caso, o povo judeu. É um teste difícil. Concluí, aplicando esses padrões às evidências, que seu vídeo não era apenas ofensivo, mas grosseiramente ofensivo, além de ameaçador, e que você sabia disso, ou pelo menos reconheceu esse risco

escreveu o xerife Derek O'Connell, em sua ordem de condenação[401]. Disse ainda:

O fato de você afirmar, no vídeo, e em outros lugares, que ele se destinava apenas a irritar sua namorada, e como uma piada, e que você não pretendia ser racista, pouco lhe ajuda. Uma piada pode ser extremamente ofensiva.

Chelsea Russell, de Liverpool, de dezenove anos, foi condenada por um crime de ódio em uma postagem no Instagram[402]. Seu crime: incluir letras ofensivas de rap em uma homenagem no Instagram, a uma amiga recentemente falecida. Um informante anônimo enviou às autoridades uma captura de tela de uma das postagens de Russell no Instagram, momento em que Russell "foi levada para interrogatório", escreveu o Crown Prosecution Service (CPS) em um anúncio[403]. Russell negou que a postagem fosse ofensiva, mas "A policial Dominique Walker, que trabalha na Unidade de Crimes de Ódio, deu provas de que os termos usados pela sra. Russell eram 'grosseiramente ofensivos' para

---

2018. Disponível em: https://web.archive.org/web/20180426023447/http://www.scotland-judiciary.org.uk/8/1962/PF-v-Mark-Meechan. Acesso em: 2 ago. 2021.

[401] *Ibid.*

[402] WOMAN guilty of 'racist' Snap Dogg rap lyric Instagram post. BBC News, [S. l.], p. 1-2, 19 abr. 2018. Disponível em: https://www.bbc.com/news/uk-england-merseyside-43816921. Acesso em: 2 ago. 2021.

[403] TEENAGE Sentenced for Racist Instagram Post. Crown Prosecution Service, [S. l.], p. 1-2, 20 abr. 2018. Disponível em: https://www.cps.gov.uk/mersey-cheshire/news/teenager-sentenced-racist-instagram-post. Acesso em: 2 ago. 2021.

CAPÍTULO 9 | O QUE VEM A SEGUIR

ela, como uma mulher negra, e para a comunidade em geral". O CPS autorizou a polícia a acusar Russell de

> enviar uma mensagem grosseiramente ofensiva, através de uma comunicação pública. [...] O juiz distrital concordou conosco e a considerou culpada. O CPS requereu a elevação da sentença, por se tratar de um crime de ódio. O juiz distrital também concordou com isso, e aumentou a pena, de multa para serviço comunitário,

anunciou o CPS. Russell foi sentenciada a oito semanas de serviço comunitário, pagou cerca de US$ 900 em penalidades e teve um toque de recolher por oito semanas[404].

Meechan e Russell estão longe de serem os únicos a enfrentar as inquisições do governo, voltadas a postagens nas redes sociais. O secretário do Interior britânico, Amber Rudd, anunciou em outubro de 2017, "um novo centro nacional, para enfrentar a ameaça emergente de crimes de ódio *online*". O anúncio oficial prometia que o centro estaria operacional dentro de meses, e "ajudaria a aumentar o número de processos[405]". Assim como estava, as autoridades britânicas haviam prendido nove pessoas por dia, em 2016, por "postarem mensagens supostamente ofensivas *online*, enquanto a polícia intensifica sua campanha para combater o discurso de ódio nas redes sociais", noticiou o jornal britânico *The Times*, no mesmo mês[406]. Em apenas dois anos, isso resultou em um aumento de 50% nas prisões, observou o jornal[407]. Em setembro de 2018, a polícia de South Yorkshire pediu aos residentes que relatassem comentários ofensivos *online*, feitos por seus concidadãos, independentemente de serem ou não um crime de ódio. "Além de denunciar crimes de ódio, denuncie incidentes de ódio não-criminosos, que podem incluir coisas como comentários ofensivos ou insultuosos, *online*, pessoalmente ou por escrito", escreveu, no Twitter, o departamento

---

[404] *Op. cit.*

[405] HOME Secretary announces new national online hate crime hub. Gov.uk, [S. l.], p. 1-2, 8 out. 2017. Disponível em: https://www.gov.uk/government/news/home-secretary-announces-new-national-online-hate-crime-hub. Acesso em: 2 ago. 2021.

[406] PARKER, Charlie. Police arresting nine people a day in fight against web trolls. *The Times*, [S. l.], p. 1-2, 12 out. 2017. Disponível em: https://www.thetimes.co.uk/article/police-arresting-nine-people-a-day-in-fight-against-web-trolls-b8nkpgp2d. Acesso em: 2 ago. 2021.

[407] *Ibid.*

de polícia[408]. A polícia de Hertfordshire, Inglaterra, prendeu Kate Scottow, uma mãe de trinta e oito anos, na frente de seus filhos, em dezembro de 2018, porque ela havia se referido à ativista transgênero Stephanie Hayden como um homem[409]. Hayden, um homem que se identifica como uma mulher transgênero[410], denunciou Scottow às autoridades. Scottow foi liberada com uma advertência por assédio verbal após ser detida por sete horas[411]. "Levamos a sério todas as denúncias de comunicação maliciosa", garantiu a polícia ao público[412].

Em janeiro de 2019, a polícia britânica interrogou um homem por ter dado um "*like*" em um poema humorístico considerado "transfóbico" pelas autoridades[413]. O homem, Harry Miller, disse à *BBC* que um policial lhe disse: "embora eu não tivesse cometido nenhum crime, ele precisava checar meu pensamento". Reflita sobre isso por um minuto: a polícia precisava *verificar seu pensamento*. O *Big Brother* de Orwell ficaria orgulhoso: no Reino Unido, o crime de pensamento está a caminho de se tornar um crime real.

Em fevereiro de 2019, Margaret Nelson, uma mulher de setenta e quatro anos de Suffolk, recebeu a visita de policiais, os quais estavam preocupados com alguns de seus tuítes e postagens em blogs. Os tuítes que chamaram a atenção das autoridades policiais incluíam "Gênero é besteira. Passe adiante", observou o *Spectator*, do Reino Unido[414]. "Gênero é uma bobagem da moda. Sexo é real.

---

[408] POLICE, South Yorkshire. In addition to reporting hate crime, please report non-crime hate incidents, which can include things like offensive or insulting comments, online, in person or in writing. Hate will not be tolerated in South Yorkshire. Report it and put a stop to it #HateHurts-SY. 9 set. 2018. Twitter: @syptweet. Disponível em: https://twitter.com/syptweet/status/1038891067381350401. Acesso em: 2 ago. 2021.

[409] BECKFORD, Martin. Mother, 38, is arrested in front of her children and locked in a cell for seven HOURS after calling a transgender woman a man on Twitter. *Daily Mail*, [S. l.], p. 1-3, 10 fev. 2019. Disponível em: https://www.dailymail.co.uk/news/article-6687123/Mother-arrested--children-calling-transgender-woman-man.html. Acesso em: 2 ago. 2021.

[410] BANNERMAN, Lucy. Father Ted writer Graham Linehan says the trans activist Stephanie Hayden is dangerous troll. *The Times*, [S. l.], p. 1-3, 29 set. 2018. Disponível em: https://www.thetimes.co.uk/article/father-ted-writer-graham-linehan-says-the-trans-activist-stephanie--hayden-is-dangerous-troll-6pwrg9p68. Acesso em: 2 ago. 2021.

[411] *Op. cit.*

[412] *Ibid.*

[413] MAN complains of 'Orwellian police' after tweet investigation. BBC News, [S. l.], p. 1-2, 25 jan. 2019. Disponível em: https://www.bbc.com/news/uk-england-humber-47005937. Acesso em: 2 ago. 2021.

[414] KIRKUP, James. Why are the police stopping a 74-year-old tweeting about transgenderism?. *The Spectator*, [S. l.], p. 1-6, 4 fev. 2019. Disponível em: https://blogs.spectator.co.uk/2019/02/

Não tenho nenhuma razão para ter vergonha de dizer a verdade", escreveu em outro tuíte a sra. Nelson. "Irritantes são aqueles que usam palavras como 'cis' ou 'terf', e outras bobagens, e relegam as mulheres biológicas a um 'subconjunto'. Sinto muito que você acredite na mitologia". Em uma das postagens ofensivas do blog, intitulada "A morte não erra o gênero. Você morre como nasceu", Nelson escreveu:

> Se o corpo de uma pessoa transgênero fosse dissecado, tanto para educação médica quanto para um exame *post-mortem*, seu sexo também seria óbvio para um estudante ou patologista. Não o sexo que ele, ou ela, escolheu apresentar, mas seu sexo natal; o sexo com o qual ele, ou ela, nasceu. Mesmo quando um corpo estiver enterrado há muito tempo, de maneira a não haver mais nenhum tecido mole, apenas osso, ainda é possível identificar o sexo. O DNA e características como o formato da pelve serão uma prova clara do sexo do cadáver[415].

Nelson relatou a visita do oficial:

> A oficial disse que queria falar comigo sobre algumas das coisas que escrevi no Twitter e no meu blog. Segundo ela, algumas das coisas que escrevi poderiam ter chateado ou ofendido pessoas trans. Então, eu poderia parar de escrever coisas assim, e talvez pudesse remover essas postagens e tuítes?

Nelson informou à oficial que não faria tal coisa.

Em setembro de 2018, a deputada britânica Lucy Powell, do Partido Trabalhista, apresentou uma legislação regulamentando até os grupos privados do Facebook e responsabilizando os administradores dos grupos pelas palavras de seus membros. A lei era necessária, alegou Powell, sem um pingo de autoconsciência, porque a polícia não podia monitorar conversas privadas, tão bem quanto monitorava tuítes públicos.

....

why-are-the-police-stopping-a-74-year-old-tweeting-about-transgenderism/. Acesso em: 2 ago. 2021.

[415] NELSON, Margaret. Death doesn't misgender. You die as you were born. Dead Interesting Blog. 19 jan. 2018. Acesso em: https://deadinteresting.blogspot.com/2018/01/death-doesnt--misgender-you-die-as-you.html. Acesso em: 2 ago. 2021.

Como esses fóruns fechados podem ter uma configuração "secreta", eles podem ser ocultados de todos, exceto de seus membros. Isso bloqueia a polícia, os serviços de inteligência e as instituições de caridade, que poderiam se envolver com os grupos e corrigir a desinformação,

escreveu ela no *The Guardian* em um artigo de opinião, divulgando sua legislação[416]. "Acredito que possamos forçar os administradores dessas câmaras de ecos a erradicarem esse mal, tão proeminente nos dias atuais".

Dois meses após o anúncio de Powell, Zuckerberg anunciou que o Facebook começaria a suprimir "grupos provocadores" e "conteúdo provocador", em todos os países[417]. As empresas de tecnologia têm mostrado, repetidamente, que estão dispostas a censurar em nome de governos ou grupos de esquerda, caso isso seja necessário para proteger as margens de lucro.

Os *establishments* da mídia e da política apoiam a repressão ao discurso *online* na Europa e nos Estados Unidos porque a mídia social representa uma séria ameaça para eles, e para as prioridades progressistas. Nigel Farage apontou isso para Mark Zuckerberg, em uma carta de maio de 2018, criticando as mudanças de algoritmo do Facebook. Sem o "Facebook e outras formas de mídias sociais, não há como o Brexit, o Trump, ou as eleições italianas terem acontecido. Foi a mídia social que permitiu às pessoas agirem pelas costas da mídia convencional", escreveu Farage[418]. "Agora, talvez você esteja horrorizado com esta sua criação e aonde isso levou. Eu não sei", ele continuou.

Mas é absolutamente verdade que, desde janeiro deste ano, você mudou seu *modus operandi*, mudou seus algoritmos e isso levou, diretamente, a uma queda

---

[416] POWELL, Lucy. Why I am seeking to stamp out online echo chambers of hate. *The Guardian*, [S. l.], p. 1-3, 10 set. 2018. Disponível em: https://amp.theguardian.com/technology/commentisfree/2018/sep/10/online-echo-chambers-hate-facebook-bill. Acesso em: 2 ago. 2021.

[417] ZUCKERBERG, Mark. I want to share some thought on Facebook and the election. […]. 13 nov. 2016. Facebook: Mark Zuckerberg. Disponível em: https://www.facebook.com/zuck/posts/10103253901916271. Acesso em: 2 ago. 2021.

[418] JEONG, Sarah. Nigel Farage thinks Facebook is censoring conservatives. The Verge, [S. l.], p. 1-4, 22 maio 2018. Disponível em: https://www.theverge.com/2018/5/22/17380972/nigel-farage-facebook-censoring-conservative-brexit-european-parliament-zuckerberg. Acesso em: 2 ago. 2021.

CAPÍTULO 9 | O QUE VEM A SEGUIR

muito substancial nas visualizações e engajamentos, para aqueles com opiniões políticas de centro-direita.

Em março de 2018, Edouard Philippe, primeiro-ministro francês, anunciou que a França aprovaria sua própria versão da lei alemã de "discurso de ódio" e exigiria das plataformas de mídia social a exclusão do "discurso de ódio" em vinte e quatro horas, sob pena de multas severas[419]. Oito meses depois, o governo francês levou a questão ainda mais adiante. O presidente Emmanuel Macron anunciou, em novembro de 2018, que sua administração iria "incorporar" reguladores, dentro do Facebook, para ajudar a combater o "discurso de ódio" na plataforma[420]. Um funcionário francês chamou a parceria entre o governo e o Facebook de um "experimento sem precedentes[421]".

O Parlamento Europeu até ameaçou aprovar uma legislação de discurso de ódio *online*, semelhante ao projeto de lei alemão, impondo regulamentos de "discurso de ódio" *online* e censura em todo o continente[422]. A UE não precisou seguir em frente com essa ameaça, porque Facebook, Google, YouTube e Twitter aumentaram, rapidamente, suas operações de censura, para deleite da UE[423].

***

---

[419] FRANCE to get tougher on social media hate speech - PM. Reuters, [S. l.], p. 1-2, 19 mar. 2018. Disponível em: https://www.reuters.com/article/idUSL8N1R14G0. Acesso em: 2 ago. 2021.france-to-get-tougher-on-social-media-hate-speech-pm-idUSL8N1R14G0.

[420] ROSEMAIN, Mathieu; ROSE, Michel; BARZIC, Gwénaëlle. France to 'embed' regulators at Facebook to combat hate speech. Reuters, [S. l.], p. 1-3, 12 nov. 2018. Disponível em: https://www.reuters.com/article/us-france-facebook-macron/france-to-embed-regulators-at-facebook-to-combat-hate-speech-idUSKCN1NH1UK. Acesso em: 2 ago. 2021.

[421] SCOTT, Mark; YOUNG, Zachary. France and Facebook announce partnership against online hate speech. *Politico*, [S. l.], p. 1-4, 12 nov. 2018. Disponível em: https://www.politico.eu/article/emmanuel-macron-mark-zuckberg-paris-hate-speech-igf/. Acesso em: 2 ago. 2021.

[422] BOFFEY, Daniel. EU threatens to crack down on Facebook over hate speech. *The Guardian*, Bruxelas, p. 1-3, 11 abr. 2018. Disponível em: https://www.theguardian.com/technology/2018/apr/11/eu-heavy-sanctions-online-hate-speech-facebook-scandal. Acesso em: 2 ago. 2021.

[423] FACEBOOK is doing much better at removing hate speech, says the EU. MIT Technology Review, [S. l.], p. 1, 4 fev. 2019. Disponível em: https://www.technologyreview.com/2019/02/04/137591/facebook-is-doing-much-better-at-removing-hate-speech-says-the-eu/. Acesso em: 2 ago. 2021.

A ascensão de movimentos populistas em todo o mundo e o regime de censura abrangente das *Big Tech's*, estão em rota de colisão. O pesadelo populista do *establishment* europeu está apenas começando: os desestabilizadores subjacentes de seus governos progressistas – tendências sociais, como salários estagnados, mudanças demográficas e uma disparidade crescente, entre as elites ultra ricas, e todos os outros - não estão indo embora. Essas pressões externas estão apenas crescendo, ao mesmo tempo em que os governos europeus estão pressionando, cada vez mais, as grandes empresas de tecnologia a mudarem seus algoritmos para combater as forças populistas. À medida que o populismo se espalha na Europa e as empresas de tecnologia se tornam mais próximas dos governos europeus, o *establishment* político pressionará as *Big Tech's* para impedir revoltas populistas, como os protestos dos "coletes amarelos" na França. Na verdade, algumas das atuais atividades de censura das *Big Tech's*, como suprimir grupos "provocadores" e conteúdo "polarizado", são projetadas para fazer exatamente isso. Entretanto, confiar nessas táticas pesadas, produz um enigma: quanto mais as empresas de tecnologia intervêm, em nome do sistema, mais elas correm o risco de alimentar as mesmas forças populistas que estão tentando impedir.

Esquerdistas europeus, que usam as *Big Tech's* para silenciar a dissidência política, estão jogando um jogo perigoso e estabelecendo precedentes perigosos. Porém, por enquanto, pretendem explorar sua influência sobre e dentro dessas grandes empresas de mídias sociais, tanto quanto possível.

AS *BIG TECH'S'S* NÃO VÃO LHE SALVAR

A China comunista é um regime totalitário que controla a informação e a expressão e rastreia todos os aspectos da vida de seus cidadãos. Uma vasta rede de câmeras de segurança, equipadas com tecnologia de reconhecimento facial, permite ao Estado identificar praticamente qualquer pessoa andando pelas ruas, em poucos minutos[424]. Meticulosamente, o governo rastreia e documenta tudo, desde o uso da *Internet* até compras com cartão de crédito, e alimenta todos

---

[424] MITCHELL, Anna; DIAMOND, Larry. China's Surveillance State Should Scare Everyone. *The Atlantic*, [S. l.], p. 1-6, 2 fev. 2018. Disponível em: https://www.theatlantic.com/international/archive/2018/02/china-surveillance/552203/. Acesso em: 2 ago. 2021.

CAPÍTULO 9 | O QUE VEM A SEGUIR

esses dados em um algoritmo que determina uma "pontuação do cidadão". Aqueles com notas altas de cidadania podem viajar para o exterior e receber outros benefícios. Pontuações baixas podem resultar em ainda mais restrições à liberdade de um indivíduo.

Entretanto, o regime comunista não faz tudo sozinho. O governo chinês usa as empresas de mídias sociais como um braço de vigilância do Estado, e as pressiona a silenciar os dissidentes políticos. Em agosto de 2017, por exemplo, as autoridades chinesas reprimiram três das empresas de mídias sociais mais utilizadas no país: WeChat, Weibo e Baidu Tieba[425]. A Administração do Ciberespaço da China (CAC, sigla em inglês) disse que as empresas de tecnologia haviam permitido a proliferação de conteúdo proibido, incluindo "obscenidade" e "falsos rumores", em suas plataformas[426]. Todas as três empresas responderam a esta reprimenda pública, contratando imediatamente "moderadores de conteúdo" adicionais para aumentar a censura em suas plataformas[427]. Embora o aplicativo WeChat "seja um sistema abrangente, que realmente torna a vida cotidiana mais fácil, é também uma ferramenta poderosa de vigilância e controle do governo", que até mesmo levou à prisão de usuários[428].

As autoridades chinesas visaram o Toutiao, aplicativo de notícias baseado na China, de maneira semelhante porque, alegadamente, não estava fazendo o suficiente para policiar o conteúdo em sua plataforma e estava "causando um impacto negativo na opinião pública online[429]". *Abacus*, o braço de tecnologia do *South China Morning Post*, reportou:

---

[425] HUANG, Echo. China is investigating its internet giants over failures to police content—and sending a warning. Quartz, [S. l.], p. 1-3, 11 ago. 2017. Disponível em: https://qz.com/1051539/china-is-investigating-its-internet-giants-tencent-tcehy-baidu-bidu-sina-weibo-wb-over-failures--to-police-content/. Acesso em: 2 ago. 2021.

[426] TENCENT, WeChat, Sina Weibo, Baidu Tieba, suspeitos de violar a "Lei de Segurança de Rede" são apresentados para investigação. Cyberspace Administration of China, 11 ago. 2017. Disponível em: http://www.cac.gov.cn/2017-08/11/c_1121467425.htm. Acesso em: 2 ago. 2021.

[427] HUANG, Echo. China's social media giants want their users to help out with the crushing burden of censorship. Quartz, [S.l.], p. 1-3, 5 jan. 2018. Disponível em: https://qz.com/1172536/chinas-social-media-giants-tencent-toutiao-weibo-want-their-users-to-help-out-with-censorship/. Acesso em: 2 ago. 2021.

[428] HUANG, Zheping. All the things you can—and can't—do with your WeChat account in China. Quartz, [S. l.], p. 1-3, 28 dez. 2017. Disponível em: https://qz.com/1167024/all-the--things-you-can-and-cant-do-with-your-wechat-account-in-china/. Acesso em: 2 ago. 2021.

[429] ZHONG, Raymond. A Saucy App Knows China's Taste in News. The Censors Are Worried.

Durante anos, o Toutiao afirmou ser apenas uma plataforma, dizendo que não editaria nenhum conteúdo do site, mas isso pode estar mudando. A mídia estatal criticou o Toutiao por confiar em algoritmos para controlar o que mostra aos usuários. E, em dezembro de 2017, as autoridades fecharam o Toutiao por 24 horas, acusando-o de espalhar "conteúdo pornográfico e vulgar". Vários dias depois, a empresa começou a recrutar 2.000 revisores de conteúdo, dizendo que "os membros do Partido Comunista teriam prioridade".

O Toutiao deveria tê-lo chamado de programa de "moderadores confiáveis". Além de trazer novos monitores de fala, a empresa de tecnologia também baniu, ou suspendeu, 1.100 blogueiros, acusados de espalhar "conteúdo de baixa qualidade"[430].

***

Os gigantes da tecnologia da América sinalizaram sua disposição de cooperar com o governo comunista chinês no que diz respeito à censura. O Google planejou construir, secretamente, um mecanismo de busca chinês, atendendo aos padrões do regime e colocando na lista negra certas frases, como "direitos humanos"[431]. Só anulou o acordo após o vazamento dos detalhes para o público (embora eles não tenham descartado trazê-lo de volta)[432]. Em retrospecto, quando o Google removeu o lema "Não seja mau" de seu código de conduta, em abril de 2018, os observadores deveriam ter percebido o que estaria por vir[433].

The New York Times, [S. l.], p. 1-3, 2 jan. 2018. Disponível em: https://www.nytimes.com/2018/01/02/business/china-toutiao-censorship.html. Acesso em: 2 ago. 2021.
[430] *Ibid.*
[431] GALLAGHER, Ryan. Leaked Transcript of Private Meeting Contradicts Google's Official Story on China. The Intercept, [S. l.], p. 1-8, 9 out. 2018. Disponível em: https://theintercept.com/2018/10/09/google-china-censored-search-engine/. Acesso em: 2 ago. 2021.
[432] GALLAGHER, Ryan; FANG, Lee. Google suppresses memo revealing plans to closely track search users in China. The Intercept, [S. l.], p. 1-7, 21 set. 2018. Disponível em: https://theintercept.com/2018/09/21/google-suppresses-memo-revealing-plans-to-closely-track-search-users-in-china/. Acesso em: 2 ago. 2021.
[433] CONGER, Kate. Google removes 'Don't be evil' clause from its code of conduct. Gizmodo, [S. l.], p. 1-5, 18 maio 2018. Disponível em: https://gizmodo.com/google-removes-nearly-all-mentions-of-dont-be-evil-from-1826153393. Acesso em: 2 ago. 2021.

CAPÍTULO 9 | O QUE VEM A SEGUIR

O Facebook ainda não vendeu sua alma corporativa na mesma medida do Google, mas isso é apenas uma questão de tempo. O Facebook já fez coisas dissimuladas, como tentar enganar as crianças para que gastassem o dinheiro dos pais. Um relatório de janeiro de 2019, do Center for Investigative Reporting, revelou que

> o Facebook orquestrou um esforço de vários anos que tirou dinheiro de maneira enganosa de crianças e seus pais, em alguns casos centenas, ou mesmo milhares de dólares e, muitas vezes, recusou-se a devolver o dinheiro[434].

O Facebook também

> encorajou os desenvolvedores de jogos a deixarem as crianças gastarem dinheiro, sem a permissão dos pais – algo chamado pelo gigante da mídia social de 'fraude amigável' – em um esforço para maximizar as receitas, de acordo com um documento detalhando a estratégia de jogos da empresa,

acrescentou o relatório. Entretanto, talvez a pior parte do incidente seja que, quando os funcionários do Facebook descobriram que algumas crianças estavam gastando o dinheiro dos pais involuntariamente e criaram uma solução para o problema, os executivos da empresa a rejeitaram[435]. O Facebook faz tudo pelas margens de lucro, e por isso que está aberto a fazer negócios na China.

Em uma carta de 26 de outubro de 2018, ao Comitê de Inteligência do Senado, o Facebook se recusou a descartar fazer negócios com a China, apesar das políticas totalitárias do regime comunista. Ao invés disso, o Facebook prometeu que "a devida diligência rigorosa de direitos humanos, e a consideração cuidadosa das implicações de liberdade de expressão e privacidade, constituiriam componentes importantes de qualquer decisão a respeito de entrar na China". A frase-chave da carta era que "nenhuma decisão foi tomada em torno das condições sob as quais qualquer serviço futuro possível poderia ser oferecido

---

[434] HALVERSON, Nathan. Facebook knowingly duped game-playing kids and their parents out of money. Reveal News, [S. l.], p. 1-12, 24 jan. 2019. Disponível em: https://revealnews.org/article/facebook-knowingly-duped-game-playing-kids-and-their-parents-out-of-money/. Acesso em: 2 ago. 2021.

[435] *Ibid.*

na China". Em outras palavras, o Facebook estava mantendo suas opções abertas. A disposição do Google e do Facebook de fazer negócios com o regime totalitário da China zomba de quem pensa que essas empresas protegerão a liberdade de expressão na América. Google e Facebook não o protegerão de políticos pró-censura, mas trabalharão com eles para garantir que continuem lucrando com seu apoio. Eles estão fazendo exatamente isso na Europa. E, nos Estados Unidos, eles cederam de boa vontade a ativistas de esquerda, e a seus próprios funcionários esquerdistas e suas exigências por censura.

ESTADOS UNIDOS DA AMÉRICA

Os Estados Unidos são diferentes, é claro, porque nossa Constituição garante a liberdade de expressão. Embora a Primeira Emenda seja, sem dúvida, ameaçada por leis de "discurso de ódio" e outras legislações progressistas, a principal ameaça à liberdade de expressão nos Estados Unidos, por enquanto, não vem da censura imposta pelo governo, mas de ativistas de esquerda, da mídia progressista que os promove e dos anunciantes corporativos que os temem.

Essa censura já está acontecendo, e não restringe apenas o que você vê nas redes sociais. Praticamente todos os meios de comunicação de informações estão sujeitos à censura de esquerda. O Spotify, por exemplo, proibiu recentemente a PragerU de comprar anúncios em seus canais. A proibição veio seis meses depois do serviço de *streaming* de música anunciar uma parceria com o SPLC, para manter "conteúdo odioso" fora de sua plataforma, proibição essa que, aparentemente, não se estendeu a rappers populares no Spotify. A Microsoft fornece mais um exemplo. A gigante de *software* sediada em Seattle construiu um rastreador de notícias, na última edição de seu navegador, o Microsoft Edge[436]. O rastreador, operado pela empresa iniciante *NewsGuard*, avalia as fontes de notícias *online* e sua confiabilidade. Fontes confiáveis recebem um dis-

---

[436] BOKHARI, Allum. Microsoft teams with establishment 'NewsGuard' to create news blacklist. Breitbart, [S. l.], p. 1-3, 23 jan. 2019. Disponível em: https://www.breitbart.com/tech/2019/01/23/microsoft-teams-with-establishment-newsguard-to-create-news-blacklist/. Acesso em: 2 ago. 2021.

CAPÍTULO 9 | O QUE VEM A SEGUIR

tintivo verde, histórias de veículos de notícias não confiáveis recebem um distintivo vermelho. A avaliação do *NewsGuard* de sites de notícias de direita, é dividida – o *Daily Mail* e o *Breitbart* não faziam parte da lista "confiável", enquanto o *Daily Caller*, e a *National Review*, sim – mas a organização autorizou quase todas as fontes de notícias de esquerda. *HuffPost* e Salon receberam avaliações verdes, assim como o *Raw Story*. *ThinkProgress* e Media Matters, que existem apenas para promover propaganda de esquerda, também receberam avaliações verdes[437]. O monitor de notícias de esquerda da Microsoft é um exemplo do futuro das notícias digitais. Ele, ou algo parecido será, inevitavelmente, adaptado pelo Google e Mozilla, com aplicativos de checagem de fatos e barras de contexto para avançar na "navegação inteligente", marginalizando vozes conservadoras.

Em outubro de 2018, o SPLC e o Center for American Progress lideraram uma coalizão de organizações esquerdistas, exigindo que *todas* as empresas de tecnologia estabeleçam um grupo consultivo de "moderadores de confiança", para sinalizar indivíduos, organizações e declarações polêmicas, e prometer punir usuários individuais por comportamento, dentro e fora da plataforma, em desacordo com os padrões de discurso aceitável. Em outras palavras, a esquerda quer decidir quem pode usar plataformas de tecnologia e quem não pode. Ao tornar qualquer coisa que rompa com a ortodoxia progressista uma "controvérsia" de fato, os progressistas estão buscando criar um ambiente digital onde os conservadores guardem suas opiniões para si mesmos. Isso está levando a censura a um novo nível, mas não é sem precedentes.

Adrian Chen, escrevendo na *New Yorker*, observou que os conservadores há muito se sentem excluídos da grande mídia. Nas décadas de 1950 e 1960, quando os conservadores tentaram estabelecer suas próprias estações de rádio,

> seu principal obstáculo era a Doutrina de Equidade da F.C.C., que buscava proteger o discurso público, exigindo que opiniões controversas fossem equilibradas por pontos de vista opostos. Como os ataques ao consenso progressista de meados do século eram inerentemente controversos, os conservadores se encontravam, constantemente, na mira dos reguladores.

Ele continuou,

---

[437] *Ibid.*

a Doutrina de Equidade realmente foi usada por grupos liberais para silenciar os conservadores, normalmente inundando as estações com reclamações e pedidos de tempo no ar para responder. Isso criou um efeito assustador, com as estações optando, frequentemente, por evitar material controverso.

Hoje, ele acrescenta:

As correções técnicas implementadas pelo Google e pelo Facebook, na pressa de combater as notícias falsas, parecem igualmente passíveis de abusos, dependentes como são, de relatórios gerados por usuários[438].

A estratégia dos grupos de esquerda é óbvia. Eles rotulam as ideias conservadoras como "discurso de ódio", exigem que as *Big Tech's* fiquem do lado certo da história, proibindo esse discurso e fazendo disso um teste decisivo para os anunciantes ("*sua* empresa está apoiando o discurso de ódio?"). Jornalistas solidários descrevem esses pedidos como razoáveis, ao invés da oportunidade pura de obtenção de poder político que eles são. Uma vez que uma empresa de tecnologia ceda à pressão, ela essencialmente empodera o SPLC, e outros grupos de esquerda, para decidir quem pode permanecer em sua plataforma. E os funcionários de esquerda nas empresas de tecnologia serão, orgulhosamente, os responsáveis internos pela censura. Assim como os *campi* universitários foram, majoritariamente, transformados em "espaços seguros" gigantes para os esquerdistas, livres de ideias desconcertantes ou argumentos desafiadores, a grande maioria das plataformas de tecnologia também se transformará em espaços digitais seguros para a ortodoxia progressista.

Os políticos democratas aderiram avidamente à campanha da esquerda pela censura. O legislativo estadual da Califórnia, dominado pelos democratas, aprovou um projeto de lei, em agosto de 2018, ordenando que o procurador-geral do estado estabelecesse um comitê consultivo para combater as *"fake news"* nas redes sociais. O projeto de lei, SB 1424, atribuía dois objetivos ao comitê:

---

[438] CHEN, Adrian. The fake-news fallacy. *The New Yorker*, [S. l.], p. 1-10, 28 ago. 2017. Disponível em: https://www.newyorker.com/magazine/2017/09/04/the-fake-news-fallacy. Acesso em: 2 ago. 2021.

CAPÍTULO 9 | O QUE VEM A SEGUIR

a) Estudar o problema da disseminação de informações falsas por meio de plataformas de mídia social, baseadas na *Internet*; e b) Elaborar um plano estratégico modelo, destinado a plataformas de mídia social baseadas na *Internet*, e usar para mitigar a disseminação de informações falsas, por meio de suas plataformas.

Um legislador da Califórnia até propôs uma emenda ao SB 1424, que teria instruído o comitê patrocinado pelo governo a redigir "uma legislação potencial para mitigar a disseminação de informações falsas por meio da mídia social, se o grupo consultivo julgar apropriado"[439].

O projeto foi tão radical que até mesmo os cães de guarda esquerdistas ficaram alarmados. "Recomendações do governo sobre como discriminar falantes da *Internet* são, por si próprias, prejudiciais", advertiu a Electronic Frontier Foundation, de tendência esquerdista[440].

O governador Jerry Brown – um democrata e progressista, mas mais moderado do que os esquerdistas na legislatura –- vetou o projeto de lei, alegando não achar que o comitê fosse necessário. Entretanto, Brown está agora fora do cargo e os democratas obtiveram uma supermaioria legislativa à prova de veto, nas votações de 2018 – logo, os projetos de lei restritivos à liberdade de expressão *online* provavelmente voltarão ao legislativo da Califórnia[441]. Os tribunais federais são o único impedimento à entrada em vigor de projetos de lei como o SB 1424, e se os democratas eventualmente "ocuparem mais assentos ao tribunal, para garantir maioria", como os ativistas progressistas exigiram, os tribunais podem não ser suficientes. O SB 1424 não é único. Na Califórnia, um deputado estadual democrata propôs uma legislação em 2017, exigindo que as escolas públicas ensinassem os alunos a diferenciar "notícias falsas" de "notícias reais"[442]. Ou seja, o Estado, talvez aconselhado por tipos como a Media Matters e o SPLC, instruiria os alunos sobre fontes de notícias aceitáveis e legítimas.

---

[439] PAN, Richard. SB-1424 Internet: social media: advisory group, Amended Version. California Legislative Information, [S. l.], p. 1-2, 26 abr. 2018. Disponível em: https://leginfo.legislature. ca.gov/faces/billTextClient.xhtml?bill_id=201720180SB1424. Acesso em: 2 ago. 2021.

[440] PAN, Richard. SB 1424, Unfinished Business. Senate Rules Committee, [S. l.], p. 1-5, 28 ago. 2018. Disponível em: https://www.scribd.com/document/438477789/201720180SB1424-Senate-Floor-Analyses. Acesso em: 2 ago. 2021.

[441] *Op. cit.*

[442] GOMEZ, Jimmy. AB-155 Pupil instruction: model curriculum: media literacy. California

No nível federal, os democratas já demonstraram que estão dispostos a usar o poder do governo para pressionar o Facebook a dar os passos que desejam. Os democratas usaram sua maioria, na Câmara dos Representantes, para arrastar empresas de tecnologia a audiências de comitê sobre "discurso de ódio" e "desinformação" em suas plataformas. Mesmo sem aprovar nenhuma legislação, os democratas da Câmara podem tornar dolorosa a vida das empresas de tecnologia defensoras da liberdade de expressão *online*. Como Matt Taibbi observou, na *Rolling Stone*, "os políticos estão mais interessados em *usar* do que em *restringir* o poder dessas empresas. As plataformas, por sua vez, irão ceder, ao invés de serem regulamentadas"[443].

Claro, os democratas também estão dispostos a aprovar leis, e colunistas progressistas já estão preparando as bases para que os democratas regulem o Facebook, sob o argumento de que a empresa não está fazendo o suficiente para policiar o discurso em sua plataforma[444]. Segundo um artigo de opinião no *Washington Post*, como o Facebook supostamente havia errado muitas vezes na questão do "discurso de ódio", os democratas não tinham outra escolha a não ser intervir e resolver o problema[445].

***

"Preocupa-me que as principais plataformas de tecnologia, hoje, tenham o poder de redefinir os quatro cantos do debate aceitável no país", disse-me Matt Gaetz, congressista da Flórida, em uma entrevista por telefone em janeiro

---

Legislative Information, [S. l.], p. 1-4, 11 jan. 2017. Disponível em: https://leginfo.legislature.ca.gov/faces/billNavClient.xhtml?bill_id=201720180AB155. Acesso em: 2 ago. 2021.

[443] TAIBBI, Matt. Taibbi: Beware the slippery slope of Facebook censorship. *Rolling Stone*, [S. l.], p. 1-5, 2 ago. 2018. Disponível em: https://www.rollingstone.com/politics/politics-features/facebook-censor-alex-jones-705766/. Acesso em: 2 ago. 2021.

[444] TOMASKY, Michael. Democrats, crack the whip on Facebook and don't hold back when you do it. Daily Beast, [S. l.], p. 1-3, 15 nov. 2018. Disponível em: https://www.thedailybeast.com/democrats-crack-the-whip-on-facebook-and-dont-hold-back-when-ya-do-it. Acesso em: 2 ago. 2021.

[445] JANCOWICZ, Nina. Opinion: It's time to start regulating Facebook. *The Washington Post*, [S. l.], p. 1-3, 15 nov. 2018. Disponível em: https://www.washingtonpost.com/news/democracy-post/wp/2018/11/15/its-time-to-start-regulating-facebook/?noredirect=on&utm_term=.9e98960a1bc2. Acesso em: 2 ago. 2021.

CAPÍTULO 9 | O QUE VEM A SEGUIR

de 2019. Gaetz tem sido um dos republicanos mais vocais a expressar preocupação com as tendências de censura *online*. Disse Gaetz:

> Acho que o mercado de ideias deve acomodar uma ampla gama de pontos de vista, incluindo pontos de vista ofensivos. E, você sabe, sou um libertário por natureza. Não quero Washington comandando minha vida, mas não quero o Vale do Silício, em especial, comandando minha vida.

E acrescentou:

> E, se você olhar para a nossa política, hoje, somos um país dividido ao meio; Donald Trump é o presidente porque ganhou três estados do centro do país, por um ponto cada. E então, se o Vale do Silício pode alterar o debate, mesmo que ligeiramente, se eles puderem, você sabe, eles não precisam ser capazes de silenciar vozes conservadoras, eles só precisam ser capazes de abaixar o volume um pouco, e isso poderia ter um impacto substancial no futuro do mundo.

Os cristãos são especialmente vulneráveis à censura de grandes tecnologias, disse Gaetz.

> Acho que as pessoas que mais correm risco são as de fé. Acho que há um movimento, neste país, para rotular os elementos doutrinários da fé cristã como discurso de ódio. Você veria, literalmente, uma remoção dos cristãos da plataforma na era digital caso não haja maior transparência sobre como o conteúdo é tratado *online*.

Ativistas de esquerda não estão perseguindo apenas a liberdade de expressão – eles também virão atrás da liberdade religiosa, usando as *Big Tech's* para isso.

CAPÍTULO 10

Capítulo 10

O que fazer

Na última década, e particularmente desde a eleição de 2016, o cenário digital na América se afastou da liberdade de expressão e se encaminhou para a censura, com partidários de esquerda exercendo um papel desproporcional sobre quem é censurado. As empresas de tecnologia estão fazendo a transição de plataformas abertas para plataformas hierárquicas, com privilégios diferentes para oradores diferentes. Opiniões de esquerda e o *establishment* de mídia progressista estão sendo elevados artificialmente, enquanto opiniões conservadoras e meios de comunicação alternativos estão sendo artificialmente minimizados.

"Agora, sempre haverá uma regra para o *establishment* e uma regra para todos os outros, nas redes sociais", disse-me Allum Bokhari, repórter de tecnologia.

> Vemos isso em coisas como discurso de ódio, e também assédio. Veja todo o assédio e ameaças reais de violência que vimos dirigidas aos garotos de Covington no Twitter -– ninguém foi banido, algumas pessoas precisaram deletar tuítes, ninguém perdeu a logomarca azul e, algumas semanas depois, vimos proibições em massa contra as pessoas dizendo aos jornalistas para aprenderem a programar[446]. Ele acrescentou: ".

---

[446] ATHEY, Amber. Daily Caller editor in chief locked out of account for tweeting 'Learn to

OS MANIPULADORES

Acrescentou:

> Tem havido essa tomada geral de poder pelas elites, que reconhecem a *Internet* como uma ameaça fundamental ao seu poder pois ela descentraliza as comunicações e dá a todos uma plataforma enorme, e eles querem fazer algo a respeito.

Apesar da censura e da pressão da grande mídia, Bokhari acha que a descentralização continuará, "porque não há como voltar no tempo para uma era pré-digital". Hoje, diz ele,

> qualquer pessoa pode obter uma conta nas redes sociais e atingir uma audiência de milhões, e os progressistas têm razão em ter medo disso, porque tira totalmente o poder das organizações da grande mídia.

Isso explica, concluiu ele, o "estímulo ao medo de *fake news*" e as demandas para os gigantes da tecnologia darem tratamento preferencial à mídia de esquerda. "Acho que veremos isso continuar através de 2020".

Ao minar e suprimir as fontes de informação dominantes da direita — como fizeram as empresas de tecnologia — as *Big Tech's* estão tentando colocar seu dedo na balança da opinião pública. A questão é: quanto mais — e com que rapidez — as *Big Tech's* irão manipular o discurso nacional? Conservadores e outros defensores da liberdade de expressão estão ficando sem tempo, mas possuem, sim, maneiras de reagir.

FAÇA DOER

Em sua essência, Facebook, Google e Twitter tratam de uma coisa: ganhar dinheiro. Os gigantes da tecnologia silenciam os conservadores, não apenas porque querem, mas porque a esquerda tornou financeiramente doloroso para eles não reprimirem o "discurso de ódio" e as "notícias falsas". Se os conservadores querem tratamento igual do Facebook, Google e Twitter, precisarão adotar as

---

code'. Daily Caller, [S. l.], p. 1-3, 6 fev. 2019. Disponível em: https://dailycaller.com/2019/02/06/daily-caller-twitter-locked-learn-to-code/. Acesso em: 2 ago. 2021.

CAPÍTULO 10 | O QUE FAZER

táticas de esquerda e tornar a censura das vozes conservadoras cara para as *Big Tech's*. Os conservadores estão em desvantagem por causa da tendência esquerdista da grande mídia e das grandes empresas de mídia social, entretanto, se os conservadores quiserem ter algum sucesso na futura era digital, precisarão vencer esta batalha. Isso começa tornando embaraçoso para as *Big Tech's* censurar a mídia conservadora. Meu *e-mail* está no final deste capítulo – envie-me uma dica, a qualquer momento, sobre casos de censura digital injusta. Estou feliz em ajudá-lo a fazer barulho.

E os conservadores precisam fazer barulho. Como disse Allum Bokhari, a descentralização na comunicação realmente não pode ser interrompida - e os conservadores precisam tirar vantagem disso. Nessa batalha, todo conservador precisa ser um cidadão ativista e um cidadão jornalista. Precisamos defender os princípios básicos, como a Primeira Emenda da Constituição, e não permitir que a esquerda os desmonte, com pretextos sobre "discurso de ódio". Os conservadores precisam permanecer – ou se envolver – nas redes sociais, e apoiar sites conservadores de notícias para que nossas vozes continuem a ser ouvidas.

O que os conservadores *não* deveriam fazer é abandonar as plataformas das *Big Tech's*. Isso é, simplesmente, render-se – e os conservadores fazem isso com muita frequência, razão pela qual, instituição após instituição, de forma mais flagrante em nossas faculdades e universidades, cai para a esquerda. Os conservadores tampouco devem procurar uma solução do governo. Certamente, há alguns benefícios em ameaçar a ação do governo para obter concessões das *Big Tech's*. Entretanto, seria falta de visão para os conservadores apoiar qualquer lei concedendo ao governo mais influência sobre o policiamento de conteúdo nas redes sociais, pois precisamos de menos regulamentação do discurso político, e não mais.

A mídia social se tornou atraente para os conservadores, em primeiro lugar, por oferecer uma maneira de contornar o *establishment* cultural esquerdista que, de outra forma, domina a conversa nacional. Durante o debate sobre saúde, o líder da minoria no Senado, Chuck Schumer, proveu Jimmy Kimmel, o apresentador de *talk show* da televisão, com pontos de discussão democratas, repetidos por Kimmel para sua audiência. As celebridades apreciam a chance de transformar programas de premiação em comícios políticos de esquerda. Até mesmo comentaristas esportivos promovem o controle de armas no ar[447]. A direita não tem essa gama de influência cultural. O que eles tinham, nas redes sociais, era um campo de jogo nivelado, onde podiam compartilhar suas ideias. Isso está mudando – e mudando rapidamente – mas os conservadores ainda têm uma voz significativa por lá.

Facebook, Google e Twitter são empresas com fins lucrativos, profundamente preocupadas com sua imagem pública. Seus executivos se dobram para apaziguar ativistas de esquerda e jornalistas, em parte porque concordam com eles e em parte porque os temem. Enquanto não temerem os conservadores tanto quanto eles, e não temerem que a censura dos pontos de vista conservadores lhes custe dinheiro, eles continuarão a fazer o trabalho da esquerda, que visa o fim da liberdade de expressão. Essas são as apostas, e por que os conservadores precisam vencer.

---

[447] BOB Costas pushes gun control on air. ESPN, [S. l.], p. 1, 3 dez. 2012. Disponível em: http://www.espn.com/nfl/story/_/id/8706492/ bob-costas-advocates-gun-control-halftime. Acesso em: 2 ago. 2021.

AGRADECIMENTOS

Agradecimentos

Sem o incentivo e apoio incondicional de meus pais, Seamus e Mary Hasson, este livro – na verdade, toda a minha carreira de escritor – nunca teria sido possível.

Meus seis irmãos e dois cunhados também me transformaram na pessoa e escritor que sou hoje, e sempre serei grato a cada um deles. Devo graças especialmente ao meu irmão mais velho James, que leu as primeiras versões deste livro, e cujo conselho foi crucial para torná-lo mais nítido e focado.

Minha noiva Mairin é minha rocha, e uma fonte constante de alegria em minha vida – e isso ficou evidente durante o processo durante o processo, muitas vezes cansativo, de escrever um livro. Não posso agradecê-la o suficiente por seu amor e apoio – e pelo galão, literalmente, de molho para asas de frango que ela fez para mim enquanto eu estava enfurnado em meu apartamento, terminando o manuscrito.

Meu melhor amigo Tommy me deixou trocar ideias com ele e reviu meu trabalho ao longo de todo o processo. Ele é o cara.

O pessoal maravilhoso da Regnery Publishing acreditou neste projeto desde o início, há mais de dois anos, e ajudou a torná-lo melhor, em cada etapa do caminho.

Também devo agradecimentos a Scott Niklason, Patrick Ryland, Dr. James Krueger, e Andrew Zwerneman, meus professores de humanas do ensino médio, por minha formação inicial, e Rudy Bush, meu professor de jornalismo na Universidade de Dallas, que me ensinou os detalhes práticos da reportagem investigativa.

Por último, mas mais importante, graças a Deus, por meio de quem todas as coisas são possíveis, e sem o qual nada é.

ÍNDICE

ÍNDICE REMISSIVO E ONOMÁSTICO

A

aborto 24, 57, 97, 99, 111, 144, 145, 146, 147, 148, 149, 150, 151, 152, 153, 154, 155, 156, 157, 158, 165, 172
Acosta, Jim 56
Adams, Becket 155
Ali, Ayaan Hirsi 164, 165, 166
Alighieri, Dante 23
Al-Khatahtbeh, Amani 104
antisemitismo 65
ataques ideológicos 24, 26
Ayers, Bill 168

B

Bandler, Aaron 66
Beirich, Heidi 165, 185
Besbris, David 91, 100
Biden, Joe 146
Biggs, Andy 155
Big Tech 19, 28, 33, 35, 38, 39, 41, 61, 65, 90, 104, 132, 139, 144, 149, 152, 153, 156, 158, 163, 164, 175, 177, 179, 182, 185, 186, 188, 192, 193, 220, 226, 229, 234, 235
Blackburn, Marsha 153, 154, 155
Blanchard, Ray 128
Bokhari, Allum 63, 83, 97, 233, 235
Bredesen, Phil 153
Brin, Sergey 83
Brock, David 163

Brown, Campbell 57, 61
Brown, Ian 114
Brown, Jerry 227
Brown, Michael L. 94
Brzezinski, Mika 177
Budharaja, Ruchika 170
Bunch, Sonny 180
Bure, Candace Cameron 93
Bush, Jeb 52
Byer, Scott 90

C

Carlson, Tucker 161, 175
Carter, Zach 201
Carusone, Angelo 176
censura 25, 33, 35, 39, 54, 65, 67, 69, 70, 72, 75, 90, 91, 95, 101, 103, 118, 124, 125, 126, 127, 132, 151, 154, 156, 170, 181, 182, 184, 209, 210, 212, 213, 219, 220, 221, 222, 224, 225, 226, 229, 233, 234, 235, 236
Chait, Jonathan 56
Charlotte 154
Chávez, Hugo 67
Chen, Adrian 225
Chick-fil-A 22, 113, 165, 174
clickbait 55, 56
Clinton, Bill 17
Clinton, Hillary 26, 35, 50, 51, 52, 197
Cohen, Michael 204
Cohen, Richard 167

OS MANIPULADORES

Coleman, Keith 136
Columbia Journalism Review 192
Comey, James 202
comunicação bidirecional 17
Conde Dankula 213
Cook, Tim 166
Corkins, Floyd Lee 165
Costolo, Dick 32
Craigslist 191
Cretella, Dra. Michelle 95
Crowder, Steven 93, 182
Crowell, Colin 115
Cuccinelli, Ken 119
cultura de turba 23
Cuomo, Chris 199
Cvet, Mike 121

D

Damore, James 36, 85, 87
Dannenfelser, Marjorie 153
Darcy, Oliver 59, 62
deadnaming 125
de Blasio, Bill 22
Dees, Morris 167
Degeneres, Ellen 131
Del Harvey 121, 124
Del Real, Yasmany 105
DeSanctis, Alexandra 148
desmonetização 102, 103, 173
Dhillon, Harmeet 89
Dickerson, Mikey 200
difamação 127, 137, 139, 144, 163, 165, 174, 179, 183
Diwanji, Pavni 81
Domenech, Ben 135
domínio da esquerda 21
Dorsey, Jack 32, 34, 113, 135, 151
doutrina de equidade 225
Downs, Juniper 101
Dr. Carson, Ben 39, 166, 167
Drudge, Matt 17, 205

E

eleições americanas 26, 49, 67, 82, 90, 146, 194, 196

Ellison, Keith 171
Epstein, Robert 76
establishment 17, 19, 21, 27, 52, 57, 58, 61, 62, 63, 64, 92, 96, 99, 122, 139, 140, 151, 162, 174, 178, 183, 187, 188, 191, 192, 193, 194, 195, 197, 199, 206, 220, 233, 235
Everson, Carolyn 51

F

Farage, Nigel 218
Farrakhan, Louis 56, 66, 146
Flynn, Michael 203
Fogo e Fúria 204
Fondacaro, Nicholas 129
Ford, Adam 173
Fox News 20, 26, 41, 59, 67, 97, 118, 137, 161, 162, 163, 175, 176, 197, 198
Fukuyama, Francis 181
Fundação WinShape 175

G

Gaetz, Matt 228
George, Robert P. 143
Gomes, Ben 92
Gorsuch, Neil 59
Gosnell, Kermit 110
Graham, Franklin 64
Greenbau, Daniella 122
Griffin, Kathy 139
Gudeman, David 87
Gunter, Jennifer 156

H

Haberman, Maggie 205
Hannity, Sean 175
Harris, Tristan 76
Hayden, Stephanie 216
Heritage Foundation 95, 127, 178
Hitler 146
Hoffman, Reid 199
Hoff Sommers, Christina 25, 166
Hogg, David 176

ÍNDICE REMISSIVO

Hogue, David 52
homem 122
Hussein, Saddam 67

I

imigração na Alemanha 209
Ingersoll, Geoffrey 133
Ingraham, Laura 175, 176, 197
Ingram, Mathew 192
inteligência artificial 69
interseccionalidade 22, 23, 36, 79, 114

J

Jefferson, Thomas 70, 71, 150
Johansson, Scarlett 122
Johnson, Gary 50
Jones, Alex 121, 178, 179, 180, 181, 197

K

Kaplan, Joel 51, 186
Kassam, Raheem 65
Kavanaugh, Brett 51, 187
Kearns, Devon 68
Kelly, Jesse 131
Kennedy, Anthony 51, 201
Kimmel, Jimmy 93, 235
Kirchick, James 209
Ku Klux Klan 166

L

Lassner, Andy 131
Lavin, Talia 183
Lewinsky, Monica 17
Lista SBA 153, 154
Loesch, Dana 133
Luckey, Palmer 49

M

Macron, Emmanuel 219
Maddow, Rachel 191
Mallory, Tamika 146
Manafort, Paul 203
Marcha das Mulheres 146, 198

Marx, Karl 23
Matt Rivitz 162
Maza, Carlos 182
McCain, John 134
McCain, Meghan 134
McConnell, Mitch 205
McDaniel, Ronna Romney 117
McKinley, Kathleen 130
Media Matters 41, 148, 163, 175, 176, 177, 178, 182, 183, 184, 187, 225, 227
Meechan, Markus 213
Mercer, Robert 162
Merkel, Angela 209
Micah 154
Mihr, Christian 212
Miller, Harry 216
misgendering 125
Mlotek, Avram 66
monocultura política 21, 48
Moore, Michael 198, 200
Moore, Roy 200
Moser, Bob 168
Mueller, Robert 203, 204
mulher, 122
Mullane, J.D. 111
Murphy, Chris 182
Murphy, Meghan 123, 134
Murray, Charles 24

N

Nagai, Altheas 78
Naham, Matt 60
Narayanan, Srinivas 50
National Christian Org 175
Navarro, Ana 139
Nelson, Margaret 216
News Media Alliance 192, 193
Nyhan, Brendan 196

O

Obama, Barack 26
Obamacare 173
Obama, Michelle 104
Ocasio-Cortez 79

245

O'Connell, Derek 214
Omar, Ilhan 123
O'Rourke, Beto 129
Orwell, George 127
orwelliana 126
Owens, Carrie 171
Owens, Ryan 171

P

Parscale, Brad 26
Péricles 19
Peterson, Jordan 25, 56, 85, 103, 186
Philippe, Edouard 219
Phillips, Nathan 137, 138, 139, 174
Pickles, Nick 113, 116
Planned Parenthood 56, 144, 145, 146, 147,
    149, 150, 151, 155, 156, 157, 158, 165,
    172
Polgreen, Lydia 200
politicamente incorreto 19
Pompeo, Mike 177
Pooley, Jefferson 194
Porat, Ruth 83
Powell, Lucy 217
pressões públicas 19
Primeira Emenda, 19
Projeto Birmingham 200

R

Read, Max 195
redes sociais
    Instagram 32, 214
    Snapchat 32
Redes sociais
    Facebook 18, 19, 21, 25, 26, 31, 32, 33, 34,
        35, 36, 39, 40, 41, 45, 46, 47, 48, 49, 50,
        51, 52, 53, 54, 55, 56, 57, 58, 59, 60,
        61, 62, 63, 64, 65, 66, 67, 68, 69, 70,
        71, 72, 76, 96, 97, 102, 109, 110, 121,
        132, 147, 148, 149, 153, 154, 155, 156,
        157, 158, 163, 169, 170, 172, 173, 174,
        177, 178, 179, 180, 181, 182, 184, 186,
        187, 191, 192, 193, 195, 196, 199, 200,
        201, 211, 217, 218, 219, 223, 224, 226,

228, 234, 236
Google 18, 19, 21, 32, 33, 35, 36, 37, 38, 39,
    40, 41, 52, 56, 75, 76, 77, 78, 79, 80,
    81, 82, 83, 84, 85, 86, 87, 88, 89, 90,
    91, 92, 94, 95, 99, 100, 101, 102, 103,
    104, 105, 109, 157, 163, 168, 169, 170,
    172, 173, 177, 178, 184, 185, 186, 191,
    192, 193, 213, 219, 222, 223, 224, 225,
    226, 234, 236
Reid, Joy 161, 162
retaliação 89, 124, 132
Rivitz, Matt 162
Rose, Lila 149, 150, 156, 158
Rosen, Jeffrey 18, 28
Ross, Brian 203
Rubin, Dave 93, 102
Rudd, Amber 215
Russell, Chelsea 214

S

Saletan, William 187
Sandberg, Sheryl 46, 51, 52, 157
Sanders, Bernie 199
Sanders, Symone 177
Sandmann, Nick 177
Sasse, Ben 131
Scaramucci, Anthony 203
Scarborough, Joe 205
Schafer, Bret 197
Schroepfer, Mike 72
Schultz, Debbie Wasserman 171
Schumer, Chuck 235
Scott, Greg 127
Scottow, Kate 216
Sellers, Bakari 177
Sessions, Jeff 202
Shafer, Jack 193
Shapiro, Ben 25, 56, 93, 94, 103, 115, 183
Sharma, Vishal 95
Sherman, Jake 173
Sims, Brian 149
Singh, Ronil 65
Smith, Ben 200
Soave, Robby 138
Socolow, Michael J. 194

246

ÍNDICE REMISSIVO

Sommers, Christina Hoff 166
Soros, George 184, 187
Steinberg, Marty 205
Stelter, Brian 206
Steyer, Tom 67
Stinnett, Casey 71
Sullivan, Andrew 23
Sykes, Charlie 62

T

Taha, Subhi 104
Taibbi, Matt 228
Tillerson, Rex 59
transfobia 216
Tromble, Rebekah 120
Trump, Donald 19, 25, 26, 35, 41, 83, 90, 110, 115, 177, 204, 229
Tur, Katy 202, 206

U

UCLA 177
Uganda 174
Un, Kim Jong 67

V

Valenti, Jessica 148
Verificadores de fatos externos
   Daily Caller 26, 100, 127, 129, 130, 133, 200, 225
   Snopes 99, 100, 170, 171, 172, 173, 174, 175, 186, 187

Verificadores de Fatos Externos
   PolitiFact 99
Verificadors de fatos externos
   ABC News 203
violência ideológica 100, 133
von Storch, Beatrix 211
Vox 69, 182

W

Wacker, Mike 79
Walker, Dominique 214
Walker, Kent 83
Warren, Rossalyn 147
Warzel, Charlie 62
Weidel, Alice 212
Weigel, Dave 112
Welles, Orson 194
Wilberforce, William 153
Williams, Brian 195
Williamson, Kevin 176
Williamson, Kevin D. 24
Wolff, Michael 204

Y

Yang, Andy 32

Z

Zhao, Marina 113, 121
Zhuo, Julie 50
Zuckerberg, Mark 31, 34, 50, 51, 53, 157, 218

Acompanhe o Ludovico nas redes sociais

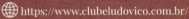 https://www.clubeludovico.com.br/

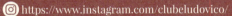 https://www.instagram.com/clubeludovico/

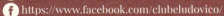 https://www.facebook.com/clubeludovico/

Esta edição foi preparada pela LVM Editora e pela Spress,
com tipografia Baskerville, em agosto de 2021;
e impressa, em setembro de 2021, pela Lis Gráfica
para o Clube do Livro Ludovico.